Raum und Natur 7

Die Ansprüche
der modernen Industriegesellschaft an den Raum, 7. Teil

**VERÖFFENTLICHUNGEN
DER AKADEMIE FÜR RAUMFORSCHUNG UND LANDESPLANUNG**

Forschungs- und Sitzungsberichte
Band 111
Raum und Natur 7

Die Ansprüche der modernen Industriegesellschaft an den Raum

(7. Teil)

– dargestellt am Beispiel des Modellgebietes Rhein-Neckar –

(mit gesondertem Kartenband)

Forschungsberichte des Ausschusses „Raum und Natur"
der Akademie für Raumforschung und Landesplanung

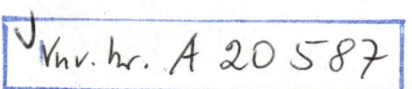

Geographisches Institut
der Universität Kiel
Neue Universität

HERMANN SCHROEDEL VERLAG KG · HANNOVER · 1976

Zu den Autoren dieses Bandes

Werner Fricke, 49, Prof. Dr. phil. nat., Direktor des Geologischen Instituts der Universität Heidelberg, Korrespondierendes Mitglied der Akademie für Raumforschung und Landesplanung.

Klaus-Achim Boesler, 45, Prof. Dr. rer. nat., Direktor des Instituts für Wirtschaftsgeographie der Universität Bonn, Korrespondierendes Mitglied der Akademie für Raumforschung und Landesplanung.

Wolfgang Schultes, 33, Dipl.-Geograph, Leiter des Büros für Stadtentwicklung beim Oberbürgermeister der Stadt Mannheim.

Rolf Zundel, 47, Prof. Dr. rer. nat., Direktor des Instituts für Forstpolitik, Holzmarktlehre, Forstgeschichte und Naturschutz der Universität Göttingen, Korrespondierendes Mitglied der Akademie für Raumforschung und Landesplanung.

Hans Lossnitzer, 47, Dr. rer. pol., Leiter des Referats für Natur- und Umweltschutz beim Regierungspräsidium in Karlsruhe.

ISBN 3-507-91405-0
Alle Rechte vorbehalten · Hermann Schroedel Verlag KG Hannover · 1976
Gesamtherstellung: Druckerei Gustav Piepenbrink OHG, Hannover
Auslieferung durch den Verlag

INHALTSVERZEICHNIS

Seite

Werner Fricke, Bevölkerung und Raum eines Ballungsgebietes seit der
Heidelberg Industrialisierung — eine geographische Analyse des Modellgebietes Rhein-Neckar 1

Klaus-Achim Boesler, Wandlungen in der räumlichen Struktur der Standort-
Bonn, und qualitäten durch die öffentlichen Finanzen im Mittel- und
Wolfgang Schultes, Südteil des Modellgebietes 69
Mannheim

Rolf Zundel, Landespflegerische Probleme durch die vielseitige Raum-
Göttingen beanspruchung im Modellgebiet Rhein-Neckar 97

*

Hans Lossnitzer, *Karte:* Entwicklung der Kulturlandschaft im mittleren Rhein-
Karlsruhe Neckar-Raum 1960/61—1970.

Sämtliche Karten befinden sich in einem gesonderten Kartenband gleicher Band- und Bestell-Nr. Im Preis sind beide Bände enthalten. Sie werden stets als geschlossene Einheit ausgeliefert.

Mitglieder des Forschungsausschusses „Raum und Natur"

Prof. Dipl.-Ing. Friedrich Gunkel, Berlin, Vorsitzender
Prof. Dipl.-Met. Hans Schirmer, Offenbach, Geschäftsführer
Prof. Dr. Ernst Wolfgang Buchholz, Stuttgart
Prof. Dr. Klaus-Achim Boesler, Berlin
Dr. Hans Horst, Koblenz
Prof. Dr. Arthur Kühn, Hannover
Dr. Fritz Schnelle, Offenbach
Prof. Dr. Joachim Heinrich Schultze, Berlin

Der Forschungsausschuß stellt sich als Ganzes seine Aufgaben und Themen und diskutiert die einzelnen Beiträge mit den Autoren. Die wissenschaftliche Verantwortung für jeden Beitrag trägt der Autor allein.

Bevölkerung und Raum eines Ballungsgebietes seit der Industrialisierung
Eine geographische Analyse des Modellgebietes Rhein-Neckar*)

von
Werner Fricke, Heidelberg

I. Einführung und Aufgabenstellung

1. Der bevölkerungsgeographische Ansatz

Eine Untersuchung der Bevölkerung des Modellgebietes in Hinsicht auf ihre Ansprüche an den Raum müßte eigentlich alle Feststellungen, die in den sektoralen Einzelstudien über die Wirtschaft, Siedlung, Versorgung, Erholung etc. gemachten Aussagen (vergl. Raum und Natur 1, 2 u. 5; Forschungs- u. Sitzungsberichte der Akademie für Raumforschung und Landesplanung, Bde. XXXIII, 74 u. 81) noch einmal aufgreifen. Niederländische Sozialgeographen haben dies jüngst in einer Studie über die Randstad Holland unternommen (Onderzoek Middengebied Randstad. Geogr. Inst. Rijksuniversiteit Utrecht, Rapport 1, 1972) und sind dabei von den privaten Haushalten ausgegangen, die befragt wurden, um deren Raumanspruch an das physische und das artefaktielle geographische Milieu (= die geographische Substanz, landläufig Kulturlandschaft genannt), an öffentliche und private Institutionen (z. B. Verwaltungen und Firmen) zu ermitteln, da sich diese funktionellen Verknüpfungen an verorteten Einrichtungen sehr diffus überlagern. E. W. BUCHHDLZ (1972, S. 89)**) nennt diese allgemein bekannte Tatsache treffend „regionale Interessenaufspaltung". In eine solche Haushaltsbefragung würden auch die funktionalen Raumbezüge des Individuums fallen, wie sie an gleicher Stelle gefordert werden. Notwendigerweise müssen diese Individual-Daten zusammengefaßt werden, wobei aus der Soziologie übernommene Sozial-Schichtenmodelle und die Gliederung nach Lebenszyklen der Familie (wachsend, stagnierend, schrumpfend etc.) sich für bestimmte Fragestellungen als brauchbar erwiesen haben (z. B. F. SCHAFFER, 1968, S. 66).

Bei eigenen sozialgeographischen Untersuchungen über die rezente Siedlungstätigkeit in einer benachbarten Stadtregion wurde ausdrücklich auf die Problematik dieses Schichtmodells verwiesen (W. FRICKE 1971, S. 64), und erst jüngst konnte K. VORLAUFER (1975, S. 142) aufzeigen, daß eine Behandlung der Daseinsgrundfunktionen sozialer Gruppen ohne die Gewichtung ihrer ökonomischen und politischen Potenz keine volle Erklärung liefert.

Die Kritik von E. W. BUCHHOLZ (1972, S. 90 f.) gegen das Verfahren von H. G. STEINBERG (1967), mit sozialstatistischen Daten zu arbeiten und diese als „Theoretische

---
*) Die Karten 1—11 befinden sich in einem gesonderten Kartenband gleicher Band- und Bestell-Nr. Die Karten 1—4 zeigen die Verwaltungsgrenzen nach dem Stand von 1950 und nicht, wie angegeben, von 1970.
**) Die Angaben in Klammern verweisen auf die Literatur am Schluß dieses Beitrages.

Ansätze *der* Sozialgeographie" (Hervorhebung vom Verf.) zu bezeichnen, trifft also nicht deren gegenwärtigen theoretischen Anschauungen. Dabei darf nicht verkannt werden, daß man oftmals in der praktischen Arbeit trotz aller Vorbehalte nicht umhin kann, sich dieser verfügbaren amtlichen Daten zu bedienen, um z. B. eine Typisierung von Gemeinden oder von Einwohner-Zählbezirken durchzuführen, will man sich nicht mit theoretischen Überlegungen, über das, was man tun sollte, kontemplativ bescheiden.

In einem von der Deutschen Forschungsgemeinschaft geförderten Projekt Bevölkerungsgeographie wird am Geographischen Institut der Universität Heidelberg seit 1971 auf der Basis der amtlichen Bevölkerungs-, Siedlungs- und Wirtschaftsdaten mit Hilfe von EDV und mathematischen Methoden sowie durch Überprüfung durch sozialgeographische Feldforschung an diesem Problem gearbeitet. Es können hier zum Abschluß dieses Aufsatzes nur einige vorläufige Ergebnisse angedeutet werden.

Schon bei einem Blick auf Darstellungen der neueren Bevölkerungsverhältnisse und -veränderungen fällt der Unterschied zwischen dem stärker besiedelten und rascher sich verändernden rechtsrheinischen Gebiet gegenüber dem linksrheinischen ins Auge (vgl. die Karten 4, 5 und 6). Gleichzeitig ist ein nach außen gerichtetes Wachstum der Bevölkerung besonders im östlichen Teil zu beobachten. Damit sind nur zwei wichtige Aspekte der Bevölkerungsverteilung erwähnt.

Entsprechend den für das Modellgebiet gestellten Fragen (J. H. SCHULTZE 1967, S. XI—XV) und dem entwicklungsgeschichtlichen Ansatz (P. LOEST 1967) sollen die bevölkerungsgeographischen Verhältnisse für das Untersuchungsgebiet gleichfalls retrospektiv behandelt werden. Der Aufgabenteilung in diesem Arbeitskreis entsprechend, beschränkt sich die Betrachtung auf die Bevölkerung. Bedingt durch das dem möglichen Zeitaufwand entsprechend ausgewertete Material wird es sich in erster Linie nur um die Analyse der Verteilung der Bevölkerung handeln können. Hierbei wird sich zeigen, daß sich die Verteilung der Bevölkerung im Modellgebiet in verschiedenen Phasen der Industrialisierung stark veränderte und sich damit Periodisierungen ergeben.

Auf Grund eines theoretisch abgesicherten Wissenschaftsverständnisses von den historisch — und nicht objektbedingten — Fragestellungen einer Disziplin (TH. S. KUHN 1973) stehen in der Geographie vom Menschen die weit über A. HETTNER (1927, S. 217) hinaus zurückführbaren Fragen nach den *chorologischen Aspekten* von flächenhaft gebundenen Erscheinungen mit dem Ziel regionaler Abgrenzungen sowie die *lagemäßig-funktionale* Zuordnung zweier oder mehrerer Orte (P. HAGGETT 1973, S. 12 f.) im Vordergrund der Forschung. BRIAN J. L. BERRY (1971) hat durch die Integration beider Konzepte mit Hilfe der Verfahren der Systemanalyse und der „kanonischen Mathematik" eine „allgemeine Feldtheorie des Raumverhaltens" zu entwickeln versucht. Diese mathematisch-statistisch abgesicherten Erkenntnisse konnten für einzelne Aspekte der Bevölkerung zwischen Rhein und Pfälzer Wald im Einzugsbereich von Ludwigshafen für die Zeit von 1950 bis 1970 durch das von der DFG finanzierte Team, insbesondere von H. H. BOTT, erreicht werden.

Im Rahmen dieser auch zugleich historisch-geographischen Studie, die den vierfachen Zeitraum umfaßt, soll dagegen in zwar *methodisch* gleicher Weise, jedoch mit herkömmlichen statistischen und kartographischen *Verfahren*, die BERRY (a. a. O.) ebenfalls durchaus als wissenschaftlich angemessen ansieht, ein Schritt zu dem verbesserten genetischen Raumverständnis vorangegangen werden. Die vielfältigen bei einer Untersuchung mit bevölkerungshistorischem Akzent zu berücksichtigenden Gesichtspunkte hat in brillanter Form D. E. C. EVERSLEY (1972) in seinem Aufsatz „Bevölkerung, Wirtschaft und Gesellschaft" noch einmal zusammengefaßt. Ohne Frage wäre für eine detaillierte Strukturanalyse der tiefgegliederte Ansatz des sozialschichtenspezifischen Verhaltens nach G. MACKENROTH (1972), bezogen auf die geographische Betrachtungsweise, am wünschenswertesten; im Rahmen dieser Arbeit ist dies nur ansatzweise möglich. Der Schwerpunkt muß, wie bereits oben begründet, hier auf einfachster quantitativer Erfassung einer häufig nicht differenzierbaren Bevölkerungsbewegung auf Gemeindebasis liegen. Sie wird, soweit Einzeluntersuchungen vorliegen, durch qualitative Angaben ergänzt und sowohl zu allgemeinen als auch regionsspezifischen Befunden im technischen, wirtschaftlichen und politischen Bereich in Beziehung gesetzt und interpretiert. Gerade bei dem vorherrschenden Schwergewicht demographischer Theoriebildung für die Erklärung der natürlichen Bevölkerungsbewegung — wobei ich der von S. H. COONITZ (1968) begründeten ökonomischen Theorie zuneige — dürfte durch den geographischen Ansatz, dabei differenziert in verschiedene Phasen nach ökonomischen und technischen Voraussetzungen, ein ergänzender Beitrag zum raumbezogenen Verhalten der Bevölkerung im Industriezeitalter zu erwarten sein.

2. Zur gewählten Periodisierung

Es herrscht allgemein Übereinstimmung darüber, daß die Periodisierung historischer Abläufe problematisch ist, weil vielfältige, daher zu sehr unterschiedlichen Gliederungen führende Gesichtspunkte als dafür entscheidend geltend gemacht werden können. In diesem Falle wurde einerseits als markanter Einschnitt der „sichtbare Beginn der Industrialisierung in Baden in den 30er Jahren" (W. FISCHER 1962, S. 298) des 19. Jahrhunderts zugrunde gelegt, andererseits als Endpunkt dieser weitgespannten Zeitreihe das Jahr 1939, weil danach eine einschneidende Zäsur erfolgte. Damit ergab sich die Aufteilung in 4 etwa gleichlange Zeitperioden von ca. 35 Jahren, um den Vergleich von statistischen Zeitreihen zu erleichtern: 1835 — 1871 — 1905 — 1939 — 1970.

Nur die beiden ersten Jahreszahlen fallen auch mit wichtigen wirtschaftlichen Zäsuren zusammen, die für die Bevölkerungsentwicklung maßgeblich waren: Der Beitritt Badens zum Zollverein 1835 und 1871 die dem Friedensschluß folgende „Gründerzeit". Der berechtigten Kritik von G. IPSEN (1933, S. 425) an der Geichsetzung von Terminen statistischer Zählungen mit Phasen demographischer Entwicklung wird jeweils bei der zu analysierenden Epoche Rechnung getragen. Da in der ersten Periode bis 1871 tendenziell völlig unterschiedliche Prozesse nacheinander abgelaufen sind, versucht die Interpretation dies auch durch die Gliederung des Textes hervorzuheben.

Wenn nach 1945 die Zeitabschnitte in etwa 10jährigem Abstand folgen, dann, weil die Ergebnisse der Volkszählungen 1950, 1961 und 1970 vorliegen und sowohl der rasche Wandel der Bevölkerungsverteilung und ihrer Ursachen als auch das größere Interesse an dieser gegenwartsnahen Zeit dies rechtfertigen.

II. Die bevölkerungsgeographische Entwicklung 1835—1871

Der hier gewählte Zeitschnitt umschließt die Zeit von dem Anschluß an den Deutschen Zollverein bis zu den für die Industrialisierung im Deutschen Reich so wichtigen „Gründerjahren". Der von W. FISCHER (1962, S. 298) konstatierte „sichtbare Beginn der Industrialisierung" in Baden Mitte der 30er Jahre war zugleich Ursache und Folge dieses staatspolitischen Schrittes. Nach der Rheinschiffahrtsakte von 1831, die der freien Entfaltung der Schiffahrt auf dieser Hauptverkehrsader des Massenguttransportes diente, war es notwendig geworden, dem Drängen der Bürger nach freier Entfaltung der modernen kapitalistischen Industrieproduktion und dem dafür notwendigen Zugang zu den größeren binnendeutschen Märkten bei gleichzeitiger Schutzzollpolitik gegenüber dem

Ausland stattzugeben. Für Baden führt F. WALLSCHMITT (1904, S. 30 f.) an, daß 1835 durch Zölle der Preis von eingeführten Textilien und Metallwaren zwischen 600—1900 % anstieg, dagegen der für gezwirntes Leingarn als Halbfertigware auf 25 % des früheren Preises sank.

Nachdem das Großherzogtum Hessen, dem der Norden des Untersuchungsraumes von Rheinhessen mit Worms bis in den Odenwald und zum Neckartal (Neckarsteinach) zugehörte, bereits 1828 mit Preußen einen Zollvertrag abgeschlossen hatte, wurde nach langen Verhandlungen 1834 das übrige linksrheinische Gebiet, Rheinbayern, und schließlich 1835 auch der restliche, rechtsrheinisch gelegene badische Teil des Modellgebietes dem Deutschen Zollverein angeschlossen.

Vorausgeschickt seien einige Erläuterungen zu den Karten 1 bis 4.

1. Quellen:

    a) Historisches Gemeindeverzeichnis für Hessen. Heft 1: Die Bevölkerung der Gemeinden 1834 bis 1967 (1968).

    b) Die Bevölkerung der Gemeinden in Rheinland-Pfalz 1815 bis 1950. Stat. Landesamt Bad Ems 1954.

    c) Hof- und Staatshandbuch des Großherzogtums Baden, 1834, Karlsruhe.

    d) Ab 1871 für Baden: Historisches Gemeindeverzeichnis Baden-Württemberg. Bevölkerungszahlen der Gemeinden von 1871 bis 1961 nach dem Gebietsstand vom 6. Juni 1961. Statistik von Baden-Württemberg, Bd. 108, Stuttgart 1965.

2. Die unter 1a genannte Veröffentlichung weist für die rheinhessischen Kreise Alzey und Worms erst Daten ab 1846 auf. Es wurden diese Werte zwar für die Karten 1 und 2 benutzt, jedoch von einer Interpretation abgesehen.

3. Die Gemeindedaten wurden auf Grund dieses bereitgestellten Materials in der Regel auf den Stand der Gemeindegrenzen von 1961 bezogen. Die Gemeindeflächen der Großstädte Mannheim, Ludwigshafen und Heidelberg wurden in die den Eingemeindungen entsprechenden Stadtteile untergliedert. Bei folgenden Gemeinden entspricht der Gebietsstand nicht dem von 1961: 1. Annweiler (Ldkr. Bergzabern) zwischen 1950 und 1961 Eingemeindungen. Daher wurde die Fläche von 1950 zu Grunde gelegt. — 2. Birkenheide (Ldkr. Neustadt) bis 1950 bei Weisenheim, daher keine Daten vor 1950. — 3. Limburgerhof (Ldkr. Ludwigshafen) bis 1939 bei Ludwigshafen Stadt, daher vor 1939 keine Daten. — 4. Maxdorf (Ldkr. Frankenthal) bis 1950 bei Lambsheim, daher keine Daten vor 1950. — 5. Riedrode (Ldkr. Bergstraße) neugebildet 1936, bis dahin bei Bürstadt. — 6. Rosengarten (Ldkr. Bergstraße) 1937 neugebildet, bis dahin bei Lampertheim. — 7. Worms Stadtkreis, Gebietsstand 1950, da Eingemeindungen bis 1961 eine zu große ungegliederte Fläche ergeben hätten.

4. Die Klasseneinteilung der Dichtewerte wurde so gewählt, daß über den gesamten Beobachtungszeitraum eine ausreichende Untergliederung in den einzelnen Stufen erreicht wird; die starke Aufgliederung unter 100 E/km² ist damit zu begründen, daß 1834/35 47 % aller Gemeinden in diese Gruppen fielen (1939 nur 31 % und 1971 nur noch ca. 10 %).

1. Die Interpretation der Bevölkerungsdichte 1834/35

Bei der Betrachtung der Karte 1 mit der Bevölkerungsdichte für die Jahre 1834/35 fällt an erster Stelle die Altstadt von Heidelberg mit einer Dichte über 550 E/km² auf.

Die Stadt Mannheim erreicht die nächst hohe Dichtestufe zwischen 400 und 550 E/km² auf Grund der damals bereits wirksamen Verstärkung im tertiären und sekundären Bereich (E. PLEWE 1963, S. 135). In diesem Zusammenhang ist auch die längs des Neckars zu beobachtende nächsthohe Dichtestufe von 250—400 E/km² für die Orte Feudenheim, Ilvesheim und Neckarhausen sowie linksrheinisch die von Friesenheim, westlich der zu Mundenheim gehörenden Rheinschanze — des 1843 gegründeten Ludwigshafens — hervorzuheben. Auf der Rheinschanze wohnten damals zwar nur 100 Menschen in den Anwesen des Unternehmers aus Speyer, der den Hafenbetrieb gegründet und erfolgreich entwickelt hatte, jedoch stellte dieser Hafen- und Handelsbetrieb zu Mannheim und besonders Speyer eine sehr wirksame Konkurrenz dar (H. HAAN 1968, S. 197 ff.). Schon am Ende des ersten Jahrzehnts des Bestehens dieses Betriebsstandortes betrug 1829 der Umschlag 280 %/o des Mannheimer Hafens (F. WALTER 1907), wohl begünstigt durch die hohen Zölle, die Baden eingeführt hatte (H. GRUBER 1962, S. 119). Die Ausstrahlung dieser Keimzelle des späteren Ludwigshafens, etwa für das Transportgewerbe und die des Absatzmarktes in die damals an Einwohnern größten Stadt Mannheim, mag die Verdichtung der Bevölkerung auf 150—250 E/km² in dem Band zwischen der von den Fabrikanten geprägten Stadt Frankenthal (B. KIRCHGÄSSNER 1968, S. 126) im Norden bis Mudenheim im Süden begründet haben.

Die dort verzeichneten Werte entsprechen denen der Städte Worms, Speyer, Neustadt sowie rechtsrheinisch Bensheim, Weinheim, Ladenburg, Wiesloch. Hierbei ist aber hervorzuheben, daß zahlreiche weitere Bergstraßengemeinden die gleiche Einwohnerdichtestufe erreicht hatten wie auch zahlreiche Weinbaugemeinden in Rheinbayern, im Bereich der heutigen Weinstraße. Offenbar ermöglichte sowohl die Sonderkultur als auch die Konzentration nichtlandwirtschaftlicher Einkommensquellen — unter sicher schwierigen Bedingungen — diese Bevölkerungsverdichtung.

Dies zeigt auch ein Blick auf Grünstadt und Hettenleidelheim im Westen oder Lindenfels und die durch ihre Dichte von 100 E/km² aus den übrigen Dörfern relativ herausragenden damaligen Amtsorte Rimbach, Fürth und Waldmichelbach. Die Tatsache, daß die genannten Amtsorte des Odenwaldes bereits nicht die Verdichtung wie die Berg- und Weinstraßengemeinden erreichten, dürfte, wie die Großgliederung der gesamten Dichtestufenverteilung zeigt, mit dem gleichen Ursachenkomplex zusammenhängen: Konzentration der gewerblichen Wirtschaft und damit der arbeitsplatzgebundenen Bevölkerung auf die Städte der Oberrheinebene und die verkehrsbegünstigten Bergstraßenorte. Im Odenwald und am Odenwaldrand spielte der Natursteinabbau, gelegentlich der Bergbau (Wiesloch und Waldmichelbach) eine Rolle. Im Neckartal ist dazu der Abtransport der Steine mit Schiffen von zusätzlicher Bedeutung für die die Sozialstruktur einzelner Orte, wie Neckargemünd und Hirschhorn, prägenden Schifferzünfte. Dazu kommt — wie im Neckarschwemmkegel (F. MONHEIM 1961) und auf der linksrheinischen Seite — die Bedeutung der Sonderkulturen, insbesondere des Wein-, Tabak- und Hopfenbaus (K. H. RAU 1830). Demgegenüber stehen die geringeren Dichtestufen in den abgelegeneren und den von Überschwemmungen betroffenen Rheinauen und den Dünenzonen der rechtsrheinischen Hardtebene. Ähnlich ist die naturräumliche und verkehrsgeographische Situation im Odenwald und im Pfälzer Wald. Jedoch sei vor einer vereinfachenden naturbestimmten Kausalerklärung gewarnt. Die Bewertung dieser Naturräume erfolgte durch zeitbezogene gesellschaftliche und wirtschaftliche Bestimmungsfaktoren; sie ist schon im mittelalterlichen Besiedlungsgang ausgedrückt (H.-J. NITZ 1963) und wird durch die Einflüsse der Grundherrschaft auf die landwirtschaftliche Besitzstruktur und auch durch die soziale Differenzierung innerhalb der einzelnen Gemeinden zwischen berechtigten Bürgern und geduldeten Beisassen gesteuert (M. SCHAAB 1963, S. 237 ff.; H. MUSALL 1969, S. 166 ff.). Ähnliche Differenzierungen zwischen einzelnen Dörfern bewirkte bereits die Trockenlegung vorher nur extensiv genutzter Niederungen oder die Rodungen von Waldgebieten, denn diese neugewonnenen Nutzflächen konnten außerhalb des flurzwanggebundenen Anbaus mit Handelsgewächsen wie Tabak, Hanf, Hopfen bestellt werden (H. MUSALL 1969, S. 248). Um 1810 treten die Orte der Rheinebene gegenüber denen der Bergstraße als deutlich schwächer mit Gewerbetreibenden besetzt hervor (a. a. O., S. 250).

Erstaunlich ist, daß trotz des nach der Okkupation der Pfalz durch Frankreich 1797 aufgehobenen Zunftzwanges (C. F. KOLB 1831, S. 143) die Konzentration der gewerblich-industriellen Produktion — mit Ausnahme der energie- und rohstoffbedingten Standorte — auf die Städte beschränkt blieb und sich damit nicht vom Großherzogtum Baden unterschied, das erst 1862 die Zunftbindung aufhob. Nach dem Überblick des Handbuchs für Rheinbaiern (1828, S. 21 ff.) und G. F. KOLB (a. a. O.), also wenige Jahre vor dem Anschluß an den Zollverein und unserem bevölkerungsgeographischen Querschnitt, lagen Industriebetriebe für Textil- und Papierherstellung nur in Frankenthal, Grünstadt, Speyer und Neustadt. Metallbearbeitende Industrie, chemische Industrie und Keramikherstellung hatten in den gleichen Städten sowie in Dürkheim und Edenkoben ihre Standorte. Zu dem Verbleiben der gewerblich-industriellen Betriebe in den Städten könnte auch die Steuerung durch die erforderliche Konzessionserteilung seitens der Regierung (G. F. KOLB 1831, S. 143) beigetragen haben. Die wirtschaftliche Struktur der großen linksrheinischen einstigen Reichsstädte Speyer und Worms scheint nach der Aufhebung ihrer Rechtstitel durch die französische Regierung zu einem sehr starken Anteil auch durch eine unter dem Existenzminimum liegende Landwirtschaft geprägt worden zu sein (E. KEYSER 1964, S. 395 und S. 455).

Bereits in jener Zeit galten die mit Holzkohle feuernden Betriebe der Erzverhüttung in Eisenberg und die von Wasserkraft getriebenen Eisenhämmer in Alt-Leiningen, Hardenburg bei Dürkheim, Neustadt und Lambrecht, Edenkoben und im benachbarten Hainfeld als stark gefährdet. Zum Teil, wie bei Eisenberg, bildeten sich Ansatzpunkte für eine nachfolgende industrielle Entwicklung, was auch für die Fayencefabrik in Grünstadt und die Tonwarenfabrik in Wattenheim galt. Außer in Lambrecht, Alt-Leiningen und Hettenleidelheim traten diese Industriestandorte nicht sonderlich durch zusätzliche Bevölkerungsverdichtung auf der Karte 1 in Erscheinung. Es ist aber möglich, daß z. B. im Falle von Eisenberg die Eisenhütten bewirkten, daß der Ort mit 50—75 E/km² — trotz seiner großen Gemeindefläche — eine Stufe über den westlich angrenzenden Gemeinden lag.

2. Der allgemeine wirtschaftliche und soziale Rahmen der Bevölkerungsentwicklung bis 1855

In sehr starkem Umfange ist die von Zeitgenossen beklagte geringe Industrialisierung der Pfalz (G. F. KOLB 1831, S. 144), neben der Abgeschlossenheit von den Märkten bis 1834, dem mangelnden Interesse der bayerischen Regierung an der Förderung initiativer Gremien (H. HAAN 1968, S. 189), wohl auch auf das fehlende Kapital zurückzuführen. Noch 1838 betrug das Kapital der rheinpfälzischen Sparkassen mit 51 561 Gulden

(H. SCHREIBMÜLLER 1916) weniger als 1 Gulden je 10 Einwohner und entsprach 5,35 %
des im gesamten Königreich Bayern gesparten Geldes bei einem Anteil der rheinpfälzischen Einwohner von 13 % an der Gesamtzahl.

Von Einfluß auf die geringe Kapitalakkumulation in der bayerischen Pfalz dürfte die von den Zeitgenossen als ungerecht und drückend empfundene steuerliche Belastung gewesen sein. G. F. KOLB (1831, S. 13) hob hervor, daß ein jährlicher Kapitaltransfer von 1½ bis 2 Mio. Gulden aus der Pfalz in das bayerische Kernland ohne entsprechende Gegenleistung im Staatshaushalt erfolgte. Obgleich der Pfälzer Rheinkreis 1816 ohne Staatsschulden an Bayern kam — in der Pfalz hatten die Gemeinden die Kriegskontributionen übernehmen müssen — trug die außerordentlich hohe Steuerlast der Pfälzer dazu bei, u. a. auch die Kriegsschulden der Stadt Nürnberg zu tilgen. W. SIEBLER (1959, S. 40) spricht sogar von 3,5 Mio. Gulden p. a. Steueraufkommen, von denen 2,5 Mio. nicht wieder zurückkehrten. Gemessen daran und dem geringen Sparkapital erscheint die von 1816 bis zum Jahre 1832 in das bayerische Kernland abgeflossene Summe von 32 Mio. Gulden bedeutend. Die Verschuldung der Landwirtschaft, dem Haupterwerbszweig, in dem ⁴/₅ der Bevölkerung[1]) tätig waren, betrug damals (wahrscheinlich auch wegen der Enteignung und Versteigerung des adligen und kirchlichen Grundbesitzes 1802, der offenbar von wenigen Bodenspekulanten aufgekauft worden war, von denen die landhungrigen Bauern nun dieses Land kaufen und nicht wie bisher pachten konnten) 30 Mio. Gulden. Auf diesem Hintergrund bekommt das starke Interesse der Bevölkerung an dem Hambacher Fest von 1832 und die Unterstützung der dort formulierten Forderungen durch weite Bevölkerungskreise, insbesondere durch das Kleinbürgertum und Handwerk, sowie die anschließende erneute Auswanderungswelle[2]) eine hinreichende Erklärung.

Das Bevölkerungswachstum war während des ersten Drittels des 19. Jahrhunderts in der Pfalz außerordentlich groß gewesen. Die Geburtenziffern erreichten — umgerechnet — z. B. 1808/09 = 41,5 ‰; 1821 = 42,5 ‰; 1825 = 36,2 ‰; 1829 = 35,0 ‰. Dies ist eine Höhe, wie wir sie heute aus den sogenannten „Entwicklungsländern" kennen. Im Gegensatz zu diesen heute bestand damals schon seit über einem Jahrhundert die Entlastung durch die Auswanderung, anfangs besonders stark nach Ostdeutschland und Südosteuropa (F.-K. HÜTTIG 1958), später stärker nach Übersee. Dennoch hatten die im Modellgebiet liegenden östlichen Verwaltungseinheiten von Rheinbayern allein in den 6 Jahren von 1823 bis 1829 um 9 %, die westlich außerhalb liegenden um 12 % zugenommen. Allgemein rechnet man mit einer Verdoppelung der Einwohnerzahl der Pfalz von 1785 bis 1829. Von den Städten erreichte diese Verdoppelung nur das Regierungszentrum Speyer (4600:8600 E), während z. B. schon Neustadt (4082:5975 E) und Frankenthal (3888:4755 E) dahinter zurückblieben (Zahlen nach G. F. KOLB 1831, S. 79). Damit dürfte das starke Wachstum der Bevölkerung besonders in den Agrargemeinden wirksam geworden sein. Bei begrenzter, schon klein- und mittelbäuerlich genutzter landwirtschaftlicher Betriebsfläche gab es für diesen Bevölkerungszuwachs wenig Erwerbsmöglichkeiten. So erscheint das Anwachsen der amtlich registrierten „Armen" sehr verständlich; das Kommissariat Germersheim stand hierin mit 851 Familien u. 3140 Personen,

---

[1]) So nach G. F. KOLB (1831, S. 123). Nach den für 1840 veröffentlichten Statistiken waren es dann nur noch 70 % (Bavaria 1867, 4, 2, S. 164).

[2]) „Hatten bisher bloß arme Leute der Heimat den Rücken gekehrt, so gingen hervorragende, geistige und wirtschaftliche Kräfte an das Ausland verloren, weit über eine Million Gulden Vermögen und etwa 2 v. H. der Bevölkerung büßte die Pfalz 1832—1833 ein" (H. SCHREIBMÜLLER 1916, S. 37). Nach den Angaben von H. GRUBER (1962, S. 21) scheint die Abwanderungszahl etwas hoch gegriffen und der offenbar auch vorhandene Zufluß an Vermögen bei den Zuwanderern nicht berücksichtigt worden zu sein.

bald gefolgt vom Kommissariat Neustadt, an der Spitze des Königreiches (H. GRUBER 1962, S. 97 ff.). Charakteristisch für die sozio-ökonomische Situation weiter Bevölkerungskreise in dem „bairischen Rheinkreis" wirkt die Tatsache, daß 1831 infolge der für das Einkommen zu hohen Brennholzpreise jeder 5. Einwohner wegen Forstfrevels bestraft worden war.

Bei allen berechtigten Bedenken soll dennoch im folgenden versucht werden, die badischen den pfälzischen Verhältnissen gegenüberzustellen. In der Pfalz wird für die Zeit bis zum Beitritt zum Zollverein ein Rückgang der industriellen (und großgewerblichen, d. Verf.) Produktionsstätten (H. SCHREIBMÜLLER 1916, S. 22 ff.) konstatiert, für Baden hat W. FISCHER (1962, S. 283) eine Stagnation seit dem Ende der Kontinentalsperre herausgearbeitet. Das Großherzogtum hatte offenbar einen höheren Industrialisierungsgrad erreicht als die Pfalz, wozu aber wohl in erster Linie Standorte im südlichen Oberrheingebiet und den Südschwarzwaldtälern sowie Pforzheim beigetragen haben dürften, da in den Süden des Landes zusätzliches Kapital eingeflossen und Fachkräfte aus dem benachbarten Ausland zugewandert waren. Für das Modellgebiet sind in erster Linie bis 1835 die wenigen Betriebe in Mannheim (Nahrungsmittel-, Tabak- und Zigarrenindustrie sowie die frühe chemische Industrie vor der Stadt in Wohlgelegen) sowie die Tabakfabrik in Heidelberg zu nennen (E. KEYSER 1964, S. 114; W. KAISER 1933, S. 620). 1829 wurde bereits eine Lederfabrik aus Mannheim nach Weinheim verlegt (W. FISCHER 1962, S. 63). Dies ist auch aus der Handelspolitik Badens heraus verständlich, das sich gegenüber den süddeutschen Nachbarstaaten stärker durch Schutzzölle abgegrenzt hatte als gegen die Schweiz und Frankreich. Die Schweiz und die Niederlande standen vor 1835 im Außenhandel an vorderer Stelle, während die einst engen Handelsbeziehungen mit Hessen im letzten Jahrzehnt vor der Zollunion stark zurückgegangen waren (F. WALLSCHMIDT 1904, S. VII und S. 23 f.).

Auf Grund der Statistik für 1829 konnte W. FISCHER (1962, S. 207) die Aussage treffen, daß das Gewicht der Industrie noch relativ gering war, da der Großhandel des Landes, bei gleicher Zahl von Unternehmern, das gleiche Steueraufkommen erbrachte, dabei aber nur $^1/_{10}$ der Arbeitskräfte beschäftigte. Als ein Hemmnis gegen die Anlage neuer Industriebetriebe sieht W. FISCHER (1962, S. 287) das in Baden streng gehandhabte Bürgerrecht an, das einem in Baden geborenen Unternehmer den Einzug in eine andere Gemeinde, selbst in die seines Schwiegervaters, sehr erschwerte, weil es von den Gemeinden nur sehr zögernd erteilt wurde. In der Pfalz waren diese Niederlassungsbeschränkungen in der Zeit der französischen Regierung beseitigt worden.

Der gleiche Autor nimmt an, daß die eine Hälfte des Bevölkerungszuwachses 1809 bis 1829 in Baden sich Erwerbsquellen im Kleingewerbe ihres Geburtsortes, die andere dort Arbeit als Tagelöhner gesucht habe. So nimmt in dieser Zeit die Zahl der Leineweber um 31,8 % zu, die der Bäcker und Metzger um ca. 25 % ab (a. a. O.). Dabei war bei nur kaum geringfügigerem Bevölkerungszuwachs als in der Pfalz[3]) die Landwirtschaft auch in Baden als überstockt anzusehen, und die Agrargemeinden litten ab 1831 unter der Ablösung von Zehnt- und Grundgefälle an die Standesherren (insges. 13,42 Millionen Gulden) (F. WALLSCHMIDT 1904, S. 25).

Damit dürfte für die bayerische Pfalz wie für Baden zu dem hier gewählten Zeitschnitt am Beginn der eigentlichen Industrialisierungsepoche die Pauperisierung weiter Bevölkerungsschichten erwiesen sein. Ein Prozeß, der als typisch für Deutschland zu die-

---

[3]) Z. B. 1818—1834 = 20,2 : 22,6 %, berechnet nach F. HARDECK 1885, S. 271 und BAVARIA 1867, 4, 2, S. 162.

ser Zeit angesehen werden muß (W. KÖLLMANN 1974, S. 61). Für die spezielle Fragestellung der Bevölkerung im Modellgebiet bleiben nach diesem Überblick viele Fragen offen. Die industriellen und die gewerblichen Arbeitsstätten konnten nicht für die einzelnen Regionen, geschweige für die Gemeinden, mit der Bevölkerungszahl in Beziehung gesetzt werden, obwohl an diesem Ausgangspunkt bereits ein Unterschied zwischen dem links- und rechtsrheinischen einstmals kurpfälzischen Gebiet bestanden haben dürfte. Trotz prinzipiell gleichartiger Entwicklung von Wirtschaft und Gesellschaft in Süddeutschland in dieser Frühphase der industriellen Entwicklung sind durch politische Zugehörigkeit gesteuerte regionale Differenzierungsprozesse festzustellen. Die Zollgrenzen verstärkten die bestehende territoriale Dreiteilung des Gebietes, wobei hierdurch bedingt, auf der dem badischen Mannheim gegenüberliegenden bayerischen Rheinschanze sich bereits der Kern einer später die Struktur des Modellgebietes bestimmenden Entwicklung abzuzeichnen beginnt, die keine Entsprechung zu dem im Großherzogtum Hessen gelegenen Teil des Modellgebietes hat. (Die auf Lampertheimer Gemarkung in Neuschloß gegründete chemische Fabrik konnte wohl nicht zuletzt wegen der ungünstigen Verkehrslage keine besondere Bedeutung erlangen.) Man kann hier von „raumwirksamer Staatstätigkeit" im Sinne von K.-A. BOESLER (1969) sprechen, deren Wirksamkeit durch das vorgeprägte Muster der vorhandenen natürlichen Bedingungen und besonders der sozio-ökonomischen Strukturen der Gemeinden und Territorialverbände, wie sie der Verfasser (W. FRICKE 1960) in dem benachbarten Nassau nachgewiesen hat, weiter differenziert wird. Das Verhältnis der verschiedenen Produktionszweige zu der sozio-ökonomischen Struktur und der Bevölkerungsentwicklung herauszuarbeiten, wäre — wie bereits FISCHER (1962, S. 326) für die Industrie feststellte — nur durch kleinräumige Einzeluntersuchungen möglich.

III. Die Veränderung der Bevölkerungsverteilung durch den Wandel der Produktionsstätten 1835—1871

1. Allgemeine Tendenzen in Baden und der Pfalz — unter besonderer Berücksichtigung der Auswanderung

Ein Überblick über die generelle Bevölkerungsentwicklung der beiden hier besonders gegenübergestellten Gebietseinheiten, dem Großherzogtum Baden und dem königlich bayerischen Land am Rhein, das ab 1838 die Bezeichnung Pfalz führt, soll den größeren Rahmen für die Analyse im Modellraum bieten.

Tab. 1: *Bevölkerungsentwicklung im Großherzogtum Baden und der bayerischen Pfalz*

	Baden	Pfalz
1834/35	1 230 791	554 932
1846	1 367 486	559 906
1834/35— 46	+ 136 955 = + 11,10 %	+ 44 974 = + 8,10 %
1855	1 314 837	587 000
1846—1855	— 52 649 = — 3,85 %	— 12 906 = — 2,15 %
1861	1 369 291	608 069
1835—61	+ 54 454 = + 4,14 %	+ 21 069 = + 3,58 %
1871	1 461 562	615 000
1861—1871	92 271 = + 6,73 %	+ 6 931 = + 1,13 %
1834/35—1871	+ 230 771 = + 18,74 %	+ 60 068 = + 10,82 %

Quellen: Beitr. zur Statistik des Kgr. Bayern, 1862, Heft 10, S. 14; 1875, Heft 31, S. 187. — F. HARDECK, 1885, S. 271.

Beiden Territorien gemeinsam ist der aus der Vorperiode anhaltende rasche Anstieg der Bevölkerungszahl bis 1846, dann ein Rückgang der Einwohnerzahl bis 1855, wodurch die Periode von 1834/35 bis 1861 eine stagnierende Bevölkerungszahl aufweist und ein erneutes Wachstum 1861—1871. Insgesamt weist Baden in allen diesen Perioden einen stärkeren Bevölkerungszuwachs als die Pfalz auf, der durch den etwas stärkeren Rückgang 1846—1855 nicht beeinträchtigt wird.

Die Geburtenziffern sind in beiden Territorien sehr hoch und übertreffen bei weitem die Sterbeziffer, wie dies am Beispiel Badens exemplifiziert werden soll.

Tab. 2: *Kennziffer der natürlichen Bevölkerungsbewegung im Großherzogtum Baden 1840—1875*

	Geburtenziffer	Sterbeziffer	Geburtenüberschuß
1840	39,2 ‰	28,0 ‰	+ 1,2 ‰
1847	34,4 ‰	27,5 ‰	+ 6,9 ‰
1850	37,9 ‰	26,4 ‰	+ 11,5 ‰
1855	29,0 ‰	25,0 ‰	+ 4,0 ‰
1860	34,3 ‰	22,2 ‰	+ 12,1 ‰
1865	37,5 ‰	29,0 ‰	+ 8,5 ‰
1870	39,1 ‰	31,7 ‰	+ 7,4 ‰
1875	40,3 ‰	28,4 ‰	+ 1,9 ‰

(F. Hardeck, 1885, S. 354/355)

Ohne Analyse des Altersaufbaus der Bevölkerung ist es schwer, die Schwankungen im einzelnen zu interpretieren, da sich in der niedrigen Geburtenziffer von 1855 sowohl die Folge der Notzeiten als auch die Abwanderung in den reproduktiven Jahrgängen der Vorperiode niederschlagen kann. Hierzu kommen längerfristige Bevölkerungsbewegungen, die wellenförmig seit den durch Verbesserungen in der Medizin besonders geburtenstarken Jahrgängen seit Ende des 18. Jahrhunderts konstatiert wurden (C. W. von Drais, 1816).

Entscheidend ist, daß sich aus dem hohen Geburtenüberschuß im Vergleich zur Bevölkerungsentwicklung eine hohe Abwanderung ableiten läßt. Geschätzt wird die in erster Linie nach den USA gerichtete Auswanderung in Baden

von 1840—49 auf   30 000 Personen,
    1850—59 auf 100 000 Personen,
    1860—69 auf   35 000 Personen.

(F. Hardeck, a. a. O.)

Abgesehen von der Schwierigkeit, die Auswanderungszahlen für die hier gewählte Periodik zu ermitteln, gilt festzuhalten, daß die überlieferten Auswanderungszahlen zu niedrig liegen, weil wegen fälliger Vermögenssteuer bzw. Bezahlung von Verbindlichkeiten sehr viele Auswanderer eine Registrierung umgingen.

Für die Pfalz wird im Zeitraum 1834—64 eine durchschnittliche Geburtenziffer von 38,2 ‰ p. a. errechnet[4]). Bei einer Sterbeziffer von 25,9 ‰ p. a. ergibt dies einen natürlichen Zuwachs von 12,3 ‰ p. a. Bei einem Wanderungsdefizit von 8,34 ‰ bleibt für die hier vorliegende 20jährige Periode im Durchschnitt nur ein Zuwachs von 3,96 ‰ p. a. Ebenso wie in Baden war hier die Abwanderung, ausgedrückt im Wanderungsdefizit und

---

[4]) Zum Geburtenüberschuß wurde vermerkt, daß dieser durch eine — im Vergleich zum übrigen Königreich Bayern — auffällig geringe Sterblichkeit der Kinder hervorgerufen wurde (Beitr. z. Stat. Kgr. Bayern, Heft 13, XI f. 1865).

berechnet für Dreijahresperioden, 1846/48 mit 7,61 ‰ p. a., 1849/52 mit 6,22 ‰ p. a. und 1852/55 p. a. mit 19,51 ‰ p. a. der Bevölkerung besonders hoch. Die absolute Zahl des registrierten Wanderungsdefizits wird für die 3 Jahrzehnte 1834—64 mit 149 629 beziffert (Beitr. z. Stat. d. Kgr. Bayern, Heft 13, VII).

In den 30er Jahren ging ²/₃ des Geburtenüberschusses der Pfalz außer Landes, ³/₄ waren davon über 14 Jahre alt. Hierdurch wurde auch die Sterblichkeit verringert.

Bis 1870 sind weitere 15 877 Menschen als Auswanderer registriert worden (Die Bewegung d. bayer. Bevölkerung 1862/63—1875), so daß von 1834 bis 1870 ein Abzug von 165 500 Einwohnern erfolgte und damit die Abwanderung in dem betrachteten Zeitraum in der Pfalz relativ höher als in Baden war.

1871 erinnert die Altersgliederung der Bevölkerung der Pfalz an die eines heutigen Entwicklungslandes: Der Anteil der unter 14jährigen liegt in den einzelnen Kreisen zwischen 32,30 % bis 35,72 %. Unter 25 Jahre sind 53,38 % (MAYR 1875, Beitr. z. Statist. Kgr. Bay., Heft 31).

Es kann festgehalten werden, daß ab 1855 die jährliche Auswanderungszahl in der Pfalz (Beitr. z. Stat. d. Kgr. Bay., Heft 13, 1865) — ebenso wie in Baden — bis 1871 wieder stark zurückging (R. VOWINCKEL 1939, S. 134). Dabei verringerte sich auch die Zahl der Armen von 1852 bis 1863 um 22 %.

2. Die Ursachen der Auswanderung

Ein sachkundiger Zeitgenosse sagte zu dem Abwanderungsphänomen in der Pfalz: „Im Allgemeinen zeigt die ... Zusammenstellung ... über die Bewegung der Bevölkerung von 1835 bis 1860, daß die Auswanderung teils in politisch bedenklichen Jahren, teils in teuren Zeiten stets rasch zunahm und umgekehrt in wohlfeilen und ruhigen Jahren auf ein Minimum herabging." (Beitr. z. Stat. d. Kgr. Bay., Heft 13, I, 1865).

Tab. 3: *Auswanderung aus den badischen Amtsbezirken des Modellgebietes 1850—1855*

Amtsbezirk	Auswandererzahl	% Bev. (bezogen auf 1852)	Hiervon gehörten an %			Ausgeführte Beträge auf den Kopf Gulden
			der ackerbautreibenden Klasse	dem Handwerkerstande	andere Klassen u. Berufe	
Heidelberg	952	2,4	55,5	30,0	14,5	152,9
Ladenburg	814	4,75	57,7	20,7	21,6	134,6
Mannheim	121	0,48	7,4	32,1	60,5	170,9
Mosbach	2 330	8,0	53,0	23,1	23,9	115,3
Neckargemünd	1 400	9,8	23,1	27,9	49,0	96,8
Philippsburg	1 378	8,5	77,7	10,1	12,2	138,3
Schwetzingen	1 320	6,3	70,0	16,0	14,0	190,7
Sinsheim	2 099	9,0	52,2	35,3	12,5	122,2
Weinheim	829	5,6	71,5	25,3	3,2	160,7
Wiesloch	655	4,7	73,0	22,2	4,8	278,4

Quelle: Beiträge zur Statistik der inneren Verwaltung des Großherzogtums Baden. H. 5: Die Auswanderung in den Jahren 1840 bis mit 1855. Karlsruhe 1857.

Im Vergleich beider Territorien läßt sich der überregionale Einfluß auf die Wirtschafts- und die davon abhängige Bevölkerungsentwicklung feststellen[5]).

Der nach 1846 erfolgte hohe Anstieg in der Auswanderung, der zum Rückgang der Bevölkerung führte, ist eine Folge von Nahrungsmittelknappheit in fast ganz Europa, die vielfältige Ursachen hatte. Abwanderung des Kapitals aus der Landwirtschaft in die Industrie, Getreidemißernte und Kartoffelfäule trafen zusammen. Hohe Getreidepreise im Gefolge der mehrjährigen Krise, bei der später noch überseeische politische Entwicklungen und Spekulation eine Rolle spielten, führten zu einer extremen Verteuerung der Lebensmittel, die besonders stark die Tagelöhner und die kleinen Winzer ohne eigenes Ackerland traf (S. FLEISCHMANN 1902, S. 20 f. u. S. 32). Durch die Geldknappheit kam es zur weitgreifenden Rezession, die Fabriken schlossen, es kam bereits früh zu Bankzusammenbrüchen in Frankfurt/M. und Karlsruhe (W. FISCHER 1962, S. 381). Die Bauern waren besonders in den mediatisierten Gebieten durch Verschuldung für die Ablösung ihrer alten grundherrschaftlichen Verpflichtungen gedrückt und sahen keinen anderen Ausweg als eine revolutionäre Lösung (F. LAUTENSCHLAGER 1915, S. 4).

Dies war auf dem Lande die sozio-ökonomische Grundlage; in den Städten waren es die akademisch Gebildeten und die Gesellen aus den Handwerksbetrieben, die 1848/49 an der Revolution teilnahmen, die besonders Baden stark erschütterte. Nach deren Niederschlagung dauerte es bis 1855, nach einem weiteren Höhepunkt der Nahrungskrise 1852, ehe sich die Lage normalisierte. Während dieser Krisenjahre kam die Erhöhung der Auswanderungszahlen durch einen stärkeren Anteil der ärmeren Bevölkerung zustande, wie man aus dem auffälligen Rückgang des mitausgeführten Vermögens schließen kann. Nicht selten entledigten sich die Gemeinden ihrer Versorgungsfälle durch die einmalige Finanzierung der Überfahrt nach den USA. Aber insbesondere stellten die Landwirte mit nicht ausreichender Betriebsfläche den höchsten Anteil der Auswanderer. Auffällig ist, daß die Bewohner der in jener Zeit schon stärker industrialisierten Gebiete offenbar weniger die Auswanderung als die Alternative ansahen, denn die Amtsbezirke Mannheim, Heidelberg, Wiesloch und Ladenburg weisen weniger als die durchschnittliche Auswanderungsquote im badischen Modellgebietsanteil von 5,6 % der Bevölkerung auf (Tab. 3).

Allgemein scheint man, wie für die Pfalz und für Baden berichtet wird, unter den damaligen Produktionsverhältnissen infolge der sehr starken Bevölkerungszunahme an die Grenze der Tragfähigkeit in weiten Teilen des Landes, besonders in den agraren Gemeinden, gelangt zu sein (Beitr. z. Stat. d. Kgr. Bay. 13, XIII, 1865, W. FISCHER 1962, S. 324 ff.). Für einen Teil der Städte und die durch größeren Anteil von nichtlandwirtschaftlichem Erwerb ausgezeichneten Landbezirke hatte bereits eine Erweiterung der Existenzbasis im Gefolge der Industrialisierung stattgefunden, die bis zum Ende der industriellen Ausbauphase 1871 ein weiteres Bevölkerungswachstum gestattete. Der Anteil, den die Attraktivität der Wanderungsziele an der Wanderungsbewegung hatte, ist hier nicht zu erörtern (vergl. z. B. R. VOWINCKEL 1939 und P. MARSCHALCK 1973, S. 54).

3. Die Phase des industriellen Ausbaus in ihrer Auswirkung auf die Bevölkerung des Modellgebietes

Durch den Verkehrsausbau in dieser Epoche werden die bis heute geltenden neuen Züge der Raumstruktur geprägt bzw. die alten Bestände für die folgende Zeit neu be-

---

[5]) Bei R. VOWINCKEL (1939, S. 134) und O. BECK (1963, Abb. 1) finden sich entsprechende Diagramme. Ähnliche Aussagen sind von H. SCHREIBMÜLLER (1916, S. 52), A. ZINK (1954, S. 56) und H. ARNOLD (1967, S. 59 ff.) gemacht worden.

wertet. Entscheidend sind die für eine Produktion von Massengütern und die Ernährung von Produzenten- und Konsumenten-Massen notwendigen neuen Verkehrsträger: zuerst die dampfkraftgetriebene Rhein- und Neckarschiffahrt seit 1825 und bald danach die Eisenbahn. Der Wettlauf zwischen den Häfen des badischen Mannheim und des bayerischen Ludwigshafen in den dreißiger und vierziger Jahren sind zu oft beschrieben worden, um sie hier zu wiederholen (zuletzt A. TRABAND 1966, S. 27 ff.). Hervorgehoben zu werden verdient, daß Ludwigshafen bereits 1849 über die privat finanzierte Ludwigsbahn via Neustadt—Kaiserslautern Kohle aus dem Pfälzer Anteil an dem Saarrevier erhielt (A. ZINK 1954, S. 58). Die frühere kurpfälzische Metropole Mannheim konnte sich dabei nach dem Fall der Zollschranken weiter als Oberzentrum des Gebietes (W. H. RIEHL 1907, S. 4) beiderseits des Rheines trotz starker landesherrlicher Hemmnisse halten.

Endpunkt der Rheinschiffahrt, zunehmende Bedeutung des Getreidehandels — nicht zuletzt infolge der großen vom Staat geförderten Importe in den Hungerjahren (S. FLEISCHMANN 1902, S. 22) — ließen auch die Bankhäuser weiter an Bedeutung zunehmen, die in der Lage waren, Kapital für die Anlage von Industriewerken bereitzustellen.

Nach der frühen Eisenbahnverbindung (1840) zwischen Mannheim—Heidelberg (A. KUNTZEMÜLLER 1940, S. 17) und dem Ausbau der „Badischen Hauptbahn" von dort nach Süden entstand der häufig diskutierte Nachteil für Mannheim durch den Anschluß der Main-Neckar-Bahn (1846) in Friedrichsfeld (W. TUCKERMANN 1927, S. 14; A. KUNTZEMÜLLER 1940, S. 61). B. SILBERNAGEL (1974, S. 21) weist mit Recht auch auf die positiven Seiten der dadurch nachträglich notwendig werdenden Streckenverdichtung z. B. auf die „Rheintalbahn" (1870) über Schwetzingen und Karlsruhe hin. Die Hauptlinien des Eisenbahnnetzes im Modellgebiet waren am Ende der hier betrachteten Epoche gebaut, wenn man von der im folgenden Jahrzehnt eröffneten „Hessischen Riedbahn" absieht.

Nach der frühen beidseitigen Nord-Süderschließung der Oberrheinebene und der Westverbindung zum Saarland, erfolgte der Anschluß des östlichen Hinterlandes des Modellgebietes durch die „Badische Odenwaldbahn" erst 1862, dazu mit denkbar ungeschickter Linienführung (A. KUNTZEMÜLLER 1940, S. 169); wohl auch ein Beweis für die geringe wirtschaftliche Bedeutung des Odenwaldes für das Modellgebiet und den als ausreichend empfundenen Verkehrsträger Neckar. Aus der geraden Trassenführung und geringen Rücksichtnahme auf einen Verkehrs-Anschluß der Siedlungen, besonders der ältesten badischen Strecken, ist abzuleiten, daß diese dem N-S-Durchgangs-Güterverkehr und nicht dem Personenverkehr dienen sollten (B. SILBERNAGEL 1974, S. 30). Damit entstand ein auf die Dauer wirkungsvoller Standortvorteil für das rechtsrheinische Modellgebiet, denn die „Max-Bahn" (Neustadt—Landau—Weißenburg 1855) war zwar als Durchgangsverbindung konzipiert, wurde aber in einer kurvenreichen Trassenführung eher gebietserschließend gebaut (H. STURM 1967, S. 131). Ähnlich erging es der Linie von Neustadt und Bad Dürkheim (B. SILBERNAGEL 1974, S. 21).

Hier ist die Frage zu stellen, warum in den Hardtrand-Städten keine stärkere industrielle Entfaltung erfolgte, obgleich in jener Zeit — in Form von mittleren, über Dampfkraft verfügenden Betrieben in vielfältigen Industriezweigen — die Ansätze dazu vorhanden waren (Bavaria, 1867, 4, 2, S. 471 ff.).

Eine Ausnahme bildete lediglich die Industriegasse von Neustadt nach Westen über Lambrecht, Frankeneck, Weidenthal; ein Gebiet, das auch in der Karte 2 durch die starke Bevölkerungszunahme 1834—1871 ausgezeichnet ist. In diesem eng eingeschnittenen Tal ohne gute landwirtschaftliche Erwerbsmöglichkeiten, aber mit industrieller Tradition, nun durch Bahnanschluß erschlossen, bestanden für die Industrie bessere Voraussetzungen als in den Städten an der Hardt. W. H. RIEHL (1907, S. 26) betont, daß hier zwar die volkreichen Siedlungen mit ihrem städtischen Charakter auf Grund von Weinbau und Kleingewerbe den „Unterschied von Stadt und Land" aufheben würden, „andererseits fehlen aber die örtlichen Vorbedingungen zu großartigen industriellen Entwicklungen". Für Fabriken sei „der Boden (durch den Weinbau bedingt) zu teuer, der Wasserlauf zu dürftig, der Tagelohn zu hoch". Eine Frage, die hier auftaucht, ist die vermutlich geringere Förderung der unternehmerisch interessierten Handwerksmeister durch Kreditgewährung des bayerischen Staates, wie dies für das Königreich Württemberg in ähnlicher Situation von ausschlaggebender Bedeutung wurde (E. KLEIN 1967). Denn die Entfaltung von Industriebetrieben erfolgte in erster Linie durch auswärtiges Kapital an der durch die Verkehrslage am Großschiffahrtsweg ausgezeichneten Achse zwischen der schon kurpfälzisch angelegten Industriestadt Frankenthal und der Handelsstadt Mannheim mit dem aufblühenden Konkurrenten Ludwigshafen. Benachbarte Orte wie Oggersheim und Mörsch verstärkten durch eine bedeutende Textilfabrik (500 Arbeitskräfte)und eine Zuckerfabrik diesen Schwerpunkt. Das weniger starke Interesse des bayerischen Staates an einer weitgestreuten Förderung der Industrie in der Pfalz mag auch darin zu suchen sein, daß die Pfalz bereits den stärksten Industriebesatz des Königreiches aufwies:

	Dampfmaschinen		PS		Fabrikarbeiter in der Pfalz	
	Pfalz	Ges. Bayern	Pfalz	Ges. Bayern	Anzahl	Einwohner auf 1 Arbeiter
1847	16	79	521	1 504	13 254	46
1861	141	536	3 000	22 753	16 525	37

(Beitr. z. Statist. d. Kgr. Bayern, Heft 10, 1862, S. 102—3)

Auch im Vergleich mit Baden ist die Industriealisierung der Pfalz 1847 als gut zu bezeichnen. Wenn man berücksichtigt, daß die Bevölkerungszahl dort 2¼ mal größer als die der Pfalz war, sind 25 Dampfmaschinen mit 561 PS in Industriebetrieben nicht viel. Wichtig ist für Baden jedoch ihre bevorzugte Verteilung auf die Investitionsgüterindustrie, obgleich nach Zahl der Betriebe die Textilindustrie — wasserkraftbetrieben und außerhalb des Modellgebiets — zahlenmäßig an erster Stelle stand (W. FISCHER 1962, S. 305 u. S. 317).

Auf das Großherzogtum Baden bezogen, läßt sich mit dem Beitritt zur Zollunion ein steiler Anstieg der Anzahl der Industriebetriebe und Fabrikarbeiter feststellen:

1835   231 Betriebe mit   7 815 Arbeitern,
1837   294 Betriebe mit   9 281 Arbeitern,
1840   298 Betriebe mit 13 366 Arbeitern,
1849   332 Betriebe mit 16 281 Arbeitern.

Bereits Ende der 50er Jahre erreichte die Zahl der in der Industrie Beschäftigten 31 000 (W. FISCHER 1962, S. 293 und S. 309). Bis in die Zeit der 48er Revolution, mit nachfolgender Auswanderung, ist ein starker Anstieg der selbständigen Gewerbetreibenden zu beobachten gewesen (1829—1844 von 32 209 auf 51 536 = +55 %). Diese am Existenzminimum lebenden Gewerbetreibenden sind dann der Grundstock der späteren Fabrikarbeiter geworden (W. FISCHER a. a. O., S. 287 und S. 298).

Im Modellgebiet wurde bevorzugt Mannheim der Standort der neugegründeten Industriebetriebe. Im badischen Städtebuch sind für den Zeitraum 1835—1870 fast 20 neugegründete Unternehmen aufgeführt, von denen eine größere Anzahl Weltgeltung erlangte, so auch die Badische Anilin- und Sodafabrik (BASF), die nach kurzer Existenz schon 1865 die Stadt mit Ludwigshafen vertauschte (E. KEYSER 1959, S. 114).

Gegenüber Mannheim folgten die beiden anderen Industriestandorte des badischen Teils des Untersuchungsgebietes — Weinheim und Heidelberg[6]) — erst im weiten Abstand. Heidelbergs stärkeres Bevölkerungswachstum 1835—71 dürfte durch die aufblühende Universität und den sich stark entfaltenden Fremdenverkehr zu erklären sein (H. OVERBECK 1963, S. 83). Mannheim ist mit seinen späteren Vororten in dieser Epoche durch die beiden stärksten Stufen der Bevölkerungszunahme ausgezeichnet (Karte 2: 90—105 u. >105 %). Die Attraktivität von Mannheim und ihr industrielles Wachstum hat vielfältige Gründe: eine frühzeitige Diversifizierung der Industriezweige; die Gunst des Standortes lag in der Verkehrslage begründet, lange war der Hafen als Endpunkt der Rheinschiffahrt und damit als Umschlageplatz für den überseeischen Güterverkehr in das südliche Oberrheingebiet außerordentlich bevorzugt (A. TRABAND 1966, S. 45 f.). Einheimische, potente Bankhäuser gestatteten Handel und Industrie den vorteilhaften engen Kontakt zum Kapital.

Einen Sonderfall stellt das einen extremen Zuwachs aufweisende kleine Waghäusel dar, wo auf dem Gelände der einstmals fürstbischöflichen Eremitage ab 1836 eine Rübenzuckerfabrik errichtet wurde, die sich zur größten Deutschlands und zum größten Fabrikbetrieb Badens entwickelte (W. FISCHER 1962, S. 100). Die Einwohnerzahl stieg von 78 im Jahre 1834 auf 225 im Jahre 1871. Die Fabrik dürfte als Arbeitsstätte auch für die umgebenden Dörfer einige Bedeutung gehabt haben.

Die alten Zentren der Bevölkerungsverdichtung an der badischen und hessischen Bergstraße (Karte 1) treten in dieser Epoche (Karte 2) durch geringere Zunahme als die Gemeinden in der Oberrheinebene hervor. Außer (Heidelberg-)Rohrbach ist es noch die Amtsbezirksstadt Wiesloch, die allein im Bergbau in jener Zeit 300—400 Arbeiter beschäftigte, und deren Landwirtschaft durch Intensivierung einer wachsenden Menschenzahl Nahrung bot (1000 Jahre Marktrecht Stadt Wiesloch, 1965, S. 115)[7]).

Auf der linksrheinischen Seite im Großherzogtum Hessen ist noch Worms wegen seines Bevölkerungswachstums hervorzuheben. Etwas weniger stark als in der Karte, die sich auf den Stand der Gemeindefläche 1950 bezieht, kommt dies bei dem Wachstum der Bevölkerung in der Stadt selbst heraus: 1828: 8009, 1837: 8942 (+11,6 %) und 1871: 14 484 Einwohner (+38,2 %). Denn ähnlich wie Speyer erlitt die Stadt seit Aufhebung ihrer reichsstädtischen Privilegien und der hauptstädtischen Funktionen im Fürstbistum ab 1798 einen Rückgang des Handels und Gewerbes und erfuhr erst durch die Gründung großer Lederfabriken ab 1836—39 einen neuen, nun industriellen Aufschwung, der sich in dem Anstieg der Bevölkerungszahlen niederschlug (E. KEYSER 1959, S. 454 f.).

---

[6]) Zu Heidelberg vergl. im einzelnen U. KELLER 1961.
[7]) Die Entwicklung der Städte bedürfte einer genaueren Untersuchung. So hatten die badischen Städte des Modellgebietes im Untersuchungszeitraum einen Einwohnerzuwachs von 61,5 %, wovon ³/₄ der Bevölkerungszunahme auf Mannheim und Heidelberg in den Grenzen von 1961 entfielen, wobei sicher nur z. T. eine mit der städtischen Entwicklung einhergehende Zunahme der stadtnahen und und später eingemeindeten Gemeinden und zum anderen Teil der allgemeine agrarische Verdichtungsprozeß beigetragen haben dürfte. Für die badischen Städte allgemein berichtet W. FISCHER (1962, S. 329) von einem höheren Auswandereranteil im Jahre 1846.

Als letztes haben wir uns nun der Interpretation der Bevölkerungsbewegung von 1834—1871 in den stärker agrarisch strukturierten Gemeinden zuzuwenden: An erster Stelle stehen hier die Gemeinden im badischen Oberrheingebiet von Rheinhausen, Philippsburg und Kirrlach im Süden bis zur Grenze im Norden und darüberhinaus die daran anschließenden hessischen Gemeinden bis Bobstadt und Lorsch mit einer im Endergebnis positiven Bevölkerungsentwicklung in dieser Epoche.

Insbesondere für die badischen Gemeinden (z. T. mit über 90 % Zunahme) spielte die Allmend-Aufteilung und die damit verbundene Rodung der Wälder eine große Rolle. Allmendlose stellten für die Dorf*bürger* in diesen Allmenddörfern die Garantie einer Minimalexistenzsicherung (F. METZ 1926, S. 142)[8] und hielten sie damit von der Auswanderung stärker zurück als in anderen Gebieten. Sonderkulturen, wie Hopfen und besonders die für die nun in Nutzung genommenen leichten Sandböden gut geeigneten Nutzpflanzen Tabak und später auch Spargel, gaben neue Erwerbsmöglichkeiten im kleinflächigen landwirtschaftlichen Nebenerwerbsbetrieb. Eine besondere Bedeutung hatte im badischen Modellgebiet die Zigarren-Hausindustrie. Schon 1842 wurden junge Bauernburschen von dem landwirtschaftlichen Verein zu Zigarrenmachern in die Lehre geschickt. Die badische Regierung wandte dieser Hausindustrie „jede unbedenkliche Vergünstigung" zu (K. BITTMANN 1907, S. 701 ff.). Ähnliches berichtete W. H. RIEHL (1907/1857, S. 48) über die westlich des Rheins und an die Industriestandorte anschließenden Dörfer der Oberrheinniederung, die sich durch eine Bevölkerungszunahme von über 30 % gegenüber den übrigen Pfälzer Gemeinden auszeichneten: „Die einzelnen Landschaften vertauschen ihre ökonomischen Rollen. Am Rheinufer erhebt sich die Fabrikindustrie — in Frankenthal, Oggersheim, bei Ludwigshafen usw. — der Bodenwert steigt, Tabak-, Runkel(Zucker)rübenbau zieht den Bauern in ganz neue Kreise des Geldverkehrs und des Handels. Die vordem so reiche Landschaft vor der Haardt verliert an wirtschaftlicher Bedeutung...". RIEHL sagt in Analogie zur früheren Entwicklung der Weinbaudörfer, die Verstädterung der Dörfer in der Ebene voraus (a. a. O., S. 25). Er würdigt besonders die Bevölkerungsverdichtung auf der Grundlage von gärtnerisch betriebenem Sonderkulturanbau in der nördlichen Oberrheinniederung (a. a. O., S. 263).

Die starke Abnahme bzw. Stagnation der Bevölkerungszahl, angefangen im Norden, im Naturraum des Hardtrandes und des Vorderpfälzer Tieflandes (J.-H. SCHULTZE 1967, S. 8 ff.) bis herunter zum südlichen Blattrand, ist auf die fehlende Möglichkeit der Rodung forstlicher Flächen oder weiterer Intensivierung über den bereits betriebenen Weinbau hinaus zu erklären. W. H. RIEHL (1907/1857, S. 48) berichtet hier von dem bestehenden Landhunger: Eisenbahndämme wurden mit Klee und Kartoffeln bepflanzt, an den Telegraphenstangen rankten Bohnen. „Jede Sumpf- und Wassergrube wird in eine kleine Weidenanpflanzung verwandelt, Chausseegräben und Burghöfe in Kleefelder."

Geringes Wachstum bzw. Abnahme in den badischen und hessischen Odenwaldgemeinden ist auf im einzelnen sehr unterschiedliche, sozialschichten-spezifische Ursachen zurückzuführen, da hier sowohl Realerbteilungs- als auch Anerbengemeinden vertreten sind. Immer läßt sich eine relative Überbevölkerung im Verhältnis Erwerbsmöglichkeit zu Haushaltszahl feststellen.

---

[8] Ebenso auch zahlreiche ältere und neuere Festschriften der einzelnen Gemeinden, die eingesehen wurden, deren Wiedergabe aber den hier gegebenen Rahmen sprengen würde.

Tabelle 4: Bevölkerungsentwicklung im Modellgebiet Rhein-Neckar 1834—1939 (mit Randgemeinden)

Anteil von	Gemarkungsfläche 1961 in ha	Bevölkerung 1834	Einwohner pro km² 1834	Einwohner und % Zunahme 1871	Einwohner pro km² 1871	Einwohner und % Zunahme 1905	Einwohner pro km² 1905	Einwohner und % Zunahme 1939	Einwohner pro km² 1939
Baden	128 046	153 045	119,52	219 248 / 43,26	171,22	428 951 / 95,65	334,99	609 347 / 42,05	475,88
Hessen rechtsrhein.	78 342	66 435	84,80	77 854 / 17,19	99,37	101 364 / 30,2	129,38	130 318 / 28,56	166,34
Hessen linksrhein.	27 553	42 165	153,03	44 529 / 5,61	161,61	78 164 / 75,54	283,68	89 929 / 15,05	326,38
Hessischer Modellgebietsanteil	105 895	108 600	102,55	122 383 / 12,69	115,57	179 528 / 46,69	169,53	220 247 / 22,68	207,98
Pfalz (bayer.)	230 435	241 165	104,65	273 180 / 13,28	118,53	398 487 / 45,87	172,93	514 140 / 29,02	223,12
Gesamtgebiet rechtsrhein.	206 388 / 44,44 %	219 480	106,34	297 102 / 35,37	143,95	530 315 / 78,5	256,95	739 665 / 39,48	358,38
Gesamtgebiet linksrhein.	257 988 / 55,56 %	283 330	109,82	317 709 / 12,13	123,14	476 651 / 50,01	184,76	604 069 / 26,73	234,15
Gesamtgebiet Total	464 376 / 100 %	502 810	108,27	614 811 / 22,28	132,39	1 006 966 / 63,78	216,84	1 343 734 / 33,44	289,36

Bei einer zusammenfassenden Betrachtung der Bevölkerungsbewegung im Modellgebiet während der Phase des industriellen Ausbaus muß betont werden, daß nach der Interpretation der Karten 1 und 2, der Auswertung von Literatur und Statistik zu den vielfältig miteinander in Beziehung stehenden Problemen notwendigerweise viele Fragen offen bleiben mußten. Abgesehen davon, daß unter dem Gesamtergebnis der Entwicklung dieser Epoche für die einzelnen Gemeinden mehrere verschiedene Entwicklungstrends verdeckt worden sein können. Bei der stark wachsenden Bevölkerung der Städte Mannheim und Heidelberg ist z. B. der Wanderungsgewinn größer als der Anteil des natürlichen Bevölkerungszuwachses[9]) gewesen, während bei den übrigen badischen Städten und Landgemeinden infolge der Zuzugsbeschränkungen sicher der Geburtenüberschuß der Ortsbevölkerung den Ausschlag gab. Voraussetzung für die Bindung einer weiteren Menschenzahl war in jedem Falle eine grundlegende Nutzungsänderung des Naturraumes durch Flächenausdehnung und Intensivierung der Landwirtschaft mit Hilfe von Sonderkulturen und z. T. deren Weiterverarbeitung. Wo dies nicht möglich war, kam es zur Abwanderung. Noch grundlegender für die Zukunft erwies sich die zu dieser Zeit bereits von entscheidender Bedeutung für die Ausbildung einer neuen Raumstruktur werdende Verkehrs- und Industrieentwicklung. Auch in diesem Fall kann von einem engen Bezug von wachsender Zahl von Produktionsstätten und Arbeitsplätzen zur wachsenden Bevölkerungszahl in den Gemeinden ausgegangen werden. Wenn jetzt bereits der Kern der späteren Bevölkerungsagglomeration gelegt wurde, dann nicht, weil die Industrialisierung die natürliche Bevölkerungsbewegung in Gang gebracht hat, sondern weil sie diese z. T. auffangen konnte (W. FISCHER 1962, S. 324 ff.). Wie aus der vergleichenden Übersicht (Tab. 4) zu ersehen ist, hat dabei der badische Teil mit 43,26 % einen dreifach höheren Zuwachs im Lande empfangen als die Pfalz. Der von Hessen dürfte dem vergleichbar sein, da die nur für 1846 vorliegenden Zahlen entwicklungsgemäß einen vorübergehenden Maximalstand darstellen. Durch den Zuwachs auf der rechtsrheinischen Seite konnte noch nicht die Volkszahl der linksrheinischen Seite erreicht werden.

IV. Der Ballungsprozeß während der sogenannten Hochindustrialisierungsperiode 1871—1905

1. Das Wachstum der Bevölkerung und die Ausdehnung der Kernstädte, dargestellt am Beispiel von Mannheim

Konnte man in der vorhergehenden Periode der sich verstärkenden Industrialisierung noch von einer Entwicklung der Gemeinden sprechen, so sind wir nun nicht mehr in der Lage, dieses Wirtschafts- und Bevölkerungswachstum ursächlich nur noch auf die einzelnen Gemarkungen zu beziehen. Die Verflechtung der Gemeinden eines Gebietes greift von der Kernstadt aus um sich. Dies gilt in dieser Periode — will man sich nicht auf die definitorische Festlegung des Begriffes Kernstadt im Sinne der Stadtregion beschränken (O.

---

[9]) Für Mannheim haben wir hierzu dank der Veröffentlichung von S. SCHOTT (1901, S. 12) exakte Zahlen. Für den Zeitraum von 1852—71, in dem die Bevölkerung von Alt-Mannheim von 24 316 auf 39 606 Bewohner um 62,9 % zunahm, läßt sich der Anteil des Geburtenüberschusses am Gesamtzuwachs mit 18,8 % errechnen. Mit Ausnahme der Periode 1858—61 war stets ein Wanderungsgewinn zu verzeichnen, der in der Periode 1852—55 sogar 90 % des Zuwachses ausmachte und sonst — besonders in der Zeit starken Wachstums ab 1861—64 mit jeweils mehr als 3400 Einwohnern pro Periode — in etwa dem Durchschnitt entsprach. Ein beträchtlicher Teil des Geburtenüberschusses dürfte wiederum Ergebnis der Zuwanderung reproduktiver Jahrgänge sein.

BOUSTEDT 1967), für die größeren Städte dieses Gebietes, so auch für Heidelberg, Weinheim, Worms, Ludwigshafen, Speyer etc. Aus Materialgründen und als die wichtigste von allen stellen wir aber Mannheim in den Vordergrund.

Schon vorher war an dem Beispiel von Mannheim und dem Aufbau der chemischen Industrie in Ludwigshafen der Ausweitungsprozeß sichtbar geworden, der charakteristisch für die Kernstädte der Ballungsgebiete jener Epoche schlechthin zu sein scheint. Wie auch in Frankfurt/M. ist die bestimmende politische Gruppe der Stadt, die Großkaufleute und die Gewerbetreibenden, nicht an der Ansiedlung moderner Industrie innerhalb der Stadt interessiert. Weniger spektakulär, jedoch parallel hierzu muß in der vorhergehenden Epoche für Mannheim die Gründung der Fabrik in Wohlgelegen auf der gegenüberliegenden Neckarseite sowie die Anlage der Spiegelglasfabrik 1853 in Waldhof gesehen werden. Diese führte sogar zum Zuzug von 830 Franzosen in eine eigene Werkskolonie (L. A. TOLXDORFF 1961, S. 26). Man erkennt daran den Mangel an qualifizierten Arbeitskräften — wie es auch für die Textilfabrik in Oggersheim berichtet wurde — und den höheren Entwicklungsstand der westlichen Nachbarn.

Im Verlauf der Epoche der Hochindustrialisierung, die wir mit 1871 beginnen lassen, da die Befreiung der Aktiengesellschaften vom Konzessionszwang und der Goldzufluß aus französischen Reparationen die „Gründer"-Spekulation in Gang setzte (H. BECHTEL 1956, S. 183 ff.), griffen die großen Städte auf die ihnen benachbarten Gemeinden über. Im Falle von Mannheim erfolgte die rechtliche Zuordnung benachbarter, wirtschaftlich eng verknüpfter Gemeinden erst ab 1895 (L. A. TOLXDORFF 1961), während z. B. in Frankfurt/M. dieses schon ab 1877 geschah (W. GLEY 1936, S. 80). Aber ähnlich wie dort waren auch in Mannheim die benachbarten Gemeinden stark durch ihre Gewerbe- und Industriebetriebe sowie die tägliche Arbeitskraftwanderung auf Mannheim ausgerichtet (L. A. TOLXDORFF 1961, S. 18). Für Mannheim und das bis 1900 eingemeindete Gebiet gilt, daß das Wachstum der Bevölkerung eng mit den wechselnden Wirtschaftskonjunkturen und -krisen verbunden war[10]). Auf sie im einzelnen einzugehen (H. BECHTEL 1956, S. 183 ff.), ist hier nicht möglich. In dieser Epoche bahnte sich bereits der große Wandel in der bisher überragenden überregionalen Funktion Mannheims als großer Umschlaghafen Südwestdeutschlands an. Eine Konkurrenzsituation bestand im weiteren regionalen Bereich zu Frankfurt, Heilbronn und Cannstatt, Karlsruhe, Straßburg und Basel. Im europäischen Rahmen bestand die Rivalität zu den deutschen Nordseehäfen, die den See-Umschlag über die niederländischen Häfen spürten, sowie den Mittelmeerhäfen, die die Einfuhr der Schweiz und Österreichs umschlagen (S. SCHOTT 1957/1907, S. 10 ff.). Folgerichtig für Mannheim, dabei aber den regionalen Konzentrationsprozeß verstärkend, wurde, im Wettlauf mit dem bayerischen Ludwigshafen und dem hessischen Worms, zwischen 1897 und 1900 der Industriehafen Mannheims ausgebaut (S. SCHOTT 1957/1907, S. 32 f.). Damit waren die räumlichen und technischen Voraussetzungen dafür geschaffen worden, daß die Industrie weiter wachsen konnte. E. PLEWE spricht vom „Goldenen Zeitalter" in Mannheim in den Jahren 1895—1907. Das Gewerbesteuerkapital vermehrte sich von 1890 bis 1905 um 127,4 % und betrug damit gleichbleibend ⅓ des Gesamtsteuerkapitals. Für den Lebensunterhalt der Mannheimer Einwohner wuchs dagegen die Bedeutung der Industrie viel stärker. Waren schon 1882 47 % der Einwohner im Lebensunterhalt von der Industrie abhängig, so stieg der Anteil 1895 auf über 50 % an. Das

---

[10]) „In den fetten Jahren überragt der Wanderungsgewinn den Geburtenüberschuß weit, so 1885/90 und wieder 1895/1900. In den mageren Jahren sinkt er unter diesen herab, wie 1875/80 und besonders in dem so unvergeßlichen Jahrfünft 1890/95" (a. a. O.). Ausführlichere Darstellung der Wirtschaftsentwicklung in S. SCHOTT 1957/1907, S. 21 ff.

Verhältnis der in der Industrie zu den im Handel *Tätigen* hatte sich von 1875 mit 68,3 : 31,7 auf 70,0 : 30,0 1882 und 71,5 : 28,5 im Jahre 1895 verschoben.

Diese auffällige Differenz, daß nämlich über die Hälfte der Bevölkerung von der Industrie abhängig war, dagegen fast ³/₄ der Arbeitsplätze in ihr lagen, läßt sich wegen der geringen Frauenarbeit (F. WÖRISHOFFER 1891, S. 184) nur durch Pendelwanderung erklären: 1890 wohnten nur 39 % der Fabrikarbeiter in der Stadt (R. FUCHS 1912, S. 652). Aus dem 1910 eingemeindeten Feudenheim, das schon 1884 durch eine Dampfstraßenbahn mit Mannheim verbunden wurde, pendelten 1900 von den 4500 Einwohnern 1000 Arbeiter dorthin (G. LANGE 1912, S. 403 f.). Aus den Orten an der Hessischen Riedbahn im Norden und an der Rheintalbahn im Süden pendelte gleichfalls schon um 1900 eine große Zahl von Arbeitern nach Mannheim (S. SCHOTT 1905, S. 14). Insgesamt hatte Mannheim im Jahre 1900 6200 Einpendler.

Im Zusammenhang mit dem Verhältnis von industriellen Arbeitsplätzen zu denen im Handel sei auf das sogenannte „Gesetz vom doppelten Stellenwert" von G. IPSEN (1933, S. 437) verwiesen, das für die Epoche der Entwicklung der industriellen Ballungsgebiete häufig zitiert wird (SCHÜTTE, BUCHHOLZ & KÖLLMANN 1953, S. 94 und W. KÖLLMANN 1974, S. 125): „Jede neue Stelle, die durch ihre Leistung Unterhaltsmittel von außerhalb beschafft, gibt in der modernen Großstadt einer zweiten Stelle Nahrung aufgrund von Ansprüchen oder Diensten fürs erste." Offenbar gilt dieses „Gesetz" nur für das ausschließlich industriell bestimmte Großstadtwachstum.

Im Zeitraum von 1871—1905 nahm Alt-Mannheim von 39 606 auf 139 472 Einwohner um 252 %, Mannheim mit Käfertal, Waldhof und Neckarau von 46 312 auf 163 708 um 253,5 % (nach S. SCHOTT 1906, S. 6) zu. Hierbei hatte der alte Stadtbezirk 1885/90 und 1895/1900 mit jeweils um bzw. über 30 % Zuwachs sein stärkstes Wachstum, Neu-Mannheim dagegen mit 47,5 % in der letztgenannten Periode. In der Ober- und dann in der Unterstadt ist ab 1895 ein Rückgang der Bevölkerungszahl zu verzeichnen, er betrug für die Oberstadt 1900/1905 schon fast 11 %, verstärkt durch die Verlegung der Kasernen ist dies als City-Bildung zu deuten[11]).

2. Die Zuwanderung nach Mannheim und die Herkunftsgebiete der Zugezogenen

Für die Stadt Mannheim gilt ebenso wie für die anderen deutschen Groß- und Industriestädte die Feststellung von W. KÖLLMANN (1974, S. 130): „Verstädterung entsteht in der Binnenwanderung." „60 % der 141 131 Bewohner Mannheims 1900 waren nicht dort geboren" und damit steht die Stadt „in der Spitzengruppe der am schnellsten heraufgewachsenen Städte des Reiches" (S. SCHOTT 1905). „Im Durchschnitt aller 31 deutschen Großstädte waren es 56,71 %." Ein etwas höherer Anteil der ortsgebürtigen Bevölkerung in Mannheim im Vergleich zu den badischen Städten Karlsruhe und Freiburg dürfte durch einen dem natürlichen Arbeitszuwachs entsprechenden Ausbau von attraktiven Arbeitsstätten zu erklären sein. Wenn die Seßhaftigkeit der Mannheimer prozentual höher als die der Frankfurter oder Stuttgarter erscheint, so ist dies auf den höheren Anteil der (am Ort geborenen) Altersgruppen unter 16 Jahren (33,8 %) zurückzuführen. Dieser

---

[11]) Obgleich S. SCHOTT (1901, S. 17) diese Feststellung wegen der Komplexität der Vorgänge eingeschränkt wissen möchte, scheint trotz einer Aufstockung und Verdichtung der Überbauung die Wohnbevölkerung durch die sich ausbreitende Geschäfts- und Büronutzung zunehmend verdrängt worden zu sein (F. KRUG 1915, S. 66). H. PETER (1910,26) spricht bereits in seiner Untersuchung der Baulandspreisentwicklung in Mannheim 1895—1906 von dem „Dienstwohnungscharakter" der City, da dort nur noch das dem „Hausdienst oder der Hausbewachung dienende Personal" wohne.

hohe Anteil von Kindern ist Folge der bedeutenden Zuwanderung von reproduktiven Jahrgängen während eines sehr starken Bevölkerungswachstums, besonders in dem Zeitraum 1895—1900 mit 34 % (S. SCHOTT 1906, S. 6). Die Zuwanderer waren in erster Linie Arbeiter (S. SCHOTT 1905, S. 4).

Durch starke Zuwanderung und Verbleiben der ortsbürtigen Bevölkerung verschoben sich auch die Geburtenziffern der nordbadischen Region sehr stark zum Positiven. Für die Periode 1877—1901 errechnete M. HECHT (1935, S. 344) für die Amtsbezirke Mannheim, Heidelberg und Wiesloch eine extrem hohe Geburtenziffer von 60,8 ‰, 44,6 ‰ und 40,7 ‰! Mannheim ragte also infolge der Zuwanderung heraus. In den südlichen Amtsbezirken Staufen, Müllheim und Waldshut wurden dagegen nur 24,7 ‰, 26,1 ‰ und 26,5 ‰ erreicht. War auch für das ganze Land Baden z. B. für den Zeitraum 1875 — dem Maximum seiner Geburtenziffer von 40,3 ‰ — bis 1883 ein Absinken auf 33,7 ‰ festzustellen[12]), so blieb durch die sinkende Sterbeziffer der Geburtenüberschuß sehr hoch (10,6 ‰ gegenüber vorher 11,9 ‰) (F. HARDECK 1885, S. 354/55). Während dieser Epoche erfährt die Auswanderung 1881 noch einmal mit 4445 Fällen (= 0,28 % der Bewohner Badens (a. a. O., S. 373) gegenüber den Vorjahren den letzten Höhepunkt (R. VOWINCKEL 1939, S. 127). Gegenüber dem großen Maximum 1854 mit 21 561 registrierten Auswanderern (1,6 % der Bewohner) zeigte die Entwicklung sonst eine wellenförmige schwach rückläufige Tendenz. Die starke natürliche Bevölkerungszunahme kam also fast ganz dem Wachstum im Deutschen Reich und speziell Baden zugute. Ein paralleler Ablauf hierzu ist auch für die Pfalz von O. BECK (1963, Abb. 1) nachgewiesen worden. Für die Binnenwanderung stellten die Städte mit industrieller Entwicklung das bevorzugte Wanderungsziel. So kam es, daß trotz des außerordentlich starken Bevölkerungswachstums in Mannheim — wie in allen Großstädten — der Anteil der Ortsbürtigen relativ abnahm. Als Folge der Wanderung innerhalb des Deutschen Reiches nahm gleichzeitig der Anteil der Bevölkerung aus dem Hinterland der Stadt ab, wie aus der Tab. 5 zu ersehen ist.

Tabelle 5: *Geburtsort je 1000 Einwohner in Mannheim*

	Mannheim	sonst in Baden	sonst im Deutsch. Reich	im Ausland
1880	438,5	303,8	244,4	13,3
1890	401,7	306,3	277,2	14,8
1900	399,9	261,9	311,0	27,2

Von den 1900 in Mannheim lebenden 141 131 Fremdbürtigen (60 % der Einwohner) kamen
  26,2 % aus Baden,
   8,4 % aus Württemberg,
   6,3 % aus Preußen,
   6,0 % aus der bayerischen Pfalz,
   5,3 % aus Hessen,
   2,8 % aus dem rechtsrheinischen Bayern
  55,0 %.

Allein 48,7 % kamen also aus dem Südwesten Deutschlands. Hierbei sind soziale und regionale Besonderheiten zu beobachten, wie der höhere Anteil weiblicher Zuwanderer zwischen 16—30 Jahren aus Württemberg als Folge der bevorzugt von dort kommenden

---

[12]) Zusammen mit den Totgeburten erreichte die Geburtenziffer 43,77 bzw. 37,32 ‰.

Hausmädchen. In dem hohen Anteil von Jugendlichen bei den Pfälzern schlägt sich die Zuwanderung von Familien mit Kindern (S. SCHOTT 1905, S. 6) nieder. Bei der Nahwanderung unter 20 km drückt sich mit 53 % die hohe Beteiligung an Zuwanderern aus benachbarten Klein- und Mittelstädten aus. Hieran sind allein Heidelberg und Ludwigshafen mit jeweils mehr als 1000 Zuzügen beteiligt. Mit zunehmender Entfernung wächst die Bedeutung der kleinen Orte unter 500 Einwohnern für die Wanderung nach Mannheim (S. SCHOTT 1905, S. 18, Tab. IV).

Am Vergleich des Zuzugs nach Frankfurt und nach Mannheim aus den im Modellgebiet liegenden hessischen Kreisen ist erkennbar, daß nur aus Heppenheim die dreifach größere Zahl nach Mannheim zog, in Bensheim steht die Abwanderung nach Frankfurt und Mannheim gleich, während Worms, Alzey und ganz besonders Erbach überwiegend nach Frankfurt tendierten. Damit ergibt sich die Abgrenzung der Einflußbereiche beider Großstädte auf der Linie Worms—Heppenheim—Erbach. Im Süden hat S. SCHOTT die Grenze zwischen Mannheim und Karlsruhe auf der Linie Philippsburg—Bruchsal gefunden. Beide Linien entsprechen etwa den Grenzen des Modellgebietes. Im Osten dagegen greift der Einzugsbereich der Zuwanderung der Bevölkerungsballung im Kern des Modellgebietes über dieses weit hinaus. Er geht bis zur Landesgrenze und darüber hinaus, bis der Einfluß von Stuttgart wirksam wird. In ihrem Schwergewicht liegt die Zuwanderung nach Mannheim im östlichen Sektor des Hinterlandes. Einmal in einem kleineren Gebiet der nordöstlichen Nahzone, wo aus Wallstadt, Ilvesheim und Ladenburg mehr als 10 % der Ortseinwohnerzahl von 1900 in Mannheim zu finden ist (vgl. Karte S. SCHOTT 1905, a. a. O.). Gleiche Werte werden erst wieder in dem anteilmäßig stärksten Zuwanderungsgebiet Mannheims, dem Odenwald, erreicht. Auffällig ist die starke Zuwanderung in einem Streifen entlang der Odenwaldbahn bis nach Boxberg und darüber hinaus (vgl. Karte bei SCHOTT 1905). Die relativ späte Erschließung durch die Eisenbahn scheint die Abwanderung begünstigt zu haben, wenn SCHOTT (a. a. O., S. 14) dies auch bezweifelt. Er weist auf die bis zu 25 % der Einwohnerzahl betragende Zuwanderung nach Mannheim aus Gemeinden im Amt Sinsheim und im Odenwald ohne Bahnanschluß hin. Gerade diese Orte mit hoher Abwanderungsquote nach Mannheim fallen auch in der Karte 3 durch eine negative Bevölkerungsbewegung heraus. Vielleicht trifft es richtiger die Zusammenhänge, wenn man feststellt, daß der späte Bau von Nebenbahnen nicht mehr die Industrialisierung beförderte und damit die Abwanderung nur als Alternative blieb. FRITZ SCHMITT (1911, S. 111 f.) weist außerdem auf die ungünstigeren sozialen Bedingungen in diesen geringer industrialisierten Gebieten hin, da man es dort mit den Arbeiterschutzgesetzen nicht so genau nähme. Weiterhin meint er beobachtet zu haben, daß dort nicht die Ärmsten aus den am wenigsten entwickelten Gebieten abwanderten, sondern überall diejenigen, deren Bedürfnisse bereits höher seien. In den ärmsten Gebieten halte man jede Arbeitskraft zur Bodenbearbeitung zurück. Auch bei der Auswanderung in die USA ragt der Amtsbezirk Mosbach hervor, er stellte bei nur einem Drittel der Dichte der Bevölkerung ein 6faches der Auswandererzahlen von Bruchsal oder ein 36faches von Schwetzingen (R. VOWINCKEL 1939, S. 132). Dagegen wird im Nahbereich der Zuwanderung „schon wenige Kilometer nach Osten ... der Mannheimer Einfluß durch die Einwirkung Heidelbergs unterbrochen" (a. a. o.). Hier ist die Zuwanderung auf Heidelberg gerichtet, ähnliches gilt auch für Heilbronn. *Eine scharfe Grenze dagegen bildet der Rhein.* Die Zuwanderer aus der Pfalz verteilen sich mit Ausnahme von Bobenheim über das ganze Gebiet. Hier tritt Ludwigshafen an die Stelle von Mannheim als Zuwandererort (a. a. O.).

*3. Die Ausbildung industriell bestimmter Raumstrukturen
im übrigen rechtsrheinischen Modellgebiet*

a) Industriestandorte und Pendelwanderung

Schon zu Beginn dieses Kapitels wurde die Mannheims Gemeindegrenzen übergreifende industrielle Entwicklung hervorgehoben. Dies schlägt sich auch in dem auf Karte 3 gezeigten Wachstum von ≥ 105 % nieder. So haben Sandhofen (eingemeindet 1912: L. A. Tolxdorff 1961, S. 61) 1900: 5319 Einwohner, Seckenheim (eingemeindet z. T. 1918 und 1930: a. a. O. 114 ff.): 6389 Einwohner. Beide Orte wiesen allein in dem Jahrfünft 1895—1900 einen Zuwachs von 47,66 und 49,28 % auf. Dementsprechend war der Anteil der Ortsbürtigen auf 56,57 bzw. 56,44 % zurückgegangen, und der Anteil hessischer Zuwanderer war mit 6,6 bzw. 4,2 % relativ hoch (H. Pfeiffer 1909, S. 310). Sandhofen hatte 1900 bereits über 3000 Industriearbeiter, darunter etwa 1000 weibliche, die besonders in den Textil- und Zigarrenfabriken beschäftigt waren. 616 (601 männliche) Einpendler, hauptsächlich aus Hessen, standen nur 99 Auspendlern nach Mannheim gegenüber (H. Pfeiffer 1909, 321). In Seckenheim waren bei etwa 2000 fast ausschließlich männlichen Industriearbeitern 1127 = 56,3 % Einpendler. Ihnen stehen 371 Auspendler, vorwiegend nach Mannheim, gegenüber (a. a. O.). An der relativ geringen Pendlerverknüpfung der später nach Mannheim eingemeindeten Orte wird deutlich, daß die unternehmerische Beziehung zu dem Zentrum von größerer Bedeutung war als die Arbeitskraftverflechtung. Dies ist auch an vielen Feststellungen der Untersuchung von L. A. Tolxdorff zu erkennen (1961, S. 26 f.). Von Gemeindeseite war das Interesse an den besseren technischen, sozialen und kulturellen Einrichtungen der Großstadt ein wesentliches Moment. Stärkere Pendlerbeziehungen nach Mannheim bestehen auch aus den badischen Orten außer dem bereits erwähnten und 1910 eingemeindeten Feudenheim noch von Wallstadt (eingemeindet 1929: L. A. Tolxdorff 1961, S. 89) (298 von insges. 303 Auspendlern). In Ladenburg sind es noch 50 % und in den entfernteren Orten, z. B. Oftersheim und Plankstadt sind nur noch 42,33 % und 35,38 % der 296 und 450 Auspendler auf Mannheim gerichtet. H. Pfeiffer (1909, S. 315 f.) betont, daß in großem Umfang bei den 6200 Einpendlern aus den nordbadischen und südhessischen Gemeinden nach Mannheim i. J. 1900 eine Bindung an den Wohnort durch den Besitz von Bodenparzellen und deren Nutzung durch Getreide- und Kartoffelanbau sowie Hauseigentum bestand.

Als weitere wichtige Industriezentren dieser Zeit sind im rechtsrheinischen Modellgebiet Heidelberg (1900 = 3500 Industriearbeiter) und Weinheim (3400) zu nennen. Die prinzipiell industriefeindliche Politik der Stadt Heidelberg in jener Epoche wurde bereits mehrfach analysiert (H. Overbeck 1963, S. 11 f.), da man bevorzugt Universitätsstadt und Wohnort reicher „Rentiers" sein wollte. So verwundert es nicht, daß das nur 1/4 der Einwohnerzahl von Heidelberg aufweisende Weinheim viel stärker industrialisiert war (H. Pfeiffer 1909, S. 319 f.). Entsprechend der Sozialstruktur in Heidelberg war auch der Anteil der Einpendler nach Heidelberg mit 69 % der Industriearbeiter doppelt so hoch wie in Weinheim mit 33,7 %. Die höheren Lebenskosten in der Universitätsstadt wirkten gegen einen Zuzug von Arbeitern. Daneben sind bereits damals Industriebetriebe aus Heidelberg ausgezogen, so nach Bammental, das sich daraufhin durch höheres Wachstum (45—60 %) bei relativ niedrigem Zuzug entwickelte (H. Pfeiffer 1909, S. 224 f.). Ebenso bewirkte das in Heidelberg von der Stadt aufgekaufte Portlandzementwerk (U. Keller 1961, S. 104) durch seine Übersiedlung nach Leimen dort neben der stark vertretenen Zigarrenindustrie einen raschen Anstieg der Einwohnerzahl (vgl. Karte 3).

Als Industriestandorte kleineren Umfangs mit stark wachsender Einwohnerzahl verdienen auch Hockenheim, Schwetzingen und Ladenburg genannt zu werden. Im einzelnen sei auf die Arbeit von P. F. WALLI (1906, S. 94, insbes. S. 100 f.) verwiesen. Daneben hatte die Zuckerfabrik Waghäusel keine weitere Industrie- und Bevölkerungsansiedlung bewirkt, und die Abnahme der Einwohnerzahl dürfte auf die Beschäftigung von Saisonarbeitern zurückzuführen sein.

b) Die Flächenwirksamkeit der Industrialisierung in den ländlichen Gemeinden und ihr Zusammenhang mit der Landwirtschaft

Als sehr wesentlich für die auffällige Bevölkerungszunahme und die daraus erzielten hohen Einwohnerdichten in der badischen Rheinebene (Karte 3 und W. KLAER 1963, Karte II) sieht C. UHLIG (1899, S. 192 ff.) die dort in großem Umfang verbreitete Zigarrenindustrie an. Sie war in dieser Epoche der Hochindustrialisierung aus ihren alten Standorten, z. B. Mannheim und Heidelberg, heraus in zahlreiche ländliche Gemeinden und Kleinstädte der Oberrheinebene und z. T. in den Kraichgau hineingezogen. Für die sehr arbeitsintensive Produktion waren die höheren Löhne in den anderen Industriezweigen die Ursache für die Auslagerung, also anders als in der gegenwärtigen Epoche der großstadtnahen Industrieaussiedlung, wo es die Bodenpreise sind. Im nördlichen Baden waren 1895 310 Fabriken mit fast 18 000 Arbeitskräften registriert worden. Für die weitgestreute Standortverteilung sei auf die Aufstellung von C. UHLIG (a. a. O., S. 1907) verwiesen. In diesem Industriezweig stieg infolge der niedrigen Löhne im Laufe der Zeit der Anteil der weiblichen Arbeitskräfte stark an (M. RUDOLPH 1925). Ein großer Teil der Zigarrenproduktion wurde aufgrund von Werkverträgen in Heimarbeit hergestellt. Die schlechte soziale und wirtschaftliche Lage dieser von den z. T. recht kleinen Fabrikanten häufig übervorteilten Arbeitskräfte war Gegenstand mehrerer Enqueten (K. BITTMANN 1907, S. 713 ff.). Auf die in diesem Gebiet in großem Umfang betriebenen vielen anderen Arten von Heimarbeit ist hinzuweisen. Die Verhältnisse gleichen damit denen des Rhein-Main-Gebietes (R. GEIPEL 1961, S. 32, u. A. KRENZLIN 1961, S. 323): „Für die Familien ist es von großem Vorteil, daß die Frauen Gelegenheit haben, neben der Besorgung des Haushaltes durch Heimarbeit den oft zum Lebensunterhalt ungenügenden Verdienst des Mannes zu ergänzen" (K. BITTMANN 1907, S. 476).

Eine große Bedeutung für das nichtlandwirtschaftliche Erwerbsleben hatte in zahlreichen Orten das Maurerhandwerk, eine Folge der starken Bautätigkeit, bedingt durch die Bevölkerungszunahme im ganzen Gebiet, voran aber in Mannheim selbst. In Wallstadt gab es schon 1895 600 Maurer (C. UHLIG 1899, S. 191). Ähnliches gilt auch für Sandhausen und St. Ilgen im Heidelberger Umland (F. METZ 1926, S. 135); auch in Eppelheim bei Heidelberg seien ³/₄ der Arbeiter Maurer gewesen (W. KAISER 1924, S. 40). Auf die bevölkerungsverdichtende Wirkung der in dieser Epoche mit der starken Bautätigkeit blühenden Steinbruchbetriebe an der Bergstraße und im Odenwald hat ja bereits H. JÄGER (1974) hingewiesen. Auch hier blieb meist eine enge Verbindung der Haushalte mit landwirtschaftlicher Produktion für den oder nur einen Teil des Eigenbedarfs bestimmend. Neben der Schweinehaltung war für die Ärmsten der Kleinbauern und grundbesitzenden Arbeiter vor allem die Ziegenhaltung von Bedeutung (O. RITTMAYER 1929, S. 102). Ziegenhaltung war offenbar, wie auch in der Pfalz (O. BECK 1963, S. 47), zum Indikator des auf dem Lande lebenden Industriearbeiters geworden.

Die Landwirtschaft in dieser Epoche der Hochindustrialisierung in ihrer Einwirkung auf die Bevölkerungsverdichtung zu untersuchen, bedürfte einer speziellen Analyse, wie sie z. B. A. SCHMEZER (1883, S. 7 f.) für Sandhausen angestellt hat. Die Zunahme der

Betriebe von 425 auf 473 1873—1883 ist dort besonders auf den Zuwachs der landwirtschaftlichen Nebenerwerbsbetriebe von Gewerbe- und Handeltreibenden sowie Kleinhäuslern und Tagelöhnern zurückzuführen. Auch die „großbäuerlichen" Betriebe von 5—10 ha verdoppelten sich von 9 auf 19, dagegen nahmen die „Mittelbetriebe" von 2—5 ha leicht und die Kleinbetriebe von 1—2 ha sogar von 91 auf 53 = —42 % ab.. Neben den Gewerbetreibenden hatten sich die Tagelöhner aufgrund guter Hopfenernten 1871, 1878 und 1881 „zu enormen Güterkäufen und zu hohen Pachtpreisen hinreißen" lassen, die wiederum eine starke Verschuldung bewirkten. 57 % der Betriebsfläche war Pachtland. Da diese Verhältnisse sicher in den einzelnen Gemeinden recht unterschiedlich gewesen sein dürften, läßt sich der Einfluß der Industrialisierung auf die Landwirtschaft nur generell behandeln. In großstadtnaher Lage oder bei Industrieansiedlung im Ort ist offenbar bereits damals allgemein eine zweigipfelige Entwicklung der landwirtschaftlichen Betriebe — nämlich das Wachstum der kleinsten und der größten Betriebe — festzustellen (W. FRICKE 1961, S. 50 f.).

Eine Karte des Anteils landwirtschaftlicher Bevölkerung in dem nordbadischen Oberrheinebenen- und Bergstraßenanteil im Jahre 1907 bei A. TRABAND (1966, Fig. 20) zeigt überwiegend nur 10—25 %. Lediglich die durch Obst-, Wein- und Gartenbau gekennzeichneten Gemeinden der nördlichen Bergstraße — mit Ausnahme von Weinheim — haben 26—35 %, Heddesheim und Großsachsen 35—50 %, und nur in Roth und St. Leon werden 50 % überschritten.

Allgemein gilt sicher die Feststellung von G. LANGE (1912, S. 416) für Baden auch hier, daß von 1882 bis 1907 die Gesamtzahl der landwirtschaftlichen Erwerbstätigen — nicht zuletzt durch wachsende Zwergbetriebe und den 51,7 % betragenden Anteil von Frauen an den Arbeitskräften — um 28,5 % gewachsen sei. Dabei ging die Abhängigkeit von dem landwirtschaftlichen Einkommen an der Gesamtzahl der Erwerbspersonen von 49,3 % auf 37,6 % zurück, während bei wachsender Bevölkerungszahl der sekundäre Sektor von 30,3 auf 35,1 % und Handel, Verkehr und Versicherung von 7,2 auf 10,7 % der Erwerbstätigen anstieg. In der gleichen Zeit (1882—1907) veränderte sich prozentual die Nebenerwerbstätigkeit

in der Landwirtschaft	von 27,6 % auf 30,5 %
Industrie und Gewerbe	von 10,7 % auf 8,3 %
Handel, Versicherung, Verkehr	von 24,5 % auf 21,9 %
Tagelöhner und Hausangestellte	von 8,5 % auf 10,8 %
Berufslose	von 11,1 % auf 12,8 %
Gesamtdurchschnitt	von 21,4 % auf 20,7 %

Die Gesamtzahl dieser Gruppe wuchs um 26,8 %. Dies entspricht der für Sandhausen gemachten Beobachtung des Wachstums im landwirtschaftlichen Nebenerwerb und in sozialen Randgruppen, während in den prosperierenden Sektoren dieser Epoche — Industrie, Gewerbe, Handel, Verkehr und Dienstleistung — die Hinwendung zum Vollerwerb stärker geworden ist. Als Grund für die Loslösung vom landwirtschaftlichen Nebenerwerb und Zuzug an den Arbeitsort gibt F. WÖRISHOFFER (1891, S. 188) bei den Metallarbeitern die relativ hohen Löhne und große Arbeitsplatzsicherheit an, während schlechter bezahlte Arbeitskräfte die Pendelwanderung mit landwirtschaftlichem Nebenerwerb bevorzugen.

Neben dem von A. SCHMEZER für Sandhausen bereits erwähnten Hopfenanbau, der weit verbreitet in der Rheinebene bis nach Wiesloch hin im Osten und bis zur Südgrenze des Modellgebietes war, kommen in dieser Epoche dem Spargel- und verständlicherweise dem Tabakanbau für den größeren Zuerwerbs- bzw. Kleinbetrieb eine besondere Bedeutung zu. Die Vorbereitung des Tabaks zur Verarbeitung bringt den kleinen Landwirten zusätzliches Einkommen (K. BITTMANN 1907, S. 975). Der Fabrikarbeiter mit einem kleinen landwirtschaftlichen Parzellenbetrieb baute damals offenbar noch nicht in größerem Umfang Sonderkulturen an, da er das Land für die Nahrungsmittelversorgung der Familie brauchte und die Frau, der die Bestellung des Feldes allein oblag, keine Zeit für die arbeitsintensiven Sonderkulturen hatte (M. HECHT 1903, S. 147).

Der Sonderkulturenanbau entfällt für die höher gelegenen Teile des Odenwaldes, somit entfallen dort auch die wirtschaftlichen Voraussetzungen für die Bevölkerungsverdichtung in den ländlichen Räumen, wie sie für die Oberrheinebene, den Kraichgau sowie Teile der Weschnitzsenke so charakteristisch sind. Im Odenwald bildet das Anerbenrecht eine weitere Barriere gegen Betriebszersplitterung und ländliche Bevölkerungsverdichtung (vgl. Karte 3). Hier wirkt sich auch der bereits behandelte späte oder gar fehlende Eisenbahnanschluß aus. Auf territoriale Sonderheiten im Gebiet von Erbach hat W. KLAER (1963, S. 269) schon hingewiesen.

4. Ludwigshafen als wichtigstes Ballungszentrum des linksrheinischen Gebietes

Das Wachstum von Ludwigshafen 1871—1905 mit 818 % von 7874 auf 72 287 Einwohner (S. MARX 1923, S. 87) übertrifft das von Mannheim.

Da eine insbesondere den Zeitraum von 1907 bis 1913 betreffende Untersuchung von R. KLUSS (1920) einige für uns wichtige Aussagen macht, sei es gestattet, in der Betrachtung über den hier gewählten Zeitabschnitt hinauszugreifen, da es sich in dieser Spanne um einen — abgesehen von den Wirschaftskrisen 1900—1901 und 1907—1909 (a. a. O., S. 25) — raumzeitlich kontinuierlichen Prozeß gehandelt hat.

1910 hatte Ludwigshafen bereits 83 307 Einwohner (S. MARX a. a. O.). Für den Zuwachs von 62 459 Menschen seit 1876 wurde festgestellt, daß 56,2 % auf Geburtenüberschuß am Ort zurückgehen (R. KLUSS 1920, S. 80). Wie bei Mannheim ist dies Folge fehlender Abwanderung und die starke Reproduktivität der Zuwanderer. Die Zuwanderer kommen aus entfernt liegenden Pfälzer Gebieten, „über die Hälfte ... aus dem rechtsrheinischen Bayern und aus den übrigen deutschen Bundesstaaten ...". Wie bei Mannheim fehlen die Zuwanderer aus den benachbarten Orten, da dort sowohl durch Industrieansiedlung als auch Pendelwanderung nach Ludwigshafen das Bevölkerungswachstum am Ort gehalten wird (vgl. auch Karte 3). Noch stärker als in Mannheim ist in Ludwigshafen die rasch wachsende Industrie von Bedeutung. Sie wird in erster Linie von der chemischen Industrie bestimmt und ist auf die tägliche Arbeitskraftwanderung angewiesen. Dabei bestand aus der Stadt selbst bereits eine Pendlerverflechtung mit Mannheim (ca. 2000). Es wurden in erster Linie qualifizierte Arbeiter und Frauen abgegeben, für die in Ludwigshafen selbst nicht genügend Arbeitsplätze angeboten wurden. Für den Pendlerverkehr nach Ludwigshafen war das sehr gute Eisenbahnnetz linksrheinisch mit Anschluß an das rechtsrheinische Gebiet die Voraussetzung, z. T. war es durch Stichbahnen dafür verdichtet worden. Heftiger Konkurrenzkampf bestand damals mit Frankenthal um das Arbeitskrafteinzugsgebiet. „Auch die kleineren Industrieorte, die sich allmählich an der Peripherie der Stadt (Ludwigshafen) entwickelt haben, wie Rheingönnheim, Oppau, Oggersheim, Mutterstadt, bereiten den Werken im Zentrum Schwierigkeiten bei der Arbeiterversorgung" (a. a. O., S. 90). Mutterstadt und Oggersheim bilden eigene Pendlerfelder heraus. Der Einfluß von Speyer und Neustadt — beide nur gering industrialisiert — beschränkt sich auf deren unmittelbare Umgebung, umgekehrt zieht Ludwigshafen von dort, wie auch von Frankenthal und Dürkheim, Arbeitskräfte an sich. „Sogar Haßloch (in nur 9 km Entfernung) liefert neun Zehntel seiner Arbeiter nach Ludwigshafen" (a. a. O., S. 82). Ludwigshafen greift auch über die Mittelzentren hinaus bis nach Lambrecht im W, Weingarten und Lingenfeld am Südrand des Modellgebiets (a. a. O., S. 10 f.). Verständlicherweise ist nicht in jedem Fall die Tatsache vorhandener Pendelwanderung mit einer im Zeitraum 1871—1905 zu verzeichnenden positiven Bevölkerungsbewegung verknüpft, umgekehrt fallen alle Orte mit positiver Bevölkerungsbewegung unter die hier genannten Orte mit Eigenentwicklung oder Einschluß in die Arbeitskraftwanderung.

Dementsprechend hatte sich auch der Anteil der zur Landwirtschaft zu rechnenden Bevölkerung 1907 im Bezirksamt Ludwigshafen auf 9,2 %/0 erniedrigt, in Speyer auf 22,6 %/0, ebenso stark auch in Frankenthal (ohne Grünstadt). Im Bezirk Germersheim waren dagegen noch 50,6 %/0 der Bevölkerung von der Landwirtschaft abhängig (a. a. O., S. 54). In Bergzabern wird dieser Wert mit 50,9 %/0 sogar überschritten. Wenn auch im Bezirk Neustadt dieser Anteil schon auf 29 %/0 abgesunken war, so beurteilt R. KLUSS (1920, S. 61 f.) das Hardtgebiet als das wirtschaftlich schwächste der ganzen Pfalz. Mit Ausnahme der Städte Neustadt und Landau hat sich die Bevölkerung auch seit 1890 noch zurückentwickelt. Dies kommt auch auf der Karte 3 zum Ausdruck, wo nur noch Maikammer und zwei angrenzende Orte eine positive Entwicklung 1871—1905 aufweisen (vgl. Karte 3). Es ist bei hohen Geburtenziffern eine noch stärkere Einwirkung der Abwanderung. Die Ursache hierfür wird in den bereits bestehenden kleinen Betriebsgrößen unter 2 ha (62,9—79,1 %/0 aller Betriebe) und dem beim Weinbau notwendigen hohen Anlage- und Betriebskapital gesehen, was bei relativ großer Entfernung von den Industriestandorten im Ballungsgebiet zu einer Abwanderung der „ländlichen Industriearbeiter" führt. Es erhebt sich die Frage, ob nicht — wie bereits für das badische Gebiet berichtet — auch die ganztägige und ganzwöchige Fabrikarbeit den Nebenerwerb in arbeitsintensiven Sonderkulturen verhinderte.

Nördlich davon ist der Raum Grünstadt-Eisenberg mit seiner zwar bescheidenen industriell-bergbaulichen Entwicklung auf der Karte 3 durch starkes bis stärkstes Bevölkerungswachstum ausgezeichnet. Die Bedeutung von günstigen Eisenbahnverbindungen nach Ludwigshafen für eine positive Bevölkerungsbewegung im Pfälzer Anteil des Modellgebietes kann auch durch die Analyse von B. SILBERNAGEL (1974) belegt werden (vgl. Tab. 6). Schon frühzeitig hat die Tarifpolitik der Eisenbahnverwaltung die Pendelwanderung begünstigt. Ab 1867 gab es Monatskarten, besondere Bedeutung dürften dann ab 1872 die Arbeiterzüge und schließlich seit 1894 der unbeschränkte Gebrauch von Arbeiterwochenkarten in Personenzügen für alle Stationen gehabt haben (R. KLUSS 1920, S. 18 f.). Bereits 1899 richtete die BASF von ihrer Werksiedlung Limburgerhof bei Mutterstadt eine kostenlose Anfahrt mit der Bahn ein (S. MARX 1923, S. 62).

Tabelle 6:

Bevölkerungswachstum 1871—1905 in Gemeinden der Pfalz mit Bahnanschluß
(Zuwachs in %)

Fahrzeit nach Ludwigshafen	Entfernung zum nächsten Bahnhof		Zugdichte (Verbindungen nach Ludwigshafen/Werktag)
	0—2 km (A)	2—4 km (B)	
0—20 Min.	269,0	57,6	häufig*)
	—	—	selten**)
20—40 Min.	90,2	20,7	häufig
	33,7	—	selten
40—60 Min.	83,5	9,0	häufig
	6,8	3,7	selten
länger als 60 Minuten	53,3	10,4	häufig
	11,4	-1,3	selten

Bevölkerungswachstum 1871—1905 in Gemeinden der Pfalz ohne Bahnanschluß

Entfernung nach Ludwigshafen	(Zuwachs in %) (C)
0—10 km	63,2
10—20 km	11,5
20—30 km	—9,4
über 30 km	6,0

Zusammenfassung: Zone	(A)	(B)	(C)
	75 %	5,4 %	6,3 %

*) Mehr als 12 Züge/Werktag; **) Weniger als 12 Züge/Werktag;
(B. Silbernagel 1974, S. 71)

5. Räumliche Differenzierungen der Bevölkerungsverteilung in der Periode 1871—1905

Um im Sinne der Aufgabenstellung das Ergebnis dieser wohl die Raumstruktur des Modellgebietes für die erste Hälfte des 20. Jhs. entscheidend prägenden Epoche der Hochindustrialisierung zusammenzufassen, sei mit einer vergleichenden Betrachtung der Bevölkerungsentwicklung begonnen (vgl. hierzu im einzelnen die Tab. 4).

Auf dem rechtsrheinischen Gebiet, das einen etwas geringeren Anteil (44,44 %) des Gesamtraumes umfaßt, wuchs die Bevölkerung um 78,5 %, also stärker als auf dem linksrheinischen Anteil mit nur 50,01 % an. Hierdurch verschob sich rechtsrheinisch der Anteil an der Bevölkerung des Gesamtraumes von 48,3 % (1871) auf 52,7 % (1905) (Tab. 7).

Tabelle 7:
Rhein-Neckar-Raum: % Anteil der Bevölkerung nach Teilgebieten

	1834	1871	1905	1939	1950	1961	1970
Baden	30,4 %	35,7 %	42,6 %	45,3 %	46,9 %	46,6 %	47,1 %
Hessen rechtsrheinisch	13,2 %	12,7 %	10,0 %	9,7 %	11,8 %	10,9 %	11,8 %
Hessen linksrheinisch	8,4 %	7,2 %	7,8 %	6,7 %	6,2 %	5,8 %	5,6 %
Hessisches Modell	21,6 %	19,9 %	17,8 %	16,4 %	18,0 %	16,7 %	17,4 %
Pfalz	48,0 %	44,4 %	39,6 %	38,3 %	35,1 %	36,7 %	35,5 %
Gesamtgebiet rechtsrheinisch	43,7 %	48,3 %	52,7 %	55,0 %	58,6 %	57,5 %	59,0 %
Gesamtgebiet linksrheinisch	56,3 %	51,7 %	47,3 %	45,0 %	41,4 %	42,5 %	41,0 %
Gesamtgebiet Total	100,0 %	100,0 %	100,0 %	100,0 %	100,0 %	100,0 %	100,0 %

Das durchschnittliche Wachstum der Bevölkerung um 63,78 % in dieser Epoche verteilt sich auf die verschiedenen Territorien unterschiedlich: Voran steht Badens Anteil mit fast einer Verdoppelung der Einwohnerzahl, an unterster Stelle liegt das rechtsrheinische Hessen mit nur 30,2 %. Erklären läßt sich dies dadurch, daß Hessen rechts des Rheines einen hohen Anteil an Wald besitzt, außerdem besonders die Anerbengebiete des Odenwaldes eine geringere Einwohnerdichte als die übrigen Realerbteilungsgebiete aufweisen.

Sehr entscheidend wird das Wachstum durch den Konzentrationsprozeß in den Großstädten geprägt, und hierin konnte der rechtsrheinische Teil Hessens keine solche Verstärkung erfahren, wie dies linksrheinisch durch Worms geschah. Auch die Pfalz verdankt 44,5 % ihre Zuwachses in dieser Zeit allein der Bevölkerungszunahme in der Stadt Ludwigshafen. Der badische Anteil am Modellgebiet kann sogar 56 % seiner Bevölkerungszunahme auf das Wachstum Mannheims in den Grenzen von 1905 zurückführen.

Trotz der staatlichen Trennung längs des Rheinstromes und der starken Wirksamkeit dieser Grenze auf die Arbeitskraftwanderung, sei sie nun täglich oder auf Dauer gewesen, ist es sicher richtig, Mannheim und Ludwigshafen unter dem Begriff einer Agglomeration zusammenzufassen, wie es S. Schott (1957/1929, S. 111) tat. Im Umkreis von 10 km um Mannheims Rathausturm wuchs die Bevölkerung von 95 070 1871 um 277,4 % auf 358 751 Menschen im Jahre 1910 an. „Keine süddeutsche Großstadt oder Agglomeration hat von der Reichsgründung bis zum Weltkrieg ein so starkes Wachstum aufzuweisen gehabt wie Mannheim (-Ludwigshafen d. Verf.), nur ganz wenige norddeutsche Städte haben Mannheim darin übertroffen."

Da die Voraussetzung für die industrielle Standortentwicklung bereits erwähnt wurde, soll nun anschließend auf einige sozialschichtenspezifische räumliche Bezüge der Bevölkerungsballung eingegangen werden.

Auf den überwiegenden Anteil von Fernwanderern an den Zuwanderern der großen Städte Mannheim und Ludwigshafen wurde bereits hingewiesen. Diese Tatsache entspricht den allgemein im Deutschen Reich zu beobachtenden Vorgängen, wenn die wachsenden Industriestandorte nicht „auf ein gewerblich oder industriell ähnlich strukturiertes Umland zurückgreifen konnten" (W. KÖLLMANN 1972, S. 131). Wichtig ist in unserem Falle wohl auch, das Wachsen der industriellen Arbeitsmöglichkeiten im Umland der späteren Großstädte zu bedenken. An anderer Stelle weist KÖLLMANN (1972/1967, S. 260) darauf hin, daß durch die „Herauslösung aus älteren sozialen Bindungen ... die Neuankommenden zwangsläufig in ein ihnen fast immer wesensfremdes, von Erfordernissen der Technik und der Betriebsordnungen diktiertes arbeitsteiliges System eingegliedert (wurden), ohne zugleich von Anfang an darüberhinausgehende neue soziale Bindungen vorzufinden. Dies führte zur betrieblichen Fluktuation und zu hoher innerstädtischer Mobilität als Fortsetzung des Zuzugs zum industriellen Standort". Dabei erscheint diese Fluktuation eher eine Folge des Wirtschafts- und Gesellschaftssystems jener Zeit gewesen zu sein.

Durch detaillierte Untersuchungen sind wir insbesondere über die Entwicklung in den Zentren Mannheim und Ludwigshafen informiert. Die Zuwanderung von Arbeitskräften bewirkte nun starke Nachfrage nach Wohnraum, die jedoch nicht proportional dem Zuwachs, geschweige denn in der notwendigen Wohnflächengröße befriedigt wurde. Gemessen an heutigen Maßstäben waren die Wohnverhältnisse der Fabrikarbeiter katastrophal. Ausnahmen waren die fabrikeigenen Wohnungen. In Mannheim waren es 1890 bei 47 Fabriken 580 Wohnungen (F. WÖRISHOFFER 1891, S. 217).

Den Anfang machte die Glasfabrik in Waldhof; auch die BASF in Ludwigshafen begann bereits ab 1866 für ihren Arbeiterstamm, insbesondere die Meister, Werksiedlungen zu bauen. Um die chaotischen Wohnverhältnisse und Wohnungsnot zu bessern, baute das Werk 1899 eine eigene Siedlung „Limburger Hof" gegenüber dem Bahnhof von Mutterstadt (S. MARX 1923, S. 62 u. S. 131). F. WÖRISHOFFER (1891, S. 202 ff.), der als großherzoglich badischer Fabrikinspektor die Verhältnisse in Mannheim analysiert hatte, berichtet, daß auch eine Elite von 4—6 Mark am Tag verdienenden Arbeitern sich keine Wohnung mit Küche leisten könne; sie hätte aber wenigstens Zimmer mittlerer Größe. Das übliche für sie seien 2 Zimmer ohne jeden Nebenraum. Bei einer häufigen Familiengröße von 7—9 Köpfen seien die Verhältnisse noch dann günstig, wenn keine Untervermietung an Schlafgängerinnen stattfände. Man rechnete damals durchschnittlich mit 3 Personen pro Bett. Als Beispiel für die Wohnverhältnisse sei die Beschreibung einer städtischen Mietskaserne wiedergegeben (a. a. O., S. 216 f.):

„Ein zusammenhängender Komplex von mehreren Häusern, von welchen eines groß und fünfstöckig ist, wird fast ausschließlich von Arbeitern bewohnt. Derselbe enthält 117 Wohnungen mit 217 Zimmern und Kammern, 17 Küchen, 68 Kellern und 18 Speichern, und dient als Wohnung für 209 Erwachsene, 408 Kinder (408, vom Verf. korrigiert) — 109 (d. i. 199, Verf.) Knaben und 209 Mädchen — 14 männliche und 13 weibliche Untermieter, zusammen also 644 Personen. Es kommen mithin auf die Wohnung 5,5 Personen und auf jeden bewohnten Raum 2,97 Personen.

Die Zimmer der obigen Gebäulichkeiten sind 7—13 qm, meist 8—10 qm groß. Sie müssen in der Regel zugleich als Küche dienen, da für 117 Wohnungen nur 17 Küchen vorhanden sind, und liegen in langer Reihe an nur 1 m und 1,1 m breiten Gängen. Von den Wohnungen haben 48 weder Küche noch Keller, 52 keine Küche, aber einen kleinen Kellerraum, 2 eine Küche aber keinen Keller und nur 15 haben Küche und etwas Keller. Die 18 Speicher, welche an 13 Wohnungen mit meist nur einem Zimmer verteilt sind, dienen fast ausschließlich Kindern und Untermietern zur Schlafstätte.

Zwischen einem einstöckigen und dem Nachbargebäude befindet sich ein langgestreckter Hof, welcher 1,5 m breit ist.

Was die Mietpreise anlangt, so kostet eine dieser Wohnungen, aus 2 Dachkammern im fünften Stock bestehend, ohne allen Zubehör 96 Mk bis 120 Mk im Jahre, eine Dachkammer mit Küche und Keller 144 Mk. Eine Wohnung im zweiten und dritten Stock von 2 kleinen Zimmern ohne Küche mit etwas Keller 140—170 Mk, mit einer kleinen Küche 240 Mk. Der ganze Komplex trägt über 16 500 Mk Miete und bringt, da er vor einigen Jahren für 116 000 Mk erworben wurde, nach reichlicher Abrechnung der Unterhaltskosten noch über 13 % rein."

In Neckarau wurden die Wohnverhältnisse als etwas besser beschrieben. Arbeiter hatten sich dort kleine Häuser gebaut, in denen sie eine 3-Zimmerwohnung im Parterre selbst bewohnten, das Dachgeschoß war zu 3 Wohnungen mit je 2 Dachzimmern ohne Küche ausgebaut und an Arbeiter vermietet worden. Hierdurch deckte der Hausbesitzer seine Kapitalzinsen (a. a. O., S. 206).

Diese Ansiedlung von Arbeitern erfolgte in den 1870er und 1880er Jahren in der Nähe der Arbeitsstelle noch im Bereich von Mannheims historischer (unterer) Altstadt. In der Folgezeit werden dann besonders in den Vorstädten, 1895—1905, allen voran in der Neckarstadt, Mietskasernen errichtet (F. KRUG 1915, S. 65). Dementsprechend zeigt die Karte in einer von S. SCHOTT 1906 herausgegebenen Untersuchung dort 1905 ausgesprochen schlechte Wohnverhältnisse. Es sind in diesen Vierteln die Wohnräume mit mehr als 2,5 Personen im Durchschnitt belegt. Allgemein scheinen sich in dieser Periode die Wohnverhältnisse gegenüber 1900 schon etwas verbessert zu haben, da der Anteil der mit mehr als 2 Personen belegten Wohnräume zurückgegangen war.

Tabelle 8: *Wohnungsbelegung in Mannheim 1900—1905*

Personen je Wohnraum	<1	1—1,5	1,5—2	2—2,5	>2,5
1900	10,4 %	24,0 %	28,2 %	26,4 %	11,0 %
1905	11,6 %	23,3 %	34,2 %	22,5 %	8,3 %

(A. a. O., S. 6)

Zur Verbesserung trug die konsequente Wohnungsaufsicht des großherzoglichen Bezirksamtes bei (ROTH & PETER 1912, S. 208 ff.). Dabei ist in den Stadtteilen mit einer von den Statistikern mit >2 Personen/Wohnraum als ungünstig eingestuften Belegung die Mobilität besonders hoch. Fast die Hälfte bis ⅓ der Wohnungen werden weniger als 1 Jahr von den Mietern bewohnt, während umgekehrt die besseren Wohngebiete, insbesondere die großen Wohnungen, eine hohe Konstanz der Bewohner aufweisen (S. SCHOTT 1901, S. 36). Damit scheint es im Hinblick auf die hohe innerstädtische Mobilität wohl etwas weniger an den von W. KÖLLMANN betonten ungefestigten sozialen Bindungen zu liegen als an den ungünstigen und maßlos übertreuerten Wohnverhältnissen. Dazu haben die häufigen Konjunkturschwankungen sowohl Beschäftigung als auch Wohnangebot durch Neubauten (F. KRUG 1915, S. 81) stetig beeinflußt. Da die Fertigstellung von Wohnraum den Schwankungen der Wirtschaft hinterherlief, fanden die in der Hochkonjunktur kommenden Zuwanderer meist nur zu wenige und sehr teure Mietwohnungen vor (S. SCHOTT 1906, S. 1). Die Gebiete mit den guten Wohnverhältnissen lagen in erster Linie in dem Zentrum der Altstadt, das seit dem wirtschaftlichen Aufschwung in den 70er Jahren sehr stark in seiner Bausubstanz verbessert und verdichtet worden war. Die „sehr reichlichen Wohnungsverhältnisse" mit 0,75 Personen pro Wohnraum befanden sich in der östlichen Oberstadt sowie der neuen Oststadt, die nach 1888 geplant worden waren, um die Abwanderung „der hier reich gewordenen Bürger" zu verhindern (H. PETER, 1910, 8). Besondere Bauvorschriften und Auflagen der Stadt „als fast alleinige Eigentümerin" des Bodens hatten in der Oststadt ein exklusives Wohnviertel entstehen lassen (F. KRUG 1915, S. 65), ein Prozeß der beispielsweise auch für Frankfurt/M. nachgewiesen werden konnte (E. THARUN 1973, Mskr.). In den übrigen Gebieten hochgradig spekulativen Wohnungsbau hatten die Bauvorschriften der Baupolizei kaum Einfluß auf die hygienischen Bedingungen (F. KRUG 1915, S. 69).

In Ludwigshafen galt bis 1890 sogar das französische Baurecht, das keinerlei Baubewilligung und Straßenanlage vorsah und damit zu z. T. chaotischen Verhältnissen in den Gebieten des spekulativen Mietshausbaus führte (S. MARX 1923, S. 53 u. S. 97). Stärker als der Wert der bebauten Grundstücke hatte sich der Wert der unbebauten gesteigert: In der Zeit von 1867 bis 1907 um 800 %, von diesen 800 % entfielen 500 % allein auf die Jahre zwischen 1887 und 1907. So diktierte der Bodenpreis „ob Klein- oder Großwohnungen gebaut werden sollten. Die Unternehmer, Architekten, der Baumaterialienmarkt, kurz das gesamte Bauwesen waren im Grunde alle von der Bodenspekulation abhängig" (a. a. O.).

Eine Aussage über die Wohnverhältnisse im Modellgebiet außerhalb der Großstädte und Industriestandorte ist nicht mit ausreichender Verläßlichkeit zu machen. Die Ergebnisse der Wohnungszählung 1900 als Gesamtdurchschnittsbelegungen für die Bezirke zeigen im Vergleich zu Mannheims Arbeiterquartieren nur zum Teil ein günstigeres Bild:

Bezirk Wiesloch   1,79 Personen/Wohnraum
Bezirk Schwetzingen   1,67 Personen/Wohnraum
Bezirk Mannheim   1,52 Personen/Wohnraum
Bezirk Heidelberg   1,40 Personen/Wohnraum
(G. LANGE 1912, S. 378)

Man kann daraus schließen, daß die großstädtischen Wohnungsbelegungsdichten z. B. in

Alt-Mannheim   1,59 Personen/Wohnraum
Neu-Mannheim   1,92 Personen/Wohnraum
Mannheim im ganzen   1,63 Personen/Wohnraum
(S. SCHOTT 1901, S. 10)

noch durch die in den übervölkerten ländlichen Gemeinden übertroffen wurden, wobei die von der unteren bäuerlichen Schicht und den Tagelöhnern bewohnten Häuser von extremer Kleinheit waren. Die überbelegten Wohnräume des ländlichen Proletariats erwähnt besonders W. KAISER (1926, S. 63 ff.). Für bäuerliche Anwesen zitiert F. METZ (1925, S. 74) zwei ältere Studien, wonach die Bauernhäuser in Wieblingen und Rheingönnheim auch nur aus Küche, Stube und ein bis zwei Kammern bestanden hätten.

Zum Aspekt der Seßhaftigkeit dieser Gruppen, aber auch der Pendler, führt KAISER aus, daß neben den sozialen Bindungen ganz besonders die materiellen Momente, wie billigere Wohnungs- und Lebensmittelpreise sowie die frische Luft und das freiere Wohnen maßgeblich seien. Auch hält er die niedrigere Anzahl von Wohnparteien je Gebäude auf dem Lande von Einfluß (a. a. O., 1926).

Im niedrigen Wert des Bezirks Heidelberg dürften sich die im Ort selbst und den später eingemeindeten Vororten besonders günstigen Wohnverhältnisse (H. OVERBECK 1963, S. 90) einer sozialen Ober- und Mittelschicht ausgewirkt haben. Die Sozialstruktur von Neuenheim läßt sich kurz vor der Eingemeindung nach Heidelberg 1899 dadurch hinreichend charakterisieren, daß die „nichtbürgerlichen Ortseinwohner", d. h. die Neuzugezogenen, die 35,5 %/o aller Steuerzahler einschließlich der Ausmärker betrugen, 78 %/o des Steuerkapitals besaßen (H. SCHMIDT 1928, S. 322).

Mit diesen Beispielen für die sozialgeographisch erfaßbaren räumlichen Differenzierungen im Hinblick auf die Wohndichte seien die notwendigen Relativierungen zur Darstellung der Flächendichte angedeutet, wie sie für den Abschluß der in diesem Kapitel behandelten Epoche im Jahre 1905 im Modellgebiet bestanden.

V. Die Konsolidierung der Bevölkerungsverteilung bis zum 2. Weltkrieg

1. Die Bevölkerungsentwicklung 1905—1939

Gemessen an dem kräftigen Anwachsen der Bevölkerungszahl im Modellgebiet in der davorliegenden Epoche um 392 155 Menschen und 63,8 %/o ist die Zunahme um 336 768 Einwohner, damit 33,4 %/o, nur noch gering. Prozentual hat sich die Zuwachsrate allgemein auf die Hälfte der des vorigen Zeitraumes verringert (Vgl. Tab. 4). Konnte in der früheren Epoche auf die Einzelheiten des Wachstums durch natürliche und regionale Bevölkerungsbewegung eingegangen werden, so soll hier nur generell auf den Fortgang des Industrialisierungsprozesses hingewiesen werden, der allgemein zu einer Geburtenabnahme führt. Im Deutschen Reich wurde dieser Prozeß noch beschleunigt durch die allgemeine wirtschaftliche und politische Entwicklung. Hatte der Weltkrieg bei starken Bevölkerungsverlusten zu einer Erweiterung der industriellen Arbeitsplätze geführt, so waren dem Kriege große Wirtschaftskrisen gefolgt, die für die industrielle und agrare Produktion ebenso wie für den tertiären Sektor, für die gesamte ökonomische und soziale Struktur schlechthin, tiefgreifende Veränderungen bewirkten (H. BECHTEL 1956, 3, S. 363 ff.). Im Deutschen Reich hatte die Krisenzeit schließlich im Jahre 1933 zu der niedrigsten Geburtenzahl geführt. 14,7 Lebendgeborenen standen 11,2 Sterbefälle je 1000 Einwohner gegenüber. Die dabei vorhandenen regionalen Unterschiede seien an den Werten der Pfalz (Geburtenziffer 16,6 ‰ und 6,6 ‰ Geburtenüberschuß) und Baden (15,1 und 4,2 ‰) für das gleiche Jahr verdeutlicht (Stat. Jahrb. d. Deutsch. Reichs 1935, S. 37). Der allgemein absinkende Trend der Geburtenziffer sei an der Badens aufgezeigt. Das erst langsame, dann rasche Wachstum der Bevölkerung 1879—1898 und 1899—1906 mit 32,2 und 34,9 ‰ durchschnittlicher Geburtenziffer p. a. geht in ein sehr langsames mit 22,7 ‰ in der Zeit 1907—1933 über. Schon 1934 zeigt sich der Anstieg als Folge der Bevölkerungspolitik des „Dritten Reiches" (M. HECHT 1935, S. 343 ff.).

Durch den hohen Anteil junger reproduktiver Jahrgänge sind dabei die Werte für die Amtsbezirke, die eine Großstadt umschließen, über den Zeitraum 1902—26 betrachtet, höher als für das Land (a. a. O.).

Tabelle 9: *Geburtenziffern badischer Amtsbezirke 1898—1929*

Amtsbezirke	Geburten je 1000 Einwohner		Im Jahre 1929	Geburtenüberschuß 1929
	Durchschnitt der Jahre			
	1898—1902	1924—1928		
Mannheim	42,4	18,4	18,2	7,1
Heidelberg	47,1	27,1	25,3	5,2
Weinheim	41,4	18,2	12,3	4,5

Quelle: Stat. Jahrb. Land Baden 1930, 341.

2. Die Stagnation in den Kernstädten

Die weiter absinkende Tendenz der Geburtenziffer bis über die Zeit des zweiten Weltkrieges hinaus ist für Mannheim aus der Tab. 10 zu ersehen. Man hat aber dabei zu bedenken, daß noch um 1900 die hohe Säuglingssterblichkeit 25 % der Kinder bis zum Ende des ersten Lebensjahres dahinraffte (1953 = 8 %) und damit 50 % der Sterbefälle ausmachte (K. Hook 1954a, S. 40 und S. 46).

Tab. 10:
Natürliche Bevölkerungsbewegung in der Stadt Mannheim für ausgewählte Jahre

	Geburtenziffer	Sterbeziffer	Geburtenüberschuß
1900	42,1	21,7	20,4
1905	38,7	19,0	19,7
1910	31,4	13,5	17,9
1913	28,6	12,9	15,7
1920	26,2	12,5	13,7
1925	16,5	9,4	7,1
1930	15,2	8,6	6,6
1933	12,0	8,7	3,3
1939	16,6	10,5	6,1
1950	13,2	9,9	3,3
1953	12,6	9,9	2,7

(Quelle K. Hook 1954a, S. 46)

Die Geburtenrückgänge sind durch vielerlei Einflüsse hervorgerufen, M. Hecht (1935) diskutiert sie; in den Demographischen Standardwerken wird die Veränderung des generativen Verhaltens analysiert (G. Mackenroth 1953, S. 110 u. 274 ff., R. v. Ungern-Sternberg & H. Schubnell 1950, S. 278 ff.).

Für einen der Faktoren, die Berufstätigkeit der Frau, seien die Anteile der Frauen an den ansässigen Gewerbspersonen für 1907 mit 25 % und 1925 mit 31 % gegenübergestellt. Es handelt sich hierbei, wie auch heute, um eine Tätigkeit vorwiegend im tertiären Sektor (K. Hook 1954a, S. 89). Die Verringerung der Geburtenziffer und die Senkung der Sterblichkeit führte zu einer Veränderung im Altersaufbau der Mannheimer Bevölkerung, was wiederum Rückwirkungen auf die Geburtenziffern hat. K. Hook führt als Beispiel für die Veränderung des Altersaufbaus an, daß der Anteil der über 60jährigen von 3,9 % 1900 auf 5,8 % 1925 und 13,7 % 1950 anstieg, während der Anteil der unter 35jährigen von 74,8 % auf 47,3 % absank (1954a, 19).

Innerhalb der ersten Hälfte des 20. Jahrhunderts war der Wanderungsgewinn starken Schwankungen ausgesetzt und das Ergebnis unterschiedlichen Wanderungsvolumens. Aus Tab. 11 ist ersichtlich, daß in den 20er Jahren die Zahl der Zu- und Abwanderer stark gegenüber der Vorkriegszeit zurückgegangen war und häufig, bis 1937 einschließlich, ein negatives Ergebnis für die Stadt entstand. Somit ist das Wachstum von Mannheim in dieser Periode nur in der Phase von vor dem ersten Weltkrieg bis 1924 in stärkerem Maße positiv beeinflußt worden.

Tab. 11: *Wanderungsvolumen und Wanderungssaldo für Mannheim in ausgewählten Jahren*

	Wanderungsfälle	Wanderungssaldo
1905	52 241	+ 9 971
1910	41 244	+ 10 153
1925	36 118	— 316
1930	22 664	— 645
1938	44 695	+ 2 359
1950	22 367	+ 9 063

(Nach K. Hook 1954a, S. 58)

In den Grenzen von 1961 wuchs die Stadt Mannheim von 1905 bis 1939 um fast 100 000 Menschen (+52,2 %). Dieser Zuwachs wurde insbesondere durch Siedlungstätigkeit der öffentlichen Hand, z. B. der Städtischen Wohnbaugesellschaften, in den peripheren Teilen der Stadt angesiedelt. Damit verschob sich der Anteil der in den zentralen Teilen der Stadt lebenden Bevölkerung gegenüber dem in den Vororten wie folgt:

1910   76,6 % zentrale, 23,4 % exzentrale Siedlungsgebiete
1925   74,2 % zentrale, 25,8 % exzentrale Siedlungsgebiete
1933   68,6 % zentrale, 31,4 % exzentrale Siedlungsgebiete
1939   63,0 % zentrale, 37,0 % exzentrale Siedlungsgebiete

Dabei nahm die Bevölkerung im zentralen Siedlungsgebiet um 6,2 % und im exzentralen um 104 % zu.

(Nach K. Hook 1954a, S. 24)

In ähnlicher Weise fand auch das Wachstum der übrigen Städte in ihren Außenbezirken statt. Heidelberg wuchs 1905—1939 um fast 26 000 (+42,9 %), dabei verschob sich 1900—1939 bei einer um 12,7 % abnehmenden Bevölkerungszahl in der Altstadt deren Anteil von 51,5 % auf 21,3 % an der Gesamtbevölkerung (H.-J. Büttner 1972, S. 10).

3. Die Bevölkerungsentwicklung im Modellgebiet unter besonderer Berücksichtigung der Pendelwanderung

Das Wachstum der beiden Städte Mannheim und Heidelberg machte 1905—1939 68,7 % der Zunahme im badischen Anteil des Modellgebietes aus, an der Bewohnerzahl verstärkte sich ihr Anteil von 42 auf 61 %. Das Wachstum Ludwigshafens (+64 %) war wieder prozentual höher als das von Mannheim, jedoch schon das des benachbarten Frankenthals mit nur 27,5 % hielt nicht mit ihm Schritt. Beide Städte wiesen immerhin 53 % der Bevölkerungszunahme von 1905—39 des Pfälzer Modellgebietes auf. Gegenüber dem badischen Anteil des Untersuchungsraumes verlor der pfälzische von 39,6 % auf 38,3 % absinkend (Tab. 7) an Gewicht. Das Pfälzer Übergewicht im Jahre 1835 (= 48 %) hat sich durch die stärkere Entwicklung Badens gewandelt und zu einer immer stärkeren Besiedlungsdichte im rechtsrheinischen Gebiet: 358 zu 244 E/km² (Tab. 4) geführt. Das Städtewachstum war linksrheinisch nicht so stark wie rechtsrheinisch. Die bereits vorher vorhandene schwächere industrielle Entwicklung erfuhr eine weitere Schwächung durch die neue Grenzlage als Folge des Versailler Vertrages, die restriktive Politik der französischen Besatzungsmacht, die Abtrennung von der Saarkohle usw. (H. Hess

1933). Ludwigshafens Monostruktur erwies sich in dieser Krisenzeit weniger günstig als die stärker gemischte von Mannheim, obgleich auch diese Stadt in ihren wirtschaftlichen Funktionen in dieser Zeit schwere Rückschläge erlitten hatte, ganz besonders durch den Ausbau der Rheinhäfen im Oberlauf gingen die Umschlagsziffern auf ein Fünftel von 1913 und weniger zurück (S. Schott 1957/1929, S. 122 ff.). Durch den Ausbau des Industriehafens hatte Mannheim seit 1907 als Industriestandort diese Nachteile ausgleichen können. Durch die Sperrung der Rheinbrücken hatte auch Mannheim unter den Kriegsfolgen direkt zu leiden, störend erwies sich innerhalb der Agglomeration Mannheim—Ludwigshafen auch damals die Zugehörigkeit zu den verschiedenen Staaten und Organisationseinrichtungen (a. a. O., S. 116). Von der Bevölkerung der Agglomeration entfielen mit zunehmender Größe des Einzugsbereiches fast die Hälfte auf andere Staaten des Deutschen Reiches. Auf die Wiedergabe der Karte der Bevölkerungsentwicklung 1905—39 soll verzichtet werden, da in den Räumen der Entwicklung keine wesentliche Veränderung gegenüber der Vorperiode zu beobachten ist. Das Wachstum in den höchsten Stufen über +105 % Zunahme beschränkte sich auf großstädtische Außenbezirke Mannheims, Ludwigshafens und Heidelbergs. Ein kräftiges Wachstum ist noch in den Gemeinden der Oberrheinebene südlich von Mannheim bis Hockenheim—Neulußheim und nördlich bis Lampertheim und Lorsch zu beobachten. Neben den in diesen Gemeinden vorhandenen Arbeitsstätten in Industrie und Landwirtschaft hat besonders die sich in dieser Epoche verstärkende Pendelwanderung zu dem Bevölkerungswachstum an den genannten Orten beigetragen. Für Mannheim sind einige Angaben über die Einpendler bekannt: 1907 waren es schon 11 000 bei 90 000 Erwerbstätigen und fast 51 000 Industriebeschäftigten (H. Barlet 1953, S. 15) 1910 bereits 13 000. Für das Jahr 1925 sind aus Nordbaden 10 500 Einpendler gemeldet. Im Süden sind allein aus den Gemeinden mit mehr als 20 Auspendlern bis Philippsburg und Kirrlach 6410 Pendler registriert. Hockenheim 900, Schwetzingen 884, Plankstadt 733, Brühl 696, Ketsch 681 und Oftersheim 550 stehen darin an der Spitze. Für den nördlichen badischen Raum sind es 2300 (nach K. Hook 1954, S. 103 f.), wobei der stärkeren Ausdehnung nach NO entlang der „Kleinbahnlinie" der heutigen OEG nach Weinheim große Bedeutung zugekommen ist. Besonders ihre 1913 erfolgte Elektrifizierung habe eine Steigerung ihrer Benützung bewirkt (P. Beysiegel 1927, S. 52). Während 1925 aus Heidelberg noch 800 Pendler nach Mannheim registriert wurden, fuhren aus Ziegelhausen nur noch 39, Neckargemünd 84 und Eberbach 11 täglich nach Mannheim zur Arbeit. Wenn auch hier die statistische Lücke infolge der Zugehörigkeit zu Hessen zu beobachten ist, so dürfte doch der Einfluß von Heidelberg stärker gewesen sein. Die gleiche Einpendlerzahl wie aus der nördlichen badischen Oberrheinstraße und Bergstraße dürfte auch aus dem südlichen Hessen gekommen sein.

Im Westen ist vergleichbares Wachstum der Bevölkerung nur an der Bahnlinie Schifferstadt—Haßloch—Neustadt—Hambach festzustellen. Auch für die Wachstumsgemeinden der östlichen Oberrheinebene ist der gute Anschluß an das öffentliche Verkehrsnetz hervorzuheben. Noch geringer als die schon schwache und zum Teil sogar negative Entwicklung der Gemeinden in der pfälzischen Hardt ist die Bevölkerungsbewegung in den Siedlungen des Odenwaldes und westlichen Kraichgaus. Einzelne, an den Kraftverkehr angeschlossene Gemeinden, wie Altenbach, wiesen positive Bevölkerungszahlen auf. Der östliche Rand des Modellgebietes wird von einem Streifen mit Bevölkerungsabnahme gekennzeichnet. Dieses kommt in der Karte von W. Klaer (1963), auf die sowohl wie auch auf den Text hier im einzelnen verwiesen werden kann, nicht so deutlich zum Ausdruck.

Außer der Tatsache des stark abklingenden Bevölkerungswachstums weist diese Periode keine neuen raumrelevanten Prozesse der Bevölkerungsentwicklung auf. Die vorher schon bestehenden Tendenzen der Verdichtung und Verstädterung werden verstärkt, wobei durch die Wirtschaftskrisen für die ländlichen Gemeinden die Bedeutung des landwirtschaftlichen Nebenerwerbs erhalten bleibt, und die Pendelwanderung durch stärker flächendeckenden Autobuslinien-Verkehr sich auch in der Fläche ausdehnen kann.

4. Das unterschiedliche Wachstum der größeren und kleineren Städte 1933—1939

Abschließend soll auch für das Modellgebiet auf das allgemein im Deutschen Reich zu beobachtende verringerte Wachstum der Großstädte gegenüber dem der Mittelstädte in den 30er Jahren (G. Steinberg 1967, S. 75) hingewiesen werden. So hatte Mannheim 1930—39 nur noch eine Zunahme von 1,9 % aufzuweisen. Sie war die Folge des Geburtenüberschusses, der sogar das Defizit in der Wanderungsbewegung (1051 Personen) verdeckt (berechn. n. K. Hook 1954, S. 22 u. 58). Die amtliche Volkszählung 1939 weist dagegen für Mannheim einen doppelt so hohen Zuwachs von 3,8 % auf, weil in der Zählung die gesamte ortsanwesende Bevölkerung mitgezählt wurde, so auch Wehrmacht und Reichsarbeitsdienst. Ein Vergleich für ausgewählte Städte des Modellgebiets hat dies zu berücksichtigen, weil anders die hohen Zuwachswerte von Landau und Germersheim nicht zu erklären sind (Tab. 12). Im Falle von Ludwigshafen verzerren die Eingemeindungen von Maudach, Oggersheim und Rheingönnheim im Jahre 1938 das Bild. Neustadt wurde statt Speyer Sitz der Bezirksregierung.

Wenn sich der allgemeine Trend des bevorzugten Wachstums der Kleinstädte auch im Modellgebiet bestätigt, so kann dies die Folge von örtlich neu geschaffenen Arbeitsplätzen im Produktionsprozeß — dezentralisiert z. B. für die Rüstung — sein. Man muß jedoch auch die Zunahme der Pendelwanderung, wie bei den ländlichen Gemeinden bereits beobachtet, als Ursache für die Bevölkerungszunahme ins Auge fassen.

Tabelle 12:
Bevölkerungszahl 1933 und Wachstum bis 1939 ausgewählter Städte

Rechtsrheinisch:			Linksrheinisch:		
Mannheim	275 162	+ 3,8 %	Ludwigshafen	107 344	+ 34,6 %
Heidelberg	84 641	+ 2,1 %	Speyer	27 718	+ 8,4 %
Weinheim	17 486	+ 6,1 %	Frankenthal	26 080	+ 3,6 %
Bruchsal	16 903	+ 7,4 %	Neustadt/W.	22 238	+ 10,1 %
Schwetzingen	10 016	+ 9,7 %	Landau	16 736	+ 53,7 %
Hockenheim	9 662	+ 3,5 %	Bad Dürkheim/W.	7 643	+ 26,0 %
Heppenheim	8 878	+ 7,3 %	Grünstadt	5 385	+ 4,3 %
Wiesloch	7 637	+ 3,8 %	Edenkoben	5 219	— 0,7 %
Eberbach	7 477	— 2,8 %	Kirchheim-Bolanden	3 839	0,0 %
Ladenburg	5 111	+ 2,2 %	Germersheim	3 735	+ 56,7 %
Schriesheim	4 208	+ 1,9 %	Eisenberg	3 705	+ 8,4 %
Sinsheim	3 767	+ 3,5 %			
Neckargemünd	3 718	+ 3,9 %			
Philippsburg	3 120	+ 1,0 %			

VI. Zerstörung, Restabilisierung und erneute Erosion der kernstädtischen Bevölkerungskonzentration 1939—1970

1. Allgemeine Entwicklung in diesem Zeitabschnitt

In den 31 Jahren der 4., kürzesten Periode unserer Analyse haben wir die absolut stärkste Bevölkerungszunahme um fast 563 000 Menschen gehabt (Tab. 14). Das ist in kurzer Zeit ein um 44 % größerer Zuwachs als in der Hochindustrialisierungsepoche 1871—1905! Bei den in diesem jüngsten Zeitraum weit höheren Ansprüchen an Wohn-, Siedlungs-, Erholungs- und Verkehrsflächen je Einwohner ist es selbstverständlich, daß auch die Inanspruchnahme des Raumes ihre stärkste Steigerung erfuhr. Der prozentuale Bevölkerungszuwachs blieb aufgrund der höheren Ausgangsbevölkerung dahinter zurück, ist aber mit 41,9 % noch der zweithöchste (1871—1905 + 63,8 %). Die überproportionale Zunahme der Menschenzahl ist an erster Stelle eine Folge der hohen Zuwanderung. Diese läßt sich in drei Epochen aufgliedern. In der ersten Nachkriegszeit wandern Flüchtlinge und Heimatvertriebene aus den abgetrennten Gebieten des Deutschen Reiches und deutschen Siedlungsgebieten im Ausland ein. Dann folgt bis 1961 die Zuwanderung aus der DDR und schließlich nimmt die Einwanderung ausländischer Arbeitskräfte den größeren Umfang an.

Das regionale Ungleichgewicht der Bevölkerungsverteilung hat sich weiter verstärkt, denn im rechtsrheinischen Modellgebiet (44,4 % der Fläche) leben fast 59 % der Einwohner. Es steht damit hier eine Einwohnerdichte von 545 je km² der linksrheinischen von 303 gegenüber. Absolut ist wieder der baden-württembergische Anteil durch die höchste Zunahme ausgezeichnet, und es wird eine Bevölkerungsdichte von 702 Einwohnern auf den km² erreicht. Eine Folge der Großstädte Heidelberg und Mannheim und der Verstädterung des auf sie bezogenen Umlandes. Relativ am stärksten ist die Zunahme um fast 73 % im Gebiet des Bundeslandes Hessen. Worin liegen die Ursachen für das regionale Ungleichgewicht? Wegen der großen Bedeutung dieser jüngsten Entwicklung verfolgen wir sie in 3 Zeitabschnitten entsprechend den Volkszählungen, wohlwissend, daß die Wendepunkte des raumzeitlichen Prozesses damit nicht voll befriedigend getroffen werden können.

2. Die regionale Differenzierung in der kriegsbedingten Umverteilung der Bevölkerung 1950

Der erste Zeitabschnitt in dieser Periode zeigt 1950 eine radikale Umkehrung der Bevölkerungsbewegung. Generell kann man sagen, daß alle ländlichen Gemeinden, die in der letzten Periode eine Abnahme aufwiesen, nun von einer beträchtlichen Zunahme gekennzeichnet sind (Karte 4). Das gilt besonders für den Odenwald mit Zunahmen über 45 %, aber auch noch für die Bergstraße und daran angrenzende Gemeinden der badischen Hardt. Fast exakt werden auch — nur mit 15—31 % sehr viel schwächer — die linksrheinischen Abwanderungsgemeinden von 1905—39 aufgefüllt, ein Zuwachs, der für die dicht bevölkerten Orte der rechtsrheinischen Oberrheinebene charakteristisch ist. Die großen Städte (—13,0 %) Worms, (—9,1 %) Frankenthal, (—5,9 %) Ludwigshafen und Mannheim (—14 %) wiesen, wie fast überall in Deutschland, starke Bevölkerungsverluste auf, die 1944/45 als Folge der Zerstörung und Kriegseinwirkungen noch größer gewesen waren und zu diesem Zeitpunkt bereits wieder durch Rück- und Zuwanderung etwas ausgeglichen worden sind. Die Zuwanderung wurde allgemein von dem verfügbaren Wohnraum gesteuert, dadurch erfuhren im allgemeinen die dichtbevölkerten Gemeinden die relativ geringste, die geschrumpften bäuerlichen die relativ stärkste Einweisung von Evakuierten, Flüchtlingen und Vertriebenen. Eine Ausnahme unter den Städten war das

Tabelle 13: *Die Bevölkerungsentwicklung im Modellgebiet 1950—1970 (mit Randgemeinden)*

Anteil von	Einwohner 1950 % Zunahme 1939—50	Einwohner pro km² 1950	Einwohner 1961 % Zunahme 1950—61	Einwohner pro km² 1961	Einwohner 1970 % Zunahme 1961—70	Einwohner pro km² 1970	Zunahme 1939—70 Einwohner %
Baden-Württemberg	681 860 / 11,90	532,51	804 169 / 17,94	628,03	898 737 / 11,76	701,88	289 390 / 47,5
Hessen rechtsrhein.	171 547 / 31,64	218,97	188 020 / 9,60	239,99	225 152 / 19,75	287,39	94 834 / 72,8
Hessen linksrhein.	90 748 / 0,91	329,35	100 922 / 11,21	366,28	106 134 / 5,16	385,19	16 205 / 18,0
Hessisches Modellgebiet	262 295 / 19,09	247,69	288 942 / 10,16	272,85	331 286 / 14,65	312,84	111 039 / 50,4
Rheinland-Pfalz	511 121 / — 0,6	221,81	632 388 / 23,73	274,43	676 358 / 7,00	293,51	162 218 / 31,6
Gesamtgebiet rechtsrhein.	853 407 / 15,38	413,49	992 189 / 16,26	480,73	1 123 889 / 13,27	544,55	384 224 / 51,9
Gesamtgebiet linksrhein.	601 869 / — 0,4	233,29	733 310 / 21,84	284,24	782 492 / 6,71	303,31	178 423 / 29,5
Gesamtgebiet Total	1 455 276 / 8,30	313,38	1 725 499 / 18,57	371,57	1 906 381 / 10,48	410,53	562 647 / 41,9

Tabelle 14:

Übersicht über die Bevölkerungszunahme des Modellgebiets in den 4 Perioden seit 1834

1834—1871	112 001 = 22,3 %
1871—1905	392 155 = 63,8 %
1905—1939	336 768 = 33,4 %
1939—1970	562 647 = 41,9 %

unzerstörte Heidelberg. Es hatte beim Kriegsende bereits etwa 92 000 Einwohner und damit 8,7 % mehr als 1933, 1946 waren es schon 112 000 (+32,3 %); das entspricht einem Zuwachs von mehr als einem Fünftel der Einwohner in weniger als 2 Jahren (H.-J. BÜTTNER 1972, S. 33). Der Bevölkerungsstand von 116 500 Einwohnern 1950 brachte für die 17jährige Periode +37,6 %, hierbei erfuhr der Kernbereich eine Wiederbevölkerung, die fast das alte Maximum um 1890 erreichte. Die Zuwanderer aus den östlichen Herkunftsgebieten machten in Heidelberg insgesamt 24,9 % der Bevölkerung aus. ²/₃ des Gesamtzuwachses 1933—1950 gehen also auf sie zurück. Demgegenüber hatte das stark kriegszerstörte Mannheim zu dieser Zeit nur 7,8 % der Gruppe aufnehmen können (K. HOOK 1954, S. 31, und H.-J. BÜTTNER 1972, S. 33). Die Heimatvertriebenen (also ohne Zugewanderte aus dem Gebiet der SBZ / ab 1949 DDR) machten in Mannheim 5,1 %, in Heidelberg 13,4 %, aber in dem Landkreis Sinsheim 27 % der Bevölkerung (a. a. O. u. Statist. Jahresber. Mannheim 1957 [8]) aus. Anders als im rechtsrheinischen Bereich, wo trotz der Kriegsverluste und Geburtenrückgang 1944/45 eine Zunahme um 114 000 Einwohner (15,4 %) zu verzeichnen gewesen war, stagnierte die Bevölkerungsentwicklung in der Pfalz mit einer unter dem natürlichen Zuwachs liegenden Quote von —0,6 % (—3019 Einwohner). Die Absperrung der Rheingrenze durch die französische Besatzungsmacht, die sogar die Rückwanderung der vor den Kriegshandlungen geflohenen Bevölkerung erschwerte und damit auch den Flüchtlingszustrom verhinderte, dürfte nur ein Teil der Erklärung hierfür sein. Es ist hier nicht möglich, den ganzen Hintergrund der damaligen französischen Territorial- und Wirtschaftspolitik aufzuzeigen, es mag genug sein, wenn man das linksrheinische Gebiet als Teil einer wirtschaftlichen Schwächezone charakterisiert.

3. Die erneute Bevölkerungskonzentration im Zeitabschnitt 1950—1961

Auch dieser Zeitabschnitt ist durch die Volkszählungstermine bestimmt und erfaßt nur unvollkommen den tatsächlichen Ablauf des Bevölkerungsgeschehens, denn das Wachstum der alten Zentren der Nachkriegszeit hatte sich ab 1956 verlangsamt. Für den „Wiederaufbau und die Wiederherstellung einer tragfähigen Lebensgrundlage" der industriellen Produktion seien die Werte für Mannheim, dem wichtigsten Kern des Modellgebietes, wiedergegeben (K. HOOK 1955, S. 19 f., Beitr. z. Statistik 48 und 59, 15). 1936, dem letzten Jahr ohne Rüstungsaufträge, weist die Mannheimer Industrie einen Produktionsumsatz von 584 Mio. Mark auf. 1949: 970, 1950: 1190, 1951: 1571, 1952: 1735, 1953: 1968, 1954: 2194. Mag hier auch die Inflationsrate den Wert etwas herabmindern, so zeigt der Vergleich der Industriebeschäftigten die für die Bevölkerung wachsende Bedeutung des Produktionsstandortes Mannheim:

1936	48 000	Industriebeschäftigte,
1948	42 000	Industriebeschäftigte,
1951	60 000	Industriebeschäftigte,
1954	71 000	Industriebeschäftigte.

Hinzu kommen 1954 noch 12 000 Arbeitskräfte des Bau- und Baunebengewerbes. Zwei Jahre später berichtet der gleiche Autor (Statist. Jahresber. Mannheim 1957 [13]): „Wie schon im Jahre 1956 hat sich die bis dahin schon festgestellte Verlangsamung des weiteren Wachstums der Gesamtwirtschaft im Jahre 1957 allenthalben, so auch in unserem engeren Beobachtungsbereich, fortgesetzt. Ob man die Zahlen der Beschäftigten, der Berufseinpendler, der Umsätze in Industrie und Bauwirtschaft, Hafenumschlagsziffern, Eisenbahngüterverkehrsziffern, um nur einige herauszugreifen, betrachtet, überall erfährt die Tatsache ihren Niederschlag, daß die in den letzten Jahren beobachtete wirtschaftliche Expansion sich nicht unendlich fortsetzen kann."

Durch Zuwanderung, nun auch schon aus dem Gebiet der DDR, hatte Mannheim 1954 wieder seine alte Einwohnerzahl erreicht, und das Wachstum hielt auch weiter an, obwohl darunter sich schon einander entgegenlaufende Ströme verbargen, auf die in der folgenden Epoche eingegangen wird, wo sie voll wirksam wurden.

Immerhin hat sich die Zahl der Industriebeschäftigten von 1954 bis 1961 noch einmal um 23,9 % auf 88 000 gesteigert, um nach Stagnation im Jahre 1962 dann 1963 schon wieder auf 86 300 abzusinken (K. Hook 1964, Beitr. z. Stat. Stadt Mannheim 59, 15 f.). Die Zahl der Beschäftigten — ohne Landwirtschaft — belief sich 1961 auf 212 000. Im produzierenden Gewerbe waren es insgesamt 123 000 = 58 %.

4. Der Anteil der Vertriebenen und Flüchtlinge an der Bevölkerung des Modellgebiets 1961

In der Volkszählung wurde diese Gruppe einschließlich ihrer Kinder[13] erfaßt, so daß wir einen guten Überblick von ihrem Anteil an der Gesamtbevölkerung erhalten (vgl. Tab. 15).

Tabelle 15:

Anteil der Vertriebenen und Flüchtlinge an der Wohnbevölkerung des Modellgebietes 1961 (Landkreisgrenzen)

Im Anteil von	Wohnbevölkerung 1961	davon Vertriebene und Flüchtlinge Anzahl	%
Hessen	186 562	33 089	17,7
Baden-Württemberg	940 041	181 957	19,4
Rheinland-Pfalz linksrhein.	734 308	104 963	14,3
(Hessen und Baden-Württ.) rechtsrhein.	(1 126 603)	(215 046)	(19,1)
Modellgebiet i. u. S.	1 860 911	320 000	17,2

[13] Hinzu zählen Inhaber der Bundesvertriebenenausweise A u. B, des Bundesflüchtlingsausweises C und „die nach Kriegsende aus der Sowjetischen Besatzungszone und aus dem Sowjetsektor Berlins ... zugezogenen Personen ohne Vertriebenen- oder Flüchtlingsausweis" (Hess. Gemeindestatistik 1960/61, 1, X).

In Hessen und Baden machten sie fast ein Fünftel der Bevölkerung aus, ein großer Teil von ihnen ist erst im Laufe von mehreren Wanderungsvorgängen an den damaligen Wohnort gelangt. Der auffällig niedrige Anteil in der Pfalz und in Rheinhessen ist durch die stärker agrarische Struktur in der Fläche des Gebiets und die bereits erwähnte Sperre vor der Etablierung der Westdeutschen Zonenverwaltung zu erklären. Der Landkreis Landau steht mit 9 % Heimatvertriebenen und Flüchtlingen am Ende der Reihe, die von Sinsheim mit 26 % angeführt wird. Die Stadt Heidelberg steht mit einem Flüchtlingsanteil von 21 % an der Spitze der Großstädte, Mannheim hat 17 % und Ludwigshafen nur 14 %. Interessante Gegensätze sind beim Vergleich einzelner kreisfreier Städte und Landkreise zu beobachten: Frankenthal Stadt hat über ein Fünftel seiner Bewohner aus mittel- und ostdeutschen Gebieten, im Landkreis sind es dagegen nur 13 %. Im Landkreis Ludwigshafen ist der Anteil mit 16 % sogar etwas höher als in der Stadt. Diese Unterschiede haben sehr vielfältige Ursachen: Der hohe Anteil bedeutet in der Regel vorhandener, d. h. unzerstörter Wohnraum nach dem Kriegsende, wozu auch Kasernen und Lager zu zählen sind.

Ebenso war aber für den Verbleib der schon länger Zugewanderten das Vorhandensein von Arbeitsstätten eine Voraussetzung. Beides war in Worms nicht vorhanden, Frankenthal hatte die benötigten Arbeitskräfte in seiner eigenen Gemeinde seßhaft gemacht u. s. f. Immerhin hatten die zerstörten Städte, wie Worms, Ludwigshafen und Mannheim, zuerst für die Unterbringung ihrer eigenen Bewohner zu sorgen, und beispielsweise waren in Mannheim 1954 erst 73 % der zerstörten Wohnungen wiedererrichtet (K. Hook 1955, S. 11, Beitr. z. Stat. Stadt Mannheim 48). In einzelnen Gemeinden, entweder anfangs durch Lager, später durch im sozialen Wohnungsbau errichtete Wohnblocks und Ende der 50er Jahre auch durch individuell gebaute Ein- und Zweifamilienhäuser bedingt, war der Anteil dieser Gruppe von Zuwanderern besonders hoch. In 28 Gemeinden des rechtsrheinischen Modellgebietes, davon 19 allein im baden-württembergischen Raum, lag er zwischen 25 und 36 % der Wohnbevölkerung. Der Zuwachs, den die Bevölkerung des Modellgebietes in den eineinhalb Jahrzehnten durch die Vertriebenen und Flüchtlinge erfuhr, ist fast genau so stark wie der Zuwachs in 34 Jahren von 1905 bis 1939! Somit ist ihr Anteil an den Arbeitskräften, an dem natürlichen Bevölkerungswachstum ein wichtiger wirtschaftlicher Impuls für das Modellgebiet. Er erforderte Bautätigkeit für Wohnungen und Arbeitsplätze, damit auch Raum.

5. Die regionale Bevölkerungsbewegung unter dem stabilisierenden Einfluß der Pendelwanderung

In der Bevölkerungsbewegung 1950—1961, wie sie auf der Karte 5 wiedergegeben ist, zeigt sich die Wiederauffüllung der großstädtischen Zentren Mannheim und Ludwigshafen durch ein Wachstum zwischen 20—30 %, das aber auch Gemeinden wie Brühl, Ketsch, Oftersheim südlich von Mannheim, Viernheim, Lampertheim, Hofheim nördlich davon, aufweisen. Ebenso ist nördlich von Heidelberg, das stagniert[14]), weil es erst nach dem gewaltigen Zustrom mit dem Siedlungsausbau fertig werden muß, Schriesheim und westlich Eppelheim sowie südlich von Heidelberg, Leimen, Wiesloch und Walldorf durch anhaltendes Wachstum gekennzeichnet. Die Ursachen hierfür sind vielfältig, wie Industrieaussiedlung (z. B. in Wiesloch; R. Heinzmann 1974, S. 196) in der Kriegs- und Nachkriegszeit, stärker aber noch ist es die Flüchtlingszuwanderung und die Wohnvororts-

---

[14]) Am Rande sei auf die ca. 20 000 Amerikaner der Armee hingewiesen, die in dieser Statistik nicht erfaßt wurden.

bildung, die in dieser Epoche auch in anderen Verdichtungsräumen verstärkt zu beobachten ist (A. KRENZLIN, 1961). Aus eigenen Untersuchungen im Rhein-Main-Gebiet wissen wir, daß hieran auch die aus der Großstadt Herausziehenden bereits einen beträchtlichen Anteil hatten (W. FRICKE 1961, S. 65). Auch die Aussagen über das Modellgebiet können sich auf zahlreiche von mir angeregte, bisher unveröffentlichte, Einzelstudien zu diesem Problemkreis stützen.

Ohne Frage war die Wirkung des 2. Wohnungsbaugesetzes vom 1. 1. 1957 schon spürbar geworden, das dem Bau von „Familienheimen" (meist Ein- und Zweifamilienhäusern) Vorrang einräumte (Stat. Jahresber. Mannheim 60, 1957 [12]). Diese waren in den städtischen Zentren infolge höherer Bodenpreise nicht für das gleiche Geld zu realisieren, wie in den Vorortsgemeinden.

Im linksrheinischen Gebiet setzte diese Entwicklung nur zögernd ein. Es sind in erster Linie die an die Zentren angrenzenden Gemeinden: Bobenheim und Beindersheim nördlich von Frankenthal, Limburger Hof und Altrip südlich von Ludwigshafen, dazu noch Haßloch als große Gemeinde vorwiegend autochthoner Wohnvorortsbildung in bezug auf den Arbeitsort Ludwigshafen. Auch bei der weiter gestreuten, scheinbar stärker auf lokale Entwicklung zurückführbaren Bevölkerungszunahme, wie bei Germersheim und Lingenfeld, Esthal bei Neustadt, Grünstadt und Eisenberg ist die Pendelwanderung nach Ludwigshafen zusätzlich von Bedeutung. Für die Pendelwanderung in dieser Epoche sei im einzelnen auf die Studien von E. SCHEU (1950), H. BARLET (1953) und H.-J. KRÜGER (1955) hingewiesen, die alle ihre Untersuchungen auf die beiden Schwesterstädte Mannheim und Ludwigshafen ausrichteten. Den relativ stärksten Anstieg hatte Mannheim 1956 mit fast 60 000 Berufseinpendlern erreicht. Hervorzuheben ist die Verschiebung des Berufspendlerfeldes von Mannheim auf das linke Rheinufer hinüber. Der Anteil aus Nordbaden ist in dieser Zeit zurückgegangen, der aus Hessen stagnierte, dagegen stieg der aus der Pfalz von 4000 im Jahre 1950 auf 11 400 um 185 % an. Hieran war Ludwigshafen mit einer Zunahme von 2400 im Jahre 1950 auf 6700 im Jahr 1961 am stärksten beteiligt. Verständlicherweise stellte das benachbarte Altrip mit fast 1000 Einpendlern das zweitstärkste Kontingent aus der Pfalz. Die Auspendler aus Mannheim nach Ludwigshafen betrugen nur etwa die Hälfte der in umgekehrter Richtung zur Arbeit Fahrenden. Immerhin zeigt das eine zunehmende Verflechtung dieser beiden Städte, ebenso die Einwirkung von Mannheim auf das Wachstum der linksrheinischen Bevölkerung an (K. HOOK 1962, S. 19 und 1964, S. 21, Beitr. z. Stat. d. Stadt Mannheim, S. 56 u. 59).

Aus der Tabelle 16 ist zu ersehen, daß die Gemeinden, die bereits 1950 einen Einpendlerüberschuß aufwiesen, noch einmal bis 1961 einen großen Zuwachs erfuhren, gegenüber dem das Wachstum bis 1970 zurückblieb. Die Zielgemeinden, die erst ab 1961 oder 1970 einen positiven Pendlersaldo verzeichnen konnten, sind selbst im größeren Umfang Auspendlergemeinden. Die Tabelle 17 ist beigefügt, um die zunehmende Verflechtung im Berufsverkehr aufzuzeigen. Den Ursachen im einzelnen nachzugehen, ist im Rahmen dieser Untersuchung nicht möglich, sie können durch Betriebsaussiedlungen, Abwanderung in neue Wohngemeinden der Nachbarschaft oder durch Beibehaltung des alten Wohnortes bei Arbeitsplatzwechsel bedingt sein. Hier ist der wachsende Motorisierungsgrad ab Mitte der 50er Jahre hervorzuheben. Wenn nun neue Bevölkerungsgruppen, bedingt durch Wohnortwahl und durch Bindung an Hauseigentum als Folge des 2. Wohnungsbauförderungsgesetzes, in die Reihe der Berufspendler eintreten, so verstärken sie dieses, die Pendelwanderung stabilisierende althergebrachte Moment im Modellgebiet. Vor dieser allochthonen Wohnvorortsbildung war bereits der hohe Grad der Bindung durch Hausbesitz und Grundeigentum am Wohnort für die autochthonen Pend-

Tabelle 16: *Berufs-Einpendler*
in Gemeinden, in denen die Zahl der Einpendler die der Auspendler schon 1950 übersteigt

		1950	1961	1970
Hessen	Bensheim	1 983	2 677	4 549
	Erlenbach	39	116	263
Baden-Württemberg	Bruchsal	4 262	9 008	10 432
	Heidelberg	14 192	22 319	30 573
	Mannheim	39 509	62 995	69 264
	Schwetzingen	3 463	5 377	5 348
	Sinsheim	930	2 041	2 953
	Waghäusel	658		411
	Weinheim	7 381	10 668	12 490
	Wiesloch	2 245	5 290	5 995
Rheinland-Pfalz	Annweiler	864	1 256	1 301
	Eisenberg	872	1 746	1 413
	Frankenthal	3 840	7 392	7 911
	Germersheim	854	1 969	3 128
	Grünstadt	1 130	2 621	3 077
	Kirchheimbolanden	623	815	1 272
	Lambrecht	992	1 229	1 074
	Landau	5 378	7 164	9 214
	Ludwigshafen	22 533	45 032	47 587
	Neidenfels	182	329	442
	Neustadt	5 684	7 335	5 770
	Speyer	3 037	5 568	6 763
	Worms	4 671	6 999	7 430

Tabelle 17: *Berufs-Einpendler in Gemeinden,*
in denen die Zahl der Einpendler die der Auspendler 1961 bzw. 1970 übersteigt

		1961		1970	
		Aus-pendler	Ein-pendler	Aus-pendler	Ein-pendler
Hessen	Heppenheim	1 732	2 088	2 181	3 120
	Hirschhorn/N.	355	367	368	732
	Reichelsheim/Od.	184	367	211	713
Baden-Württemberg	Ladenburg	1 622	2 000	1 749	2 619
	Eichtersheim	210	183	305	397
	Mingolsheim	488	780	790	1 030
	Östringen	978	96	862	2 131
	Philippsburg	666	431	696	1 101
Rheinland-Pfalz	Kleinkarlbach	171	—	210	373
	Edenkoben	791	1 195	916	1 326
	Rinnthal	128	—	133	283

ler nachgewiesen worden. So stellte H. BARLET (1953, S. 25) fest, daß 57,4 % der Pendler nach Mannheim durch Haus- und Grundbesitz bzw. Wohnen im Elternhaus am Wohnort festgelegt waren. Alte Pendlergemeinden, wie Kirrlach (87,8 %), Lampertheim (71 %), Viernheim (59,5 %) und Ketsch (59,2 %) sind als Beispiele für die aus Realerbteilung und landwirtschaftlichem Nebenerwerb — oft mit Sonderkulturanbau, wie Spargel verbunden — hier zu nennen. Noch höhere Werte von Bodenbindung wiesen die aus dem althessischen Modellgebietsanteil bei Worms, aber auch aus der nördlichen Oberrheinebene und dem Odenwald nach Rüsselsheim pendelnden Opel-Arbeiter auf. 39 % der Pendler hatten „ein eigenes Haus in ihrer Wohngemeinde, 32,7 % wohnen bei ihren Eltern oder Schwiegereltern und erwarten im späteren Erbgang einen Besitz. Nur 27,7 % wohnen zur Miete ohne Eigenbesitz". 37,5 % der Pendler bewirtschafteten eine landwirtschaftliche Nutzfläche bis zu 5 ha (K. WEIGAND 1956, S. 127).

Die Vorwegnahme der in der 2. Hälfte der 50er Jahre beginnenden bewußten Trennung von Wohn- und Arbeitsort war bereits 1950 in Heidelberg zu beobachten, wo 45 % der Pendler eine Bindung an Immobilien aufwiesen, weil „ein großer Teil leitender Angestellter des Mannheimer Wirtschaftslebens in Heidelberg seinen Wohnsitz hat" (H. BARLET 1953, S. 25).

Für das Jahr 1965/6 liegt über den rheinland-pfälzischen Teil des Modellgebiets eine Untersuchung von K. GANSER (1969) vor, die den Immobilienbesitz bei 49—64 % der Auspendler mit mehr als 30 Minuten Wegzeit für die Mehrzahl der Gemeinden des Modellgebiets aufzeigt. Im nahen Umland von Ludwigshafen bilden nur Limburger Hof mit seinen ausgedehnten Werksiedlungen und Mutterstadt eine Ausnahme.

6. Der epochale Wandel von flächenhaftem Bevölkerungswachstum zum Bevölkerungsstillstand 1961—1970

a) Motorisierung, Konsumanreiz und Rückgang der Landwirtschaft als wichtige Rahmenbedingungen der bevölkerungsgeographischen Entwicklung ab 1961

Die Zäsur dieser letzten Epoche unserer Analyse liegt zwischen den beiden Volkszählungen, sie ist dabei sozialstrukturspezifisch und räumlich differenziert und daher schwierig exakt zu definieren. Einzelne wichtige und damit raumrelevante Verhaltensweisen in der industriellen Gesellschaft veränderten sich. Hervorzuheben ist die allgemeine Automobilisierung, zur Ankurbelung der Industrie vom Staate durch steuerliche Absetzbarkeit begünstigt. Sie setzt nach 1953 ein — damals war in der Großstadt Mannheim der Vorkriegsstand erreicht (K. HOOK 1954). 1954 erbrachte das Kraftrad auf der B 44 in Mannheim 29,1 % des Verkehrsaufkommens, 1963 nur noch 4,5 %, der Anteil der PKW hatte sich nicht nur von 51,7 auf 78,2 % erhöht, sondern absolut verdreifacht (K.-H. SCHAECHTERLE 1972).

Die Erwerbstätigkeit ging in der Landwirtschaft weiter stark zurück. Kein Wunder, wenn man weiß, daß die Arbeitseinkommen in der Landwirtschaft 1956/57 ebenso wie 1966/67, denen in der Industrie um ein Drittel hinterherhinkten (H. SPITZER 1974, S. 10). Besonders stark ist der Rückgang der Erwerbstätigkeit der Frau zu beobachten. Das Ansehen und das Selbstverständnis des Landwirts hatte verloren. Die nichtlandwirtschaftliche Erwerbstätigkeit nahm dagegen in den Städten — mit Ausnahme von Mannheim, das nur +2,7 % mehr Beschäftigte aufwies — kräftig zwischen 1961 und 1970 zu (Heidelberg +14,8 %, Weinheim + 9%).

Das Vertrauen auf ein gesichertes Einkommen aus der nichtlandwirtschaftlichen Erwerbstätigkeit führte zu einem Rückgang des landwirtschaftlichen Nebenerwerbs durch Sonderkulturen. Der Verkauf des Landes als Bauplatz versprach zusätzlichen Gewinn. Der gesteigerte Konsum industriell gefertigter Güter bis zum Fertighaus — aber auch der von Freizeit (F. AMMANN 1974) — als wichtige Voraussetzung der wirtschaftlichen Entwicklung, beeinflußte vielfältig den Raumanspruch. Hier bedarf der Geograph der Hilfe des Soziologen, Psychologen, Demographen und des Ökonoms, um diese komplexen Vorgänge, die sich im Verhalten der Bewohner des Modellgebiets bis zum Wanderungs- und generativen Verhalten hin zeigen, wissenschaftlich in den Griff zu bekommen. Neben der Familienpolitik des Staates ist auch die Förderung des Wohneigentums durch gesetzliche Maßnahmen seit der (1.) Wohnungsbaunovelle 1953 bereits frühzeitig als Faktor der Ausbreitung der Bevölkerung in dem Umland der großen Städte erkannt worden (W. FRICKE 1961, S. 65 u. S. 70).

Es sei hier auf die umfassende Analyse des Verstädterungsgebietes Untermain von E. THARUN (1975 b, S. 116) verwiesen, deren Ergebnisse wegen der ähnlichen Strukturen auf das Modellgebiet übertragen werden können.

b) Vermindertes Bevölkerungswachstum im Modellgebiet 1961—70 und die soziale Erosion der Stadtbevölkerung

Das wesentlich demographische Merkmal dieser Teilepoche zwischen zwei Volkszählungen ist der abgeminderte Zuwachs der Bevölkerung im Modellgebiet. Auch bei etwas kürzerem Zeitraum gegenüber der vorigen, sicher durch Flüchtlingszustrom anormalen Volkszählungszeit ist der Gewinn mit 10,5 % nicht hoch, besonders wenn man bedenkt, daß hierin ein Anteil von 5,33 % Ausländern an der Gesamtbevölkerung enthalten ist, somit die Hälfte des Zuwachses auf die im wesentlichen in dieser Zählperiode zugewanderte Gruppe entfällt. Das Hauptproblem scheint aber die Abnahme der deutschen Großstadtbevölkerung zu sein, die sich unter leicht zunehmender Einwohnerzahl (Mannheim +6 %, Ludwigshafen +6,9 %) oder Abnahme (Heidelberg —2,8 %) verbirgt. Die heute beklagte Entleerung der Großstädte, die bereits in jenem Zeitraum von 1961—70 sichtbar wurde, hatte bereits als „schleichende" Erosion vor etwa 20 Jahren eingesetzt. Im Grunde ist sie viel älter und beginnt damit, daß sich Angehörige der wirtschaftlichen Führungsschicht in Heidelberg niederließen, ein Vorgang, den wir im Rhein-Main-Gebiet in der Bildung entsprechender Wohnviertel in den Taunusrandstädten (J. KALTENHÄUSER 1955) und am Odenwaldrand als Bel Etage (R. GEIPEL 1961) ebenso beobachten können. Seither ist neben der sozialen Bewertung eines infrastrukturell gut ausgestatteten Standorts auch der klimatische Vorteil der Hanglagen über der durch Schwüle und Nebel stärker beeinflußten Ebene (F. SCHNELLE 1967) von Bedeutung. Auch die ästhetische Landschaftsbewertung dürfte von Einfluß auf die höhere soziale Bewertung gewesen sein. Der sorgsam die Entwicklung beobachtende Städtestatistiker K. HOOK stellt bereits 1955 (Beitr. z. Stat. Stadt Mannheim 48, 7) bei noch anhaltender Zuwanderung und Bevölkerungswachstum fest, „daß auch die Abwanderung einen größeren Umfang annimmt, als dies in früheren Jahren der Fall war". Hierbei ist dann im Laufe der Jahre besonders die Abgabe von Mannheimer Bürgern an den Landkreis Mannheim zu beobachten. Die Ursachen sind recht komplex. Noch 1954 waren 27 % der zerstörten Mannheimer Wohnungen nicht wieder aufgebaut. Ein Teil der Altbauten erfuhr bei dem Wiederaufbau in den Nachkriegsjahren nicht die durchgreifende Renovierung, z. B. Sammelheizung, wie sie Mitte der 50er Jahre bereits — außerhalb des sozialen Wohnungsbaus — selbstverständlich war. Die etwa 15 000 fehlenden Wohnungen bewirkten eine hohe Belegungsdichte, durchschnittlich 1,6 Personen je Wohnraum ohne Küche (1958 waren es noch 1,42). Die Wohnungsgrößen waren, infolge der durch die Notlage bedingten starken Nachfrage, mit 2,0 Wohnräumen 1950 kleiner als vor dem Kriege mit 2,6 und hatten sich 1954 erst auf 2,3 gebessert (K. Hook a. a. O., S. 11). Neben dem unzureichenden Angebot begann bereits damals die Verkehrsbelastung in den Hauptstraßen den Wohnwert der zu kleinen Wohnungen zu mindern. Ein freier Wohnungsmarkt bestand nicht, der Einzug in Neubauten stand im allgemeinen nur festgelegten Gruppen zu. Der City-Effekt hat nicht direkt zur Aussiedlung geführt, denn die Auswanderer aus der Innenstadt von Mannheim wanderten in die freiwerdenden Vorstadtwohnungen (B. Schrank 1971, 36). Steuerliche Vorteile beim Neubau eines Ein- oder Zweifamilienhauses, der sich wegen der Baulandpreise leichter im Umland als in der Groß- (und Mittel-)Stadt verwirklichen ließ, ebenso die Absetzbarkeit des täglichen Arbeitsweges mit dem eigenen Pkw, sind als materielle Regulatoren dieses Prozesses anzusehen. Der Einfluß des objektiven Wohnwertes und des gesellschaftlich vermittelten (u. a. als Status gebendes Konsumgut) ist schwer abzuschätzen, waren nicht schon immer die reicheren Bürger, zumindest in Sommerhäuser, vor die Stadt gezogen?

Der Abwanderungsprozeß aus den Großstädten heraus — man kann dies für diese Zeit verallgemeinern — fand unter der Oberfläche einer für die Städte positiven Bevölkerungsbewegung statt. Bis 1958 stellten dabei Flüchtlinge und Vertriebene mehr als 50 % der Zuwanderer (1954 in Mannheim sogar 96,6 %: B. Schrank 1971, S. 34). Hieran hatten die aus den Landkreisen Abwandernden, dort nach 1945 Eingewiesenen, einen nicht unbeträchtlichen Anteil. Dieser Abwanderungsprozeß vom Lande kommt Ende der 50er Jahre zum Abschluß (K.-H. Schneckenberger 1973, S. 124 f.). Der Wanderungssaldo der Großstädte wird besonders nach 1960 durch Arbeitskräfte mit ihren Familienangehörigen aus dem Ausland positiv gestaltet. In Mannheim machen sie 1961 schon 54 % des klein gewordenen Zuwandererüberschusses von 4205 aus und 1962 decken 2503 ausländische Zuwanderer bereits eine negative Wanderungsbilanz der deutschen Bewohner von —293. 1968 beträgt dieses Wanderungsdefizit bereits 2600 Personen, während die Ausländerzuwanderungen diese Bewegung laufend ausgleichen und mit Ausnahme der Rezessionsjahre 1966 und 1967 die Bilanz positiv gestalten helfen (Stat. Jahresberichte 64, 1961 u. B. Schrank 1971, S. 34). In Ludwigshafen ist die Wanderungsbewegung bei der deutschen Bevölkerung erst ab 1965 negativ und nur durch die positive der Ausländer verdeckt.

Auch die Mittelstädte sind von dieser, in erster Linie die einkommensstärkeren Schichten der Bewohner betreffenden Abwanderung erfaßt. Es geht ja hier nicht allein um die mit dem Anwachsen von Ausländeranteilen verbundenen sozialen Integrationsprobleme, sondern stärker noch um die Abwanderung der sozialen Mittel- und Oberschicht.

c) Die Räume der unterschiedlichen Bevölkerungsbewegung unter dem Aspekt intensiver Wohnvorortsbildung 1961—70

Auf die ungleichgewichtige Entwicklung der verschiedenen Großräume des Modellgebietes sei eingangs hingewiesen. Wiederum erfährt der rechtsrheinische Teil eine doppelt so starke Bevölkerungszunahme wie der linksrheinische (Tab. 13). Innerhalb dieser Großgliederung lassen sich bei der Betrachtung der Karte 6 erhebliche Unterschiede feststellen. Das linksrheinische Gebiet läßt sich untergliedern in die Umlandbereiche der Städte in der Oberrheinebene mit positiver Bevölkerungsbewegung — häufig bis zu 20—30 % Zunahme — und die Gemeinden des Hardtrandes und des östlich angrenzenden Vorderpfälzer Tieflandes (J. H. Schultze 1967, S. 12) mit negativer oder nur schwach positiver Bevölkerungsentwicklung. Durch einen Vergleich mit der Darstellung der Attraktivitätsziffer (K. SCHWARZ 1969) zeigt sich ein Wanderungsdefizit von 50—100 ‰, in Einzelfällen sogar noch darüberliegend für diese Gemeinden. Umgekehrt weisen die stark wachsenden Gemeinden 50—100 ‰ Wanderungsgewinn bezogen auf die mittlere Wohnbevölkerung auf (Karte 7). Die hinter den Bilanzen stehenden bevölkerungsgeographisch relevanten sozialgeographischen Prozesse sind vielschichtig. Im allgemeinen dürfte es sich um ein Heranziehen an die Arbeitsstätte in der Stadt oder im Vorort gehandelt haben. Auch eine über das Modellgebiet hinausgehende Wanderung ist zu berücksichtigen. Eine Analyse der Wanderungsströme im Rahmen des DFG-Schwerpunktprogramms ist noch nicht abgeschlossen. Wichtig ist hier nur, daß es sich eindeutig um Wanderungsverluste handelt, da ein Geburtenüberschuß nachgewiesen ist (Karte 8). Bei Betrachtung dieser Karte ist festzustellen, daß gerade die Gemeinden mit dem höchsten relativen Wanderungsgewinn auch durch hohe Geburtenüberschüsse ausgezeichnet sind. Bei der Untersuchung des Verdichtungsraumes Rhein-Main (W. FRICKE 1971, S. 22) konnte bereits die gleiche Beobachtung gemacht werden. Diese Erscheinung ist auf den hohen Anteil von Familien in der aufbauenden Phase (F. SCHAFFER 1968, S. 66) unter den Zuwanderern in der Wohnvorortzone zu erklären. Wegen vielschichtigen Ineinanderwirkens beider Vorgänge und des am Orte bestehenden Altersaufbaus und der Sexualproportion sei von einer weitergehenden Interpretation abgesehen. Zusammenfassend läßt sich diese Abnahme bzw. Stagnation der peripheren Gemeinden des linksrheinischen Modellgebiets durch die geringen eigenen Wachstumsimpulse erklären. Die hier nicht wiedergegebene Karte der Entwicklung der Arbeitsstätten zeigt neben dem starken Rückgang der landwirtschaftlichen Arbeitskräfte keinen entsprechenden Ausgleich durch eine Zunahme der nichtlandwirtschaftlichen. Eine allochthone und großstadtbezogene Wohnvorortbildung hat — trotz landschaftlicher Schönheit des Hardtrandes — nur in Ausnahmefällen stattgefunden. Im rechtsrheinischen Gebiet, das sich ja auch in diesem Zeitraum durch Zuwachs um 13,3 % auszeichnet (Tab. 13), wird der Gegensatz von Wachstum der Gemeinden innerhalb des Verdichtungsraumes zu Stagnation an seinen Außengrenzen in dem ferner gelegenen Gebiet geprägt. Dabei ist der von K.-H. SCHNECKENBERGER (1973, S. 78 ff.) untersuchte Landkreis Sinsheim ein sehr gutes Beispiel für die Vorgänge im einzelnen: Der Abwanderungsprozeß aus dem am stärksten mit Vertriebenen und Flüchtlingen belegten agrarisch orientierten Landkreis des Landes Baden-Württemberg war 1958 abgeschlossen. Die ab 1960 einsetzende Zuwanderung wurde auch hier, wie in den übrigen Landkreisen, zunehmend von den Ausländern getragen (1970 = 77 % des Wanderungsgewinns, Heidelberg Stadt 86,1 %, Heidelberg Land 43,4 %; a. a. O., S. 129).

Für die Gemeinden des Landkreises Sinsheim läßt sich ein durchschnittlicher Geburtenüberschuß von 7,31 ‰ feststellen, der sich auch in der Karte 8 durch den großen Anteil von Gemeinden in den mittleren und höheren Stufen zwischen 60—80 und 80—100 ‰ niederschlägt. Der Ort mit negativer Entwicklung ist die Stadt Sinsheim, wo, wie dies auch anderen Orts der Fall ist, z. B. Schriesheim im Landkreis Mannheim, Altersheime auf die Sterbeziffer einwirken. Überdurchschnittlicher Zuwachs wird in Sinsheim und den nördlich angrenzenden Gemeinden durch Zuwanderer erzielt (vgl. Karte 6 u. 7). K. H. SCHNECKENBERGER (1972, S. 21) stellt in seiner Analyse der Landkreisgemeinden fest, daß der Zuwachs mit der Gemeindegröße ansteigt und am stärksten (+19,5 %) in Gemeinden mit mehr als 2000 Einwohnern ist. Man kann dies als gegenseitige Beeinflussung von rückläufiger Agrarstruktur, damit Freigabe von Land für Bauland und Steigerung der Attraktivität für Zuwanderer durch höheres Angebot an Infrastruktur deuten. Im Raum Sinsheim hat die in dieser Periode eröffnete Autobahn die relative Distanz zum Zentrum des Verdichtungsraumes stark verkürzt.

Im Gebiet der Oberrheinebene ist die über 20 % liegende Bevölkerungszunahme in den Gemeinden zwischen Lampertheim im Norden und Roth im Süden (Karte 6) zu beobachten. Der Ausbau des traditionell durch autochthone Pendler auf die Oberzentren Mannheim und Heidelberg ausgerichteten Einzugsbereichs (U. Högy 1966, S. 135) ist nun auch von einem starken relativen Wanderungsgewinn allochthoner Pendler getragen. Die Aufgabe des Sonderkulturanbaus der autochthonen Pendler (G. Glaser 1967, S. 273) gab Bauland für Zuwanderer frei. Aber auch die von den Einheimischen errichteten Neubauten verstärkten die Zuwanderung durch das Angebot zusätzlicher Mietwohnungen. Es sind dies einmal die aus der Großstadt Herausgezogenen und zum anderen die von außerhalb in die Region Zugezogenen, die sich trotz Arbeitsaufnahme in einer der Kernstädte in dem Umland niederließen. Ein Wanderungsprozeß, der auch in dem benachbarten Rhein-Main-Gebiet bereits nachgewiesen werden konnte (W. Fricke 1971, S. 26). Für alle diese Zuwanderungsgemeinden ist in dieser Epoche wiederum ein hoher Geburtenüberschuß festzustellen.

Die Gemeinden im Bereich der Bergstraße weisen auf Karte 6 ein differenziertes Bild auf: z. T. ist noch ein Wachstum von 20 % und mehr feststellbar (Hemsbach 102,2 %). Geschlossene Areale der Bevölkerungszunahme liegen dagegen im Hinterland von Weinheim in den kleinen Odenwaldgemeinden. Eine starke Neubautätigkeit hat dies verursacht, wobei besonders in Hemsbach Einfamilien- mit einer Mehrfamilienhausbebauung kombiniert ist.

Die nicht so stark wachsenden Gemeinden haben z. T. schon in der davorliegenden Beobachtungszeit eine stärkere Entwicklung der Bevölkerungszahl gehabt, wie z. B. Wiesloch und Schriesheim. Bei größerer Ausgangsbevölkerung ist die Zunahme um 18,5 und 16,3 % noch beachtlich und in erster Linie von der Zuwanderung abhängig gewesen. Eine Fortsetzung der gleichen Zuwachsrate aus der Vorperiode ist aber schon wegen des nur noch eingeschränkt verfügbaren Baulandes für Einzelbauweise nicht durchzuhalten. Ähnliches gilt 1960—70 auch für alte Wachstumsgemeinden wie Ladenburg, Neckarhausen, Ilvesheim, Schwetzingen, Plankstadt, Hockenheim. Auf den höheren Verdichtungsgrad der Bausubstanz in einer Reihe dieser Gemeinden weist auch W. Schultes (1972, S. 36) hin. In dieser bemerkenswerten Studie wird auch der Beweis geführt, daß die stärksten Wachstumsgemeinden die stärkste Verjüngung in der Altersstruktur der Bevölkerung erfahren haben (a. a. O., S. 32).

d) Der hohe Anteil der Pendelwanderer an den Erwerbstätigen

Im Jahre 1970 hatte sich der Anteil der Erwerbspersonen, der außerhalb seines Wohnortes arbeitete, gegenüber 1961 weiter erhöht. Man könnte es auch umgekehrt formulieren: er wohnte außerhalb seines Arbeitsortes, da ein beträchtlicher Teil durch die allochthone Wohnvorortsbildung sich mit der Wahl seines Wohnortes für den täglichen Arbeitsweg über die Gemeindegrenze hinweg entschieden hat. In den randlichen Gemeinden des Modellgebietes, die früher noch stärker agrarisch geprägt waren und wo, wie z. B. in der Pfalz die Regel, kein bemerkenswerter wohnungsbezogener Zuzug stattfand, ist dieser Zuwachs um 1970 vorwiegend nach der Aufgabe der landwirtschaftlichen Vollerwerbsbetriebe (H. Spitzer 1974) und dem davon lebenden dörflichen Handwerk erfolgt (vgl. auch hierzu die Studie von K. Ganser 1969). Im Jahre 1970 kann man sagen, daß außerhalb der Städte und einer noch weniger von der Pendelwanderung ergriffenen Randzone im Westen, mehr als 50 % der Erwerbstätigen nicht an ihrem Wohnort arbeiten (Karte 9). Die Einpendlerzentren weisen in der Regel weniger als 35 % Auspendler auf, wobei bekanntlich in den größeren Städten auch für die innerhalb der Stadt wohnenden Beschäftigten nicht minder lange Wege zur Arbeit entstehen können als für die Einpendler.

Im Rahmen des DFG-Schwerpunktprogrammes verglich H. Bott am Geographischen Institut Heidelberg die Auspendlerquoten für 1950, 1961 und 1970 im Rhein-Neckarraum. Auf die besondere, die Zufälligkeit der Gemeindeflächen überwindende, Methode der Isoliniendarstellung wird er in seiner vor dem Abschluß stehenden Dissertation eingehen. Auf jeden Fall gelingt es ihm deutlich zu machen, daß sich die Entwicklung von 30—50 % Auspendler-Anteil an den Erwerbspersonen im Jahr 1950 im näheren Umkreis der Großstädte dabei rechtsrheinisch entlang den Haupteisenbahnlinien erstreckt und sich 1961 auf 50—70 % verdichtete. 1970 umschließen diese Isolinien das ganze Modellgebiet mit Ausnahme der Zentren und einer schmalen Zone am westlichen Rand.

Auf der Karte wird deutlich, daß die meisten Stadtrandgemeinden der Großstädte und bevorzugte Wohngemeinden an der Bergstraße Werte von über 70 %, ja sogar über 75 % erreichten. Hier ist der besondere Einfluß der landschaftlichen und sozialen Bewertung — bei guter Verkehrserschlossenheit — wirksam geworden. Am linksrheinischen, auf Ludwigshafen und Frankenthal bezogenen Pendlereinzugsgebiet kann H. Bott mit Hilfe der Trendsurfaceanalyse den in erster Linie distanzabhängigen Zuwachs des Auspendleranteils an dem Erwerbspersonen zwischen 1950 und 1970 aufzeigen.

In diesem Zeitraum trat, wie H. Stoll — im gleichen Team arbeitend — nachwies, eine zunehmende Überlagerung der Pendlerfelder der einzelnen Zentren ein. Immer stärker wird nämlich — wie durch Einzeluntersuchungen festgestellt werden konnte — in diesen Randzonen der Zuzug von allochthonen Pendlern wirksam, die keineswegs nur das nächste Umland ihres Arbeitsortes als Wohnstandort auswählen. Insbesondere Berufe der oberen Einkommensgruppen nehmen weitere Pendelwege im Falle günstiger Bedingungen, z. B. niedriger Baulandpreise, in Kauf. Daneben wird von autochthonen Pendlern eine infolge des individuellen Verkehrs mögliche, verringerte geographische Mobilität bewirkt, weil sie vorziehen, trotz Arbeitsplatzmobilität am Heimatort wohnen zu bleiben. Als Ausnahme zeigte sich lediglich die Konstanz der bis 1945 bestehenden Landesgrenze zwischen Hessen und Bayern, in dem Fall von Worms und Frankenthal.

Eine Analyse der Pendlerdaten hinsichtlich des benutzten Verkehrsmittels und des benötigten Zeitaufwandes ergab keine so auffällige räumliche Differenzierung, die die Wiedergabe der Karte gerechtfertigt hätte. Hervorzuheben ist, daß in einem Streifen von Gemeinden entlang der Bahnstrecke Ludwigshafen—Neustadt—Weidenthal zwischen 45—60 % der Pendler mit öffentlichen Verkehrsmitteln fuhren. Angrenzende Gemeinden, wie Elmstein, Mackenheim und Geinsheim, wiesen die gleichen Anteile auf. Ebenso hohe Werte erreichten die (Arbeiter-)Wohngemeinden an der hessischen Riedbahn nördlich von Lampertheim, ebenso Lorsch und Heppenheim. Es scheinen besonders günstige Zufahrtsmöglichkeiten zur Arbeitsstätte, meist ein oder mehrere Großbetriebe, diese Ausnahmen verursacht zu haben. In den meisten Gemeinden des Modellgebietes liegt die Benutzung der öffentlichen Verkehrsmittel durch die Pendler zwischen 30—45 %.

Niedrigere Quoten (15—30 %) erreichen die Pendler in den Gemeinden Heidelberg, Oftersheim, Plankstadt, Eppelheim, Edingen, Neckarhausen. Zusammenhängende Gebiete befinden sich auch im Raum Schriesheim—Brombach und von Waldmichelbach bis Winterkasten im Odenwald. Es läßt sich nur vermuten, daß insbesondere die divergierenden Zielgebiete und das langsamere öffentliche Verkehrsmittel bewirken, die Benutzung des eigenen Fahrzeugs so stark in den Vordergrund zu stellen. Ähnliche Ursachen dürften für die Verhältnisse im Gebiet zwischen Grünstadt und Bad Dürkheim verantwortlich sein. Erstaunlich ist, daß die Fahrtzeit für die Pendler in den Gebieten mit hohem Anteil an Benutzern öffentlicher Verkehrsmittel zu 50—75 % mehr als 30 Minuten beträgt. Diese Werte haben auch die verkehrsungünstigeren Gemeinden im westlichen Vorfeld von Ludwigshafen und in den Odenwaldgemeinden aufzuweisen. Dagegen ist der badische Raum bis in den Kraichgau und einschließlich des hessischen Hinterlandes von Weinheim begünstigt. 50—75 % der Pendler benötigen weniger als 30 Minuten Fahrtzeit. Dies zeigt die bessere Straßenerschließung des stärker besiedelten, verstädterten Raumes und umgekehrt, daß der starke Zuwachs durch Zuwanderung wiederum positiv durch das dichte Straßennetz beeinflußt sein dürfte.

e) Der Anteil der Ausländer an der Bevölkerung des Modellgebietes 1970

Auf die Bedeutung der Ausländer für den Wanderungssaldo wurde bereits eingangs dieses Kapitels hingewiesen. Aus der Tabelle 18 ist ersichtlich, daß rund 59 % von ihnen in dem rechtsrheinischen Teil des Modellgebietes wohnen, wobei der baden-württembergische Anteil am höchsten ist. Der Prozentsatz je Einwohner ist dort fast doppelt so hoch wie in Rheinland-Pfalz. Die Konzentration auf die großen Städte und die industriellen Standorte ist bekannt. Im rheinland-pfälzischen Teil des Modellgebietes entfallen über 42 % der Ausländer auf die Stadt Ludwigshafen (12 442 = 7,1 % der Einwohner). Für Mannheim (29 592 = 8,9 % der Einwohner) gilt ähnliches, denn hier zieht diese Stadt bereits 47,9 % auf sich. Zusammen mit Heidelberg (6756 = 5,6 % der Bevölkerung, wobei eigentlich 1509 Studenten abgezogen werden müßten) machen es schon 58,8 % und zusammen mit Eppelheim, Schwetzingen, Walldorf, Weinheim und Wiesloch erfaßt man 73,6 % der in dem baden-württembergischen Modellgebietsanteil gemeldeten Ausländer. Auch auf der Karte 10 erkennt man deutlich diese Verteilungsmuster, wobei die Industriestandorte besonders stark hervortreten. Im Falle von Walldorf ist der extreme Wert (19 %) durch eine zwar auf der Gemarkung liegende aber zu einer Wieslocher Firma gehörende Unterkunft überhöht. Der geringere Industrialisierungsgrad der Odenwaldgemeinden mit Ausnahme der Weschnitzsenke nordöstlich von Weinheim tritt besonders hervor. Ebenso auch weite Teile des linksrheinischen Modellgebiets, wo nur Edenkoben und Eisenberg besonders herausgehoben sind.

Tabelle 18:

Der Anteil der Ausländer im Rhein-Neckar-Raum (27. 5. 1970)

	Baden-württembergischer Teil	Hessischer Teil	Rheinland-pfälzischer Teil	Gesamtgebiet
Einwohner	885 600	223 830	775 960	1 885 390
davon Ausländer	61 729	9 585	29 178	100 492
in %	6,97 %	4,28 %	3,76 %	5,33 %
Einwohner pro Ausländer	auf 14 Einwohner kommt ein Ausländer	auf 23 Einwohner kommt ein Ausländer	auf 27 Einwohner kommt ein Ausländer	auf 19 Einwohner kommt ein Ausländer

Auf die Lösung der sozialen Probleme einer mangelnden ökonomischen und gesellschaftlichen Gleichstellung dieser beachtlichen Minderheit, ihre daraus abgeleitete Konzentration in einzelnen, meist in der Bausubstanz überalterten Stadtteilen, kann nicht dringlich genug hingewiesen werden.

f) Der Geburtenrückgang bis 1974

In der gesamten Bundesrepublik ist ab 1964 ein Rückgang der Geburtenziffer und ab 1965 auch der Geburtenzahl festzustellen (Statist. Jahresb. d. BRD 1971, S. 48).

Als Beispiel für den regional unterschiedlichen Ablauf des Prozesses seien die Geburten- und Sterbeziffern der Stadt Mannheim und des Landkreises Sinsheim, als Beispiel für den Kernbereich und das Umland des Verdichtungsgebietes für den Zeitraum 1950—70 gegenübergestellt (Fig. 1). Deutlich ist der gleichsinnige Verlauf beider Kurven zu erkennen. Der Anstieg in der zweiten Hälfte der 50er Jahre ist durch den Eintritt der geburtenstarken Jahrgänge 1934—1941 in die reproduktive Phase zu erkennen. Auch der allgemeine Wirtschaftsablauf — anhaltendes Wachstum — dürfte, wie die hohen Gebärziffern für Frauen bis zum 35. Lebensjahr ausweisen, noch verstärkend gewirkt haben. Der Eintritt der geburtenschwachen Kriegsjahrgänge in das Ehealter, aber auch dann die Einwirkung des „Pillenknicks" sind für das Absinken der Geburtenziffern verantwortlich.

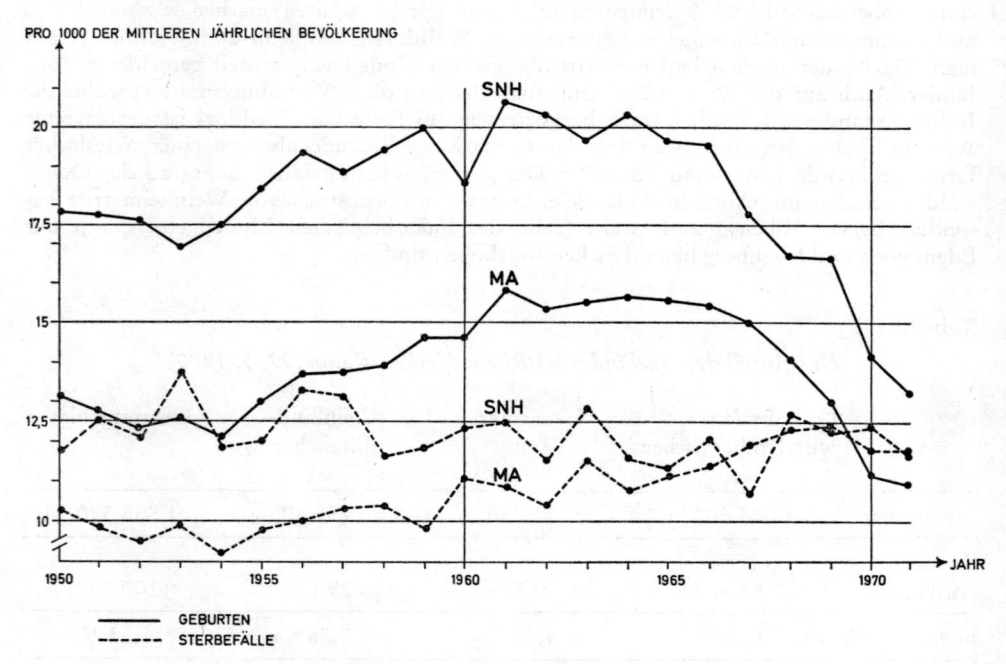

Fig. 1: Geburten- und Sterbeziffern 1950—71 der Stadt Mannheim und des Landkreises Sinsheim

Quelle: K.-H. Schneckenberger 1973 und Beiträge zur Statistik der Stadt Mannheim.

Die unterschiedliche Höhe von Geburten- und Sterbeziffern in Stadt- und Landkreis hat vielfältige Ursachen, wie Altersaufbau, Sexualproportion und besonders das unterschiedliche generative Verhalten. Dabei ist bemerkenswert, daß bei einem Vergleich der Mannheimer Entwicklung mit der von Heidelberg (H.-J. BÜTTNER 1972, Diagr. 4) sich eine hohe Übereinstimmung feststellen läßt. Mannheims Geburten- und Sterbezifferverlauf kann als typisch für die Großstadt angesehen werden. Heidelberg weist durch stärkeren Anstieg der Sterbeziffern infolge stärkeren Anteils älterer Jahrgänge und früheren Absinkens der Geburtenziffer bereits 1968 — also zwei Jahre vor Mannheim — ein Geburtendefizit auf. Das frühere Absinken der Geburtenziffern ist z. T. durch den geringeren Ausländeranteil bedingt. In Mannheim war bei der deutschen Bevölkerung bereits 1969 ein Sterbeüberschuß zu verzeichnen (B. SCHRANK 1971, S. 30).

Eine dem Landkreis Sinsheim parallele Entwicklung läßt sich für 1961—70 nach den Berechnungen eines Mitarbeiters, H. STOLL, auch für den linksrheinischen Teil des Modellgebietes nachweisen. Dort werden die nicht hohen Werte des Geburtenüberschusses durch den Geburtenrückgang in den letzten 3 Jahren bis 1970 stark abgesenkt.

In Ludwigshafen trat dieser Zeitpunkt des Geburtendefizits 1971 ein. Für das linksrheinische Modellgebiet ist (mit Hilfe des Statistischen Landesamtes Rheinland-Pfalz, dem an dieser Stelle für langjährige Hilfe gedankt sei) es möglich aufzuzeigen, daß fast alle Städte und die schon länger verstädterten Siedlungen, wie z. B. Haßloch, im Zeitraum 1970—74 eine negative Bevölkerungsbewegung besaßen oder in diese Phase eintraten. Ausnahmen bildeten Germersheim und Frankenthal, letzteres hatte aber 1973 vorübergehend ein Defizit. Diese positive Entwicklung sollte aufgegliedert werden nach dem Anteil an den Geburten von Bundesbürgern und Ausländern, was bisher noch nicht erfolgte. Generell läßt sich festhalten, daß nur in den Städten und stadtnahen Orten mit stärkerer Zuwanderung junger Menschen, im Falle von Frankenthal ebenso wie in den Großstadtrandgemeinden Bobenheim—Roxheim, Beindersheim und Mutterstadt durch Wohnungsbau gesteuert, keine negative natürliche Bevölkerungsbewegung zu verzeichnen ist. Die Abschätzung der zukünftigen negativen Bevölkerungsentwicklung ist von verschiedener Seite vorgenommen worden. Der Raumordnungsverband Rhein-Neckar rechnet für die Zeit 1974—1990 mit einem natürlichen Verlust von etwa 75 000 der deutschen Bevölkerung, der durch einen Geburtenüberschuß bei den Ausländern um +32 000 Einwohner und eine überregionale Zuwanderung von 28 000 Deutschen und 21 000 Ausländern mehr als voll kompensiert würde (Saldo +6000 Einwohner). Bei den zahlreichen Möglichkeiten von Staat, Wirtschaft und Gesellschaft einerseits auf die Geburtlichkeit andererseits auf das Wanderungsverhalten der verschiedenen Bevölkerungsgruppen in den verschiedenen geographischen Räumen, bleibt jede Prognose mit großer Unsicherheit behaftet.

Festzuhalten ist, daß diese nachhaltige Veränderung des generativen Verhaltens auch die ländlichen Räume des Modellgebietes erfaßt hat und daß — sollte, aus welchen Ursachen auch immer, ein Ansteigen der Geburtlichkeit jemals erfolgen — diese Epoche niedriger Geburtlichkeit für die natürliche Bevölkerungsbewegung der Region einen sichtbaren Einschnitt hinterlassen wird.

7. Die Einwohnerdichte 1970

Als Ergebnis des dargestellten Bevölkerungswachstumsprozesses sei abschließend die bereinigte Einwohnerdichte je Gemeinde zum Zeitpunkt der Volkszählung 1970 vorgestellt (Karte 11). Man erhält sie nach Abzug des Waldanteils (Angabe aus der VZ 1961).

Es wird die Einwohnerzahl damit auf die eigentliche Siedlungs- und Verkehrsfläche, sowie die landwirtschaftliche Nutzfläche bezogen, die ja im allgemeinen leichter als der Wald in Siedlungsfläche umgewandelt werden kann. Zwar kann die Auslastung des Raumes aus der Karte nicht zwingend abgeleitet werden, da dies eine Frage der ökologischen Belastung und Belastbarkeit ist, jedoch vermittelt die Karte 11 Vergleichsmaßstäbe über den Bezug der Einwohner zur verfügbaren waldfreien Fläche. Die höchsten Werte mit mehr als 1000 Einwohner/km² beginnen im Neckartal bei Neckarhausen und Darsberg, östlich von Neckargemünd bis Oftersheim und Schwetzingen, von dort bis Limburger Hof und Ludwigshafen, über Lampertheim bis Weinheim und Birkenau. Die ebenso hohen Werte um Lambrecht—Weidenthal sind das Ergebnis industrieorientierter Ansiedlungen in engen Waldtälern. An der Bergstraße sind ebenso wie in der Oberrheinebene von Bürstadt im Norden bis Walldorf im Süden Dichten über 700 Einwohner/km² erreicht, wie sie für die Städte Worms und Neustadt charakteristisch sind.

Am Rande sei vermerkt, daß die Einwohner—Arbeitsplatzdichte, also die zusätzliche Berücksichtigung der im Ort Arbeitenden, die gleiche Gruppierung der Gemeinden erbringt. In den oberen Stufen ab 700 Einwohner/km² ist dann der Wert der Arbeitsplatz—Einwohnerdichte noch im Klassenmittel um 35 %, in den unteren Klassen um 30 % höher. Vergleicht man den Befund der Karte der bereinigten Einwohnerdichte mit einer hier nicht wiedergegebenen Darstellung des Anteils der Ein- und Zweifamilienhäuser an der Gesamtzahl der Wohngebäude, so kann man feststellen, daß diese Kennzeichen einer geringeren Siedlungsverdichtung keineswegs immer in einer umgekehrten Proportionalität stehen, wie eigentlich zu erwarten gewesen wäre. Zwar haben Mannheim, Heidelberg und Schwetzingen mit 50—60 % den geringsten Anteil dieser Gebäudeart, jedoch schon Ludwigshafen, Speyer und Viernheim 60—70 %. In Gemeinden mit sehr hoher Einwohnerdichte, wie Lampertheim und den badischen Gemeinden nördlich von Weinheim wurden 80—90 % Ein- und Zweifamilienhäuser registriert, ein Wert, der auch in den übrigen Gemeinden des starken Wanderungsgewinns des Verdichtungsraums festzustellen ist. Hieraus schlagen sich die in Einzeluntersuchungen am Geographischen Institut Heidelberg vielfach festgestellten Tatsachen nieder, daß die alten, ehemalig dem landwirtschaftlichen Nebenerwerb dienenden Wohnhäuser heute als Ein- und Zweifamilienhäuser genutzt werden und die rezente Ausbreitung der Bevölkerung am Rande des Verdichtungsraumes durch die Verfügbarkeit von Bauland gesteuert worden ist.

VII. Zusammenfassung und Ergebnisse

Zu Beginn des Zeitalters des industriellen Ausbaus (1834/35) hat sich der linksrheinische Teil des Modellgebietes mit 56 % der Einwohner als der bevölkerungsstärkere erwiesen. Heute ist das Verhältnis umgekehrt. Nur noch 41 % der Bevölkerung wohnen dort, wobei sich die Gesamtbevölkerung des Gebietes von 1834 bis 1970 fast vervierfacht hat. Dabei nahm die Bevölkerung auf dem linken Rheinufer um 176 %, auf dem rechten aber um 460 % zu. Als wichtige Voraussetzung hierzu muß hervorgehoben werden, daß bereits in der Phase des industriellen Ausbaus bis 1871, trotz erheblicher Auswanderung nach den USA, wesentliche Teile der — in Maßstäben von heutigen Entwicklungsländern — wachsenden Bevölkerung im rechtsrheinischen Gebiet gehalten werden konnten. Entscheidend war, daß dort durch Melioration im Gefolge der Rheinkorrektur, durch Allmendaufteilung und Sonderkulturanbau noch eine Verdichtung der agrarischen Bevölkerung möglich war. Dazu legten günstige Standortfaktoren des Verkehrs, gefolgt von vielfältigen Investitionen in der Industrie, neue nichtlandwirtschaftliche Arbeitsplätze in und um Mannheim fest. Wichtig war, daß nur die frühen Eisenbahnverbindungen vor 1850 Impulse zur industriellen Entwicklung beisteuern konnten. Das bis 1870 geschaffene Siedlungsnetz ist bis heute für die Bevölkerungsverteilung maßgeblich geworden. Hervorzuheben ist, daß damals der Standort der Produktion in Industrie oder Landwirtschaft entscheidend für die Entwicklung der Einwohnerzahl war, da eine Trennung zwischen Wohn- und Arbeitsort in der Regel nicht bestand.

Die Zeit von 1871—1960 kann man als einen nur durch die verschiedenen Krisen unterbrochenen Ausbau der bestehenden Raumorganisationen betrachten, in dem die Kernstädte Mannheim und Ludwigshafen dominierten und Heidelberg sich eine besondere Position verschaffen konnte. In der Epoche der Hochindustrialisierung bis zum 1. Weltkrieg war der Zustrom von Arbeitskräften in die Großstädte und industriellen Standorte entscheidend. Dies wird daran sichtbar, daß z. B. 1900 60 % der Einwohner von Mannheim zugewandert waren. Bei der Zuwanderung rekrutierte Mannheim seine Arbeitskräfte aus der nächsten Umgebung und aus relativ entlegenen, weit östlich der Stadt in Baden und Württemberg gelegenen Gebieten. Die nähere Umgebung war nämlich durch die Zuwanderung in die kleineren Zentren Heidelberg und Weinheim blokkiert. Eine Auslagerung von Industriebetrieben fand an die damalige Stadtgrenze der heutigen Großstädte statt. Sie zog auch die Arbeiter-Wohngebiete mit hinaus. Daneben weitete sich die auf Niedriglöhne orientierte Heimindustrie flächenhaft, insbesondere im rechtsrheinischen Gebiet, aus. Qualifizierte Arbeitskräfte zogen in der Regel in die Stadt. Durch den Ausbau des Eisenbahnnetzes bis zur Jahrhundertwende ergab sich für die in der Nähe dieser Verkehrslinie Wohnenden die Möglichkeit der Pendelwanderung zu den Industriestandorten. Dies betraf besonders die Teile der ländlichen Bevölkerung, die infolge der Realerbteilung auf Betrieben lebten, die am Rande des Existenzminimums standen. Damit wurde frühzeitig eine starke autochthone Verdichtung der Bevölkerung im zentralen Bereich des Modellgebietes eingeleitet, da nun eine Abwanderung aus Nahrungsmangel entfiel. Noch stärker wuchsen die stadtnahen Siedlungen, die dann später bis 1939 den Kernstädten eingemeindet wurden. Seit dem Ende des vorigen Jahrhunderts begann mit der Pendelwanderung die Auseinanderentwicklung von Produktions- und Wohnstandort. Die Eisenbahn war dabei die entscheidende Voraussetzung. Insgesamt wurde durch die Pendelwanderung das vorindustrielle Siedlungsnetz außerhalb der neuen Industriestandorte festgeschrieben und nur notdürftig den neuen Bedingungen angepaßt.

Hatte das Wachstum der Bevölkerung des Modellgebietes von 1834 bis 1870 112 000 Menschen (+22 %) betragen, so waren in der Epoche bis 1905 400 000 Menschen (+64 %) mehr im Modellgebiet ansässig geworden. Der hohe natürliche Bevölkerungszuwachs eines viel größeren Gebietes war zusammen mit dem des Rhein-Neckar-Raumes in ihm aufgefangen worden. Als Folge der sehr starken Zuwanderung reproduktiver Jahrgänge, deren hoher Kinderzahl und deren Verbleiben im Modellgebiet wuchs es bis 1939 um weitere 340 000 Menschen (+33 %) noch beträchtlich.

Innerhalb eines Jahrzehnts gab es danach durch die Heimatvertriebenen und Flüchtlinge noch einmal eine starke Zuwanderung von 120 000 Menschen (+8 %). In der Verteilung der Menschen des Modellgebietes hatte sich seit 1939 ein entscheidender Wandel eingestellt: Waren seit 1871 die ländlichen Gemeinden der Randgebirge und der Vorderpfalz durch Abwanderung stark geschrumpft, so waren nun im rechtsrheinischen Gebiet die Abwanderungslücken wieder durch die Einweisung von Evakuierten, Heimatvertriebenen und Flüchtlingen aufgefüllt worden. Die Kriegszerstörung von Mannheim und Ludwigshafen, Frankenthal und Worms bewirkte einen starken Bevölkerungsverlust in den städtischen Zentren. Für das linksrheinische Gebiet stellte die Abgrenzung durch die Besatzungsmacht erneut eine Abschirmung gegen wirtschaftliche Impulse dar, wie sie mit der Zuwanderung qualifizierter Arbeitskräfte verbunden ist, denn bereits nach 1918 hatte zeitweise die Rheingrenze und die neue Westgrenze gegenüber Frankreich eine wirtschaftliche Isolierung der Pfalz bewirkt.

Die Umverteilung der Bevölkerung nach dem 2. Weltkrieg war nur von temporärer Wirksamkeit, man muß sich angesichts der flächenhaften Verteilung aber fragen, ob hieraus nicht ein neues Muster der Raumstruktur hätte entwickelt werden können, das zu einer weniger starken Verdichtung geführt hätte. Die vorhandene Infrastruktur in den zerstörten Städten hätte ja nur eine Wiederauffüllung bis auf das Vorkriegsniveau begründet. Man vergißt dabei aber die damalige materielle Notsituation ohne Zukunftsperspektiven, die eine rationelle Ausnutzung der vorhandenen Möglichkeiten geraten erscheinen läßt. Die gewaltige Produktionssteigerung der Industrie an den alten Standorten als Folge wirtschaftlich günstiger Konjunkturen, der Konzentrationsprozeß und der Verbund verschiedener Wirtschaftszweige war sicher eine Grundvoraussetzung für den mit erhöhter Produktivität wachsenden Lebensstandard. Die Bevölkerungsballung war eine wichtige Vorbedingung dafür, ihre Nachteile wurden erst Jahrzehnte später in das Blickfeld der Öffentlichkeit gerückt. Ein Blick über die Grenzen zeigt, daß auch in den nichtkapitalistischen Ländern, östlich der Bundesrepublik, Produktivitätssteigerung mit dem Ballungsprozeß einhergeht.

Aber auch das erneute Wachstum der Kernstädte nach 1950 und der Abzug der Bevölkerung aus den ländlichen Gemeinden erwies sich als temporär. Der Konzentrationsprozeß der Bevölkerung wurde schon ab Mitte der 50er Jahre überlagert von einer Welle der Auffüllung der Gemeinden in der Stadtrandzone. Individuelle Motorisierung, staatlich gefördert, sowie der Bau von Familieneigenheimen, Rückgang der einkommensbenachteiligten Landwirtschaft und damit Angebot von billigem Bauland in den Dörfern, wurden miteinander verknüpft durch das wirtschaftliche Konzept dieser Periode. Damit kommt ein neues Moment in die Bevölkerungsverteilung: Eine flächenhaft diffuse Ausbreitung vom Kern des Verdichtungsraumes zu den peripheren Zonen hin. Auf der rechtsrheinischen Seite des Modellgebietes ist dieser Prozeß weiter fortgeschritten, der Strukturwandel der Landwirtschaft war dort früher eingetreten, und es lebte — entwicklungsbedingt — die Mehrzahl der nichtlandwirtschaftlichen Arbeitskräfte auf dieser Seite. Eine bessere Verkehrserschließung als Folge hiervon und das dichte Netz der zentralen Orte förderten die Entwicklung der allochthonen Wohnvorortbildung. Verstärkt durch diese aus ihrem Arbeitsort hinausgezogenen oder nicht hineingezogenen Zuwanderer aus anderen Regionen betrug bereits 1970 der Anteil derjenigen, die täglich die Gemeindegrenze ihres Wohnorts im Berufsverkehr überschritten im zentralen Teil des Modellgebietes mehr als 70 % der Erwerbspersonen.

Bis 1961 waren 320 000 Flüchtlinge und Heimatvertriebene in das Modellgebiet gewandert (17 % der Bevölkerung) und hatten, insbesondere durch die Zuwanderung von 215 000 ins rechtsrheinische Gebiet, dort entscheidend das Arbeitskraftpotential um $1/5$ verbessert. Danach traten ausländische Arbeitskräfte die Nachfolge als Zuwanderer an. Es waren 1970 zusammen mit ihren Angehörigen 5,3 % (= 100 000 der Einwohner). Trotz bereits höherer Bevölkerungszahl lag der Anteil im baden-württembergischen Bereich infolge der zahlreichen industriellen Arbeitsstätten mit 7 % über diesem genannten Durchschnitt. Dreiviertel der ausländischen Arbeitskräfte von Baden-Württemberg findet man in den beiden Großstädten und fünf weiteren Gemeinden des Modellgebietes.

Seit 1965 ist auch für das Modellgebiet der Rückgang der Geburtenzahl bei der deutschen Bevölkerung nachzuweisen. Eine regionale Differenzierung besteht nur noch nach dem Zeitpunkt, an dem die Gemeinden an dem Zuwanderungsprozeß der davorliegenden Periode teilnahmen, weil durch die allochthone Wohnvorortbildung reproduktive Jahrgänge an den neuen Wohnort gebracht wurden. Demzufolge dürfte sich die Stagnation besonders in den Randzonen des Modellgebietes, verstärkt aber auf der linksrheinischen Seite, in der Zukunft auswirken. Problematisch ist die Situation zunächst für die Städte geworden, die infolge der ungünstigen Altersstruktur als Ergebnis des Abwanderungsprozesses eine negative natürliche Bevölkerungsbewegung aufweisen. Die Entwicklung ist also nicht auf die Großstädte beschränkt. Sie wird aber auch bald auf die Gemeinden mit schon lang zurückliegender Wohnvorortsentwicklung übergreifen, falls nicht ein neuer Wanderungsprozeß zu den unverändert konzentrierten Produktionsstätten und attraktiven infrastrukturellen Standorten einsetzt. Nicht diskutiert wurde die ökologische Belastung und die Belastbarkeit des Raumes im Gefolge der zu beobachtenden extrem hohen Einwohnerdichten von über 700 Menschen auf den km^2 waldfreier Fläche, da die Belastung auch eine Frage der Siedlungsstruktur und der natürlichen Geländeverhältnisse ist. Die neuesten Entwicklungen wurden in einer demnächst zum Abschluß kommenden Studie noch detaillierter analysiert.

Das Ergebnis dieser genetischen und funktionalen bevölkerungsgeographischen Analyse des Modellgebietes hat erwiesen, daß die einzelnen raumbezogenen und raumrelevanten Phasen der Industrialisierung von sehr unterschiedlichen Prozessen der natürlichen und räumlichen Bevölkerungsbewegung begleitet worden sind. Die Produktionsbedingungen der verschiedenen Sektoren der Wirtschaft wirken mit Maßnahmen der Verkehrs-, Unternehmens- und Wohnungspolitik komplex ineinander. Die verkehrstechnischen Möglichkeiten und die sozial vermittelten Bewertungen der Arbeits- und Wohnstandorte durch breite Bevölkerungsschichten, die Änderung des generativen Verhaltens sind für die hinter uns liegende Epoche der Industrialisierung analysiert worden. Abgesehen von den negativen und positiven Auswirkungen staatlicher Eingriffe auf die heute vorhandene auffällige, unterschiedliche Struktur der West- und Osthälfte des Modellgebietes hat sich für die Bevölkerungsverteilung der Distanzfaktor zu den Arbeitsplatzstandorten als besonders wirksam erwiesen.

Für die Planung ergibt sich aus der Verschiedenartigkeit der Raumbezogenheit in den einzelnen Phasen, daß durch die Veränderungen wichtiger Randbedingungen, wie z. B. der Verkehrsverhältnisse und des Wohnungsbaus, auch wichtige Veränderungen in der Verteilung bedingt wurden. Ganz besonders muß der enge räumliche Zusammenhang mit den Abläufen weit außerhalb des Modellgebietes bedacht werden.

Literatur

ABEL, W. (1974): Massenarmut und Hungerkrise im vorindustriellen Deutschland. Göttingen. Kl. Vandenhoek- u. Ruprecht-Reihe, S. 352—354.
ADEBAHR, H. (1969): Binnenwanderung und Lohnhöhe. In: Schmollers Jahrbuch f. Wirtschafts- u. Sozialwissenschaften, 89, S. 557—578.
ALBERT, H. (1965): Theorie und Prognose in den Sozialwissenschaften. Logik der Sozialwissenschaften. Köln, Berlin.

AMMANN, Frank (1974): Das räumliche Erholungspotential im Modellgebiet. In: Forschungs- u. Sitzungs-Bericht der Akademie für Raumforschung und Landesplanung, Bd. 90, Hannover, S. 141—173.
ARNOLD, H. (1962): Die Entwicklung des Fürsorgewesens in der Pfalz. In: Mitt. d. Hist. Ver. d. Pfalz, 60, S. 126 ff.
— (1967): Von den Juden in der Pfalz. Veröff. d. Pfälz. Ges. z. Förderung d. Wiss. in Speyer, S. 56.
BARLET, H. (1953): Die Pendelwanderung im Rhein-Neckar-Raum unter bes. Berücksichtigung der Wohn- und Besitzverhältnisse der Mannheimer Einpendler. Diss. Mannheim = Beitr. z. Stat. d. Stadt Mannheim, H. 45.
BARTELS, D. u. W. GAEBE (o. J.): Abgrenzung der Agglomeration Rhein-Main, Rhein-Neckar und Karlsruhe. Geogr. Inst. d. Univ. Karlsruhe.
BAUMANN, K. (1953): Probleme der pfälzischen Geschichte im 19. Jahrhundert. In: Mitt. d. Hist. Ver. d. Pfalz, 51, S. 247 ff.
BAVARIA (1867): Landes- und Volkskunde des Königsreichs Bayern. Bearb. von e. Kreis bayerischer Gelehrter. Bd. 4, Abt. 2: Bayerische Rheinpfalz. München.
BECHTEL, H. (1956): Wirtschaftsgeschichte Deutschlands im 19. und 20. Jahrhundert. Bd. 3. München.
BECK, O. (1963): Veränderungen in der Wirtschafts- und Sozialstruktur der Vorderpfalz und ihre Auswirkungen auf das Landschaftsbild seit dem Ende des 19. Jahrhunderts, Veröff. d. Pfälz. Ges. z. Förderung d. Wiss. in Speyer, S. 43.
Beiträge zur landwirtschaftlichen Statistik der Pfalz. T. 1—4, In: Blätter f. Landwirtschaft u. Gewerbewesen 1860—1862, Speyer.
Beiträge zur pfälzischen Wirtschaftsgeschichte (1968). Veröff. d. Pfälz. Ges. z. Förderung d. Wiss. in Speyer, S. 58.
Beiträge zur Statistik der inneren Verwaltung des Großherzogtums Baden. Heft 5, 1857. Karlsruhe.
Beiträge zur Statistik des Großherzogtums Baden. N. F. 19 (Volkszählung) 1905.
Beiträge zur Statistik des Königreichs Bayern. H. 10 ff., 1862 ff. München.
BENAERTS, P. (1953): Les origines de la grande industrie allemande. Paris.
BERGER, S. (1973): Förelagsnedläggning — Konsekvenser för indivia och samhalt. Geogr. Regionstudier 9, Kulturgeogr. Inst. Uppsala Univ.
BERRY, B. J. L. (1971): Die wechselseitige Abhängigkeit zwischen Bewegungen im Raum und räumlichen Strukturen. Zur Grundlegung einer allgemeinen Feldtheorie. In: Geogr. Zs. 59, S. 82—100.
Die Bevölkerung und die Gewerbe des Königreichs Bayern nach der Aufnahme im Jahre 1861, die Gewerbe im Königreich nach ihrem Stande vom Jahre 1847. Beitr. z. Stat. von Bayern, 10. München 1862.
Bevölkerungsbewegung der Pfalz 1928—1929. In: Zs. d. Bayer. Stat. LA, 61, 1929, S. 19—86.
Die Bevölkerungsentwicklung von 1961 bis 1970 in Ludwigshafen a. Rhein. Hrsg.: Amt f. Grundlagenforsch. d. Stadt Ludwigshafen/Rh. Informationen z. Stadtentwicklung Ludwigshafen Nr. 3, 1972.
Die Bewegung der bayerischen Bevölkerung in den Jahren 1862/63 bis 1875 mit vergleichenden Rückblicken. Beiträge z. Stat. von Bayern, 33, T. 1, München 1878.
Bewegung der Bevölkerung im Großherzogthum Baden in den Jahren 1852, 1853, 1854 und 1855 und medicinische Statistik 1856. Beitr. z. Stat. d. Inneren Verw. H. 2, Karlsruhe 1856.
BEYSIEGEL, P. (1927): Der Nahverkehr zwischen Mannheim und Heidelberg. Ein Beitrag zum Problem der modernen Großstadt. Diss. Heidelberg.
BITTMANN, K. (1907): Hausindustrie und Heimarbeit im Großherzogtum Baden zu Anfang des XX. Jahrhunderts. Bericht an d. Großherzogl. Ministerium d. Inneren. Karlsruhe.
BLAUSTEIN, A. (1912): Der Handel (Warenhandel). In: Das Großherzogtum Baden, 2. Aufl., Bd. 1, S. 664—682.
BOUSTEDT, O. (Hrsg.) (1967): Stadtregionen in der Bundesrepublik Deutschland 1961. In: Forschungs- und Sitzungsberichte der Akademie für Raumforschung u. Landesplanung, Hannover, S. 14, S. 5—29.
BRAUCH, E. (1933): Das Hockenheimer Heimatbuch. Aus zwölf Jahrhunderten Geschichte Hockenheims. Hockenheim.
BREINER, G. (1971): Stadtgeographischer Vergleich: Die Entwicklung der Städte Worms und Speyer nach 1945. Zulassungsarbeit Geogr. Inst. d. Univ. Heidelberg, Ms.
BUCHHOLZ, E. W. (1966): Ländliche Bevölkerung an der Schwelle des Industriezeitalters. Der Raum Braunschweig als Beispiel. Quellen u. Forsch. z. Agrargeschichte, Bd. 11, Stuttgart.
— (1972): Soziologische Bemerkungen zum Thema: „Die Ansprüche der modernen Industrie-

gesellschaft an den Raum." In: Forschungs- und Sitzungsberichte der Akademie f. Raumforschung und Landesplanung, Bd. 74, Hannover, S. 81—94.
BÜTTNER, H.-J. (1972): Die Entwicklung der Bevölkerungsstruktur der Stadt Heidelberg — differenziert nach Stadtteilen. Zulassungsarbeit Geogr. Inst. d. Univ. Heidelberg. Ms.
BULL, K.-O. (1965): Verkehrswesen und Handel an der mittleren Haardt bis zur Mitte des 19. Jahrhunderts. Veröff. z. Gesch. von Stadt u. Kreis Neustadt, H. 5. Speyer.
BUM, K. (1955): Der Wettbewerb der Verkehrsmittel am Oberrhein im Gründungszeitalter der Eisenbahnen (1830—1870). Entwicklungsgeschichte u. statist. Darstellung. Schiffahrt gegen Schienenweg. Rechtsrhein. gegen linksrhein. Eisenbahn. Diss. Bonn.
CHRIST, K. (1913): Alter Bergbau im Odenwald. In: Mannheimer Gesch.-Blätter, Bd. 15.
COONITZ, Sydney H. (1968): Population theories and the economic interpretation. London.
Denkschrift vom 2. Juni 1847 der Großherzoglichen Regierung von Baden zur Frage der Überwachung und Leitung des Auswanderungswesens. 2. Kammer der Landstände. 3. 5. 1848.
DOERR, E. (1906): Der Absatz landwirtschaftlicher Erzeugnisse im Kreise Mannheim. Volkswirtschaftl. Abh. d. Bad. Hochschulen, Bd. 9, Erg. H. 1. Karlsruhe.
DRAIS, C. W. VON (1816): Geschichte der Regierung und Bildung von Baden unter Carl Friedrich (zit. nach R. VOWINCKEL 1939, S. 80).
EHRENHEIM, J. (1924): Die Industrie der Pfalz in ihren Standortsgrundlagen. Diss. Heidelberg, Ms.
EISENLOHR, R. (1921): Das Arbeiter-Siedelungswesen der Stadt Mannheim. Unter bes. Berücksichtigung d. großstädt. Entwicklung von Mannheim als Industriestadt. Diss. Ing. Karlsruhe.
ELLINGHAUS, H. (1954): Die strukturelle Arbeitslosigkeit in den Fördergebieten von Baden-Württemberg. In: Informationen Inst. f. Raumforschung Bonn, 4, S. 437—446.
ELSTER, L. (1923 ff.): Bevölkerungslehre und Bevölkerungspoliik. In: Handwörterbuch d. Staatswiss. Bd. 2, 4. Aufl. Jena.
Endgültige Ergebnisse der Volkszählung in Baden 1905. Stat. LA Karlsruhe 1906.
Ergebnisse der Volkszählung im Königreich Bayern vom 1. Dez. 1871 nach einzelnen Gemeinden. Beitr. z. Stat. von Bayern, 28, 1872.
EVERSLEY, D. E. C. (1972): Bevölkerung, Wirtschaft und Gesellschaft. In: W. KÖLLMANN u. P. MARSCHALCK (Hrsg.): Bevölkerungsgeschichte, S. 93—153, Köln.
FEHN, H. (1950): Zeitbedingte Wachstumserscheinungen an den Großstadträndern der Gegenwart. In: Ber. z. dt. Landeskunde, 8, S. 296—300, Stuttgart.
FEHN, K. 1972): Die saarpfälzische Bergbaustadt Bexbach um 1850. In: Die Stadt in der europäischen Geschichte, S. 853—883, Bonn.
Festbuch der Stadt Heppenheim zur 1200-Jahrfeier im Jahre 1955. Heppenheim.
FISCHER, A. (1922): Besiedlung und Wirtschaftsverfassung der Rheinpfalz. Diss. Heidelberg.
FISCHER, W. (1962): Der Staat und die Anfänge der Industrialisierung in Baden, 1800—1850. Bd. 1. Die staatliche Gewerbepolitik. Berlin.
FLEISCHMANN, S. (1902): Die Agrarkrise von 1845/55 mit besondere Berücksichtigung von Baden. Diss. Heidelberg.
FREY, M. (1836/37): Versuch einer geographisch-historisch-statistischen Beschreibung des Rheinkreises. Bd. 1—4. Speyer.
— (1849): Beantwortung der von Seiner Majestät dem König Maximilian II. von Bayern gestellten Preisfrage: „Durch welche Mittel kann der materiellen Noth der unteren Klassen der Bevölkerung Deutschlands und insonderheit Bayerns am zweckmäßigsten ... abgeholfen werden?" Speyer.
FRICKE, W. (1960): Die Beeinflussung der sozialräumlichen Struktur durch die nassauischen Territorien. In: Nassauische Annalen, 71, S. 174—184.
— (1961): Lage und Struktur als Faktoren des gegenwärtigen Siedlungswachstums im nördlichen Umland von Frankfurt. In: Rhein-Mainische Forschungen, 50, 45—83. Frankfurt/M.
—, R. HANTSCHEL u. G. JACOBS (1971): Untersuchungen zur Bevölkerungs- und Siedlungsentwicklung im Rhein-Main-Gebiet. Rhein-Mainische Forschungen, 71, Frankfurt/M.
FUCHS, C. (1914): Die Verhältnisse der Industriearbeiter in 17 Landgemeinden bei Karlsruhe. Karlsruhe.
FUCHS, E. (1975): Bevölkerungsprognosen und Bevölkerungsrichtwerte für Baden-Württemberg und seine Regionen. Referat am 19. 6. 1975 LAG für Raumforsch. u. Landesplanung in Monrepos.
FUCHS, R. (1912): Die Industriearbeiter. In: Das Großherzogtum Baden, 2. Aufl., Bd. 1, S. 649 bis 663.
GAAB, E. (1974): Struktur und Funktion von Neckarhausen und Ladenburg (im Wandel der Jahre). Zulassungsarbeit Geogr. Inst. d. Univ. Heidelberg. Ms.

GANSER, K. (1969): Planungsbezogene Erforschung zentraler Orte in einer sozialgeographischen Betrachtungsweise. In: Münchner geogr. Hefte, 34, S. 41—52.
GEIPEL, R. (1961): Die regionale Ausbreitung der Sozialschichten im Rhein-Main-Gebiet. Forsch. z. dt. Landeskunde, Bd. 125.
Gemeinde- und Kreisstatistik Baden-Württemberg 1950. T. 2: Regierungsbezirk Nordbaden. Hrsg.: Stat. LA Stuttgart 1952. Stat. von Baden-Württemberg. Bd. 3.
Gemeindestatistik Baden-Württemberg 1960/61. T. 1: Bevölkerung und Erwerbstätigkeit (Ergebnisse der Volks- u. Berufszählung am 6. Juni 1961). — T. 3: Arbeitsstätten (ohne Landwirtschaft). Hrsg.: Stat. LA Baden-Württemberg Stuttgart 1964. Statistik von Baden-Württ. Bd. 90.
Gemeindestatistik Baden-Württemberg 1970. Ergebnisse der Großzählungen 1968 bis 1971. H. 2: Bevölkerung und Erwerbstätigkeit 1970. Hrsg.: Stat. LA Baden-Württ. Stuttgart 1973. Stat, Baden-Württ. Bd. 161.
Gemeindestatistik von Rheinland-Pfalz. Hrsg. vom Stat. LA Rheinland-Pfalz Bad Ems 1952. Stat. von Rheinland-Pfalz, Bd. 21.
Gemeindestatistik von Rheinland-Pfalz 1960/61. T. 1: Bevölkerung und Erwerbstätigkeit. Stat.LA von Rheinland-Pfalz, Bad Ems 1964. Stat. von Rheinland-Pfalz, Bd. 109.
Gemeindestatistik von Rheinland-Palz 1970. T. 2: Bevölkerung und Erwerbstätigkeit 1970. Stat. LA von Rheinland-Pfalz, Bad Ems 1973. Stat von Rheinland-Pfalz, Bd. 221.
Geographisch-statistisches Handbuch von Rheinbaiern. Ein Beitrag zur Geographie u. Geschichte des Vaterlandes. Zweibrücken 1828.
GERHARD, P. (1912): Die Entwicklung der Mannheimer Industrie von 1895 bis 1907 und ihr Einfluß auf das Wohnungswesen. Diss. Heidelberg.
GLASER, G. (1967): Der Sonderkulturanbau zu beiden Seiten des nördlichen Oberrheins zwischen Karlsruhe und Worms. Heidelberger geogr. Arbeiten, 18, Heidelberg.
GLEY, W. (1936): Grundriß und Wachstum der Stadt Frankfurt a. M. Eine stadtgeogr. u. stat. Untersuchung. In: Festschrift. z. Hundertjahrfeier d. Ver. f. Geographie u. Statistik zu Frankfurt am Main, S. 53—100, Frankfurt.
GOTHEIN, E. (1912): Die Industrie. In: Das Großherzogtum Baden, 2. Aufl., Bd. 1, S. 597—624.
GRESS, W. (1951): Die Bevölkerung der Pfalz in ihrer Abhängigkeit von Landschaft und Wirtschaft. Diss. Mainz.
GRIESMEIER, J. (1954): Die Entwicklung der Wirtschaft und der Bevölkerung von Baden und Württemberg im 19. und 20. Jahrhundert. In: Jahrb. f. Stat. u. Landeskunde von Baden-Württ., 1, 2, S. 121—242, Stuttgart.
Das Großherzogtum Baden in geographischer, naturwissenschaftlicher, geschichtlicher, wirtschaftlicher und staatlicher Hinsicht dargestellt. Karlsruhe 1885.
Das Großherzogtum Baden in allgemeiner, wirtschaftlicher und staatlicher Hinsicht dargestellt. 2. Aufl. Hrsg. von E. REBMANN, E. GOTHEIN u. E. VON JAGEMANN. Bd. 1, Karlsruhe 1912.
GRUBER, H. (1962): Die Entwicklung der pfälzischen Wirtschaft 1816—1834 unter bes. Berücksichtigung der Zollverhältnisse. Diss. Mannheim 1961 und Veröff. d. Inst. f. Landeskunde des Saarlandes, 6.
HAAN, H. (1968): Gründungsgeschichte der Industrie- und Handelskammer für die Pfalz im Spiegel der pfälzischen Wirtschaftsentwicklung (1800—1850). In: Beiträge z. pfälz. Wirtschaftsgeschichte, S. 177—207 = Veröff. d. Pfälz. Ges. z. Förderung d. Wissenschaften in Speyer, Bd. 58, Speyer.
HAGGETT, P. (1973): Einführung in die kultur- und anthropogeographische Regionalanalyse. A. d. Engl. übertr. von D. BARTELS u. B. u. V. KREIBICH. Berlin.
HARDECK, F. (1885): Bevölkerungsstatistik. In: Das Großherzogtum Baden in geogr., naturwiss., geschichtl., wirtschaftl. und staatlicher Hinsicht dargestellt. Karlsruhe, S. 266—375.
HECHT, M. (1903): Die badische Landwirtschaft am Anfang des XX. Jahrhunderts. Verkehrswirtschaftl. Abh., Bd. 7, Erg. Bd. 1, Karlsruhe.
— (1912): Die Landwirtschaft in Baden. In: Das Großherzogtum Baden. 2. Aufl., Bd. 1, S. 477 bis 519.
— (1935): Der Geburtenrhythmus Badens in den letzten hundert Jahren. In: Archiv f. Bevölkerungswissenschaft (Volkskunde) u. Bevölkerungspolitik, 5, S. 342—355, Leipzig.
HEINZMANN, R. (1974): Wiesloch. Physiognomie, Struktur und funktionale Verflechtung einer aufstrebenden Stadt mit zunehmender Umlandbedeutung. Magisterarbeit Geogr. Inst. d. Univ. Heidelberg. Ms.
HEM, P. (1965): Der Strukturwandel der Siedlungskörper und die Landesentwicklung in Baden-Württemberg zwischen 1939 und 1961. In: Jahrbuch f. Stat. u. Landeskunde von Baden-Württ., 9, S. 4—62, Stuttgart.

Hess, H. O. (1933): Strukturwandlungen der pfälzischen Industrie unter Einwirkung der südwestlichen Gebietsverluste des Deutschen Reichs. Veröff. d. Pfälz. Ges. z. Förderung d. Wissenschaften in Speyer, Bd. 23.
Hessische Gemeindestatistik 1950. H. 2: Bevölkerung — Erwerbspersonen — Wirtschaftsbereiche — Soziale Gruppen — Pendelwanderung. Hess. Stat. LA 1952. Beiträge z. Stat. Hessens, Nr. 48.
Hessische Gemeindestatistik 1960/61. H. 1: Bevölkerung und Erwerbstätigkeit. 1964. — H. 3: Arbeitsstätten (ohne Landwirtschaft). 1963. Hess. Stat. LA 1963—1964.
Hessische Gemeindestatistik 1970. Bd. 2: Bevölkerung und Erwerbstätigkeit. Ergebnisse d. Volks- u. Berufszählung vom 27. Mai 1970. Hess. Stat. LA Wiesbaden 1973.
Hettner, A. (1900): Über bevölkerungsstatistische Grundkarten. In: Geogr. Z. 6, S. 185—192 und S. 522.
— (1927): Die Geographie. Ihre Geschichte, ihr Wesen und ihre Methoden. Breslau.
Heunisch, A. J. V. (1857): Das Großherzogtum Baden. Historisch-geographisch-statistisch-topographisch beschrieben. Heidelberg.
Heyberger, J., Chr. Schmitt u. V. Wachter (1867): Topographisch-statistisches Handbuch des Königreich Bayern. Bavaria, 5, München.
Historisches Gemeindeverzeichnis Baden-Württemberg. Bevölkerungszahlen der Gemeinden von 1871 bis 1961 nach dem Gebietsstand vom 6. Juni 1961. Hrsg. vom Stat. LA Baden-Württ. Stuttgart 1965. Stat. von Baden-Württ. Bd. 108.
Historisches Gemeindeverzeichnis. Die Einwohnerzahlen der Gemeinden Bayerns in der Zeit von 1840 bis 1952. München 1953. Beitr. z. Stat. Bayerns, H. 192.
Historisches Gemeindeverzeichnis für Hessen. H. 1: Die Bevölkerung der Gemeinden 1834 bis 1967. Hess. Stat. LA Wiesbaden 1968.
Högy, U. (1966): Das rechtsrheinische Rhein-Neckar-Gebiet in seiner zentralörtlichen Bereichsgliederung auf der Grundlage der Stadt-Land-Beziehungen. Heidelberger geogr. Arbeiten, 16, Heidelberg.
Hofsäss, R. (1957): Die Abwanderung aus wirtschaftlich zurückgebliebenen Gebieten in Baden-Württemberg. Diss. Mannheim.
Hook, K. (1954a): Mannheim in Wort, Zahl und Bild. Seine Entwicklung seit 1900. Mannheim.
— (1954): Mannheim im Städtevergleich. Beitr. z. Stat. d. Stadt Mannheim, H. 47.
— (1955): Stadtregion und ihre begriffliche Problematik. Beitr. z. Stat. d. Stadt Mannheim, H. 48.
— (1956): Mannheim 1955. Ein städtestatistischer Vergleich. Beitr. z. Stat. d. Stadt Mannheim, H. 50.
— (1962): Metropole im Rhein-Neckar-Raum. Zwei Beiträge. Mannheim — im Blickfeld der allgemeinen Bevölkerungsvermehrung und der zunehmenden Verstädterung betrachtet. — Rheinbrückenkopf Mannheim-Ludwigshafen — eine Agglomeration von Menschen und wirtschaftenden Kräften. Beitr. z. Stat. d. Stadt Mannheim, H. 56.
— (1963): Mannheim — in regional- und zeitvergleichender Sicht. Ein Beitrag zum Thema Stadtregion. Beitr. z. Stat. d. Stadt Mannheim, H. 58.
— (1964): Mannheimer Perspektiven 1964. Entwicklung an der Wende? Beitr. z. Stat. d. Stadt Mannheim, H. 59.
Hüttig, F.-K. (1958): Die pfälzische Auswanderung nach Ost-Mitteleuropa im Zeitalter der Aufklärung, Napoleons und der Restauration. Wiss. Beitr. z. Geschichte u. Landeskunde Ost-Mitteleuropas, Nr. 31. Marburg/Lahn.
Die Industrie in Baden im Jahre 1925. Auf Grund amtlichen Materials mit 16 Karten. Bearb. u. hrsg. vom Stat. LA Karlsruhe 1926.
Ipsen, G. (1933): Bevölkerung. In: Handwörterbuch d. Grenz- u. Auslanddeutschtums, Bd. 1, S. 425—463, Breslau.
Jaeger, E. (1843): Die Landwirtschaft im Odenwald. Preisschrift. Darmstadt.
Jäger, H. (1974): Die Industrie der „Steine und Erden" und ihr Zusammenhang mit Siedlungen, Bevölkerung und Wirtschaft (1850—1914). In: Forschungs- und Sitzungsberichte der Akademie für Raumforschung und Landesplanung, Bd. 81, Hannover, S. 55—65.
Janz, R. (1937): Grundlinien der strukturellen und konjunkturellen Wirtschafts-Bedeutung der deutschen Eisenbahnen unter besonderer Berücksichtigung der deutschen Reichsbahn. Staats- u. wirtschaftswiss. Diss. Heidelberg.
Jürgensen, H. (Hrsg.) (1967): Entzifferung. Bevölkerung als Gesellschaft in Raum und Zeit. In: Jahrbuch f. Sozialwiss. 18, H. 1/2, Göttingen.
Kaiser, W. (1926): Die Industrialisierung und Proletarisierung der badischen Agrarbevölkerung. Diss. Heidelberg.
— (1933): Die Anfänge der fabrikmäßig organisierten Industrie in Baden. In: Z. f. d. Gesch. d. Oberrheins, 85 (N. F. 46), S. 612—635.

KALTENHÄUSER, J. (1955): Taunusrandstädte im Frankfurter Raum. Rhein-Mainische Forschungen, H. 43, Frankfurt/M.
KANNENBERG, E.-G. (1965): Die Bevölkerungsentwicklung in Baden-Württemberg von 1956—1961. In: Raumforschung u. Raumordnung, 23, S. 24—28.
KARSCH, S. (1955): Die Bevölkerung der Pfalz in den Jahren 1891/4. Beitrag zur Medicinalstatistik. In: Vereinsblatt d. Pfälzer Ärzte, 7, Frankenthal.
KELLER, U. (1961): Die Entwicklung der Industrie in Heidelberg im Rahmen ihrer geographischen und industriellen Voraussetzungen. Diss. Basel.
KEYSER, E. (Hrsg.) (1959): Badisches Städtebuch. Deutsches Städtebuch, 4, 2, Stuttgart.
— (Hrsg.) (1964): Städtebuch von Rheinland-Pfalz und Saarland. Deutsches Städtebuch, 4, 3, Stuttgart.
KIEFER, A. (1902): Die Veränderungen der Volksdichtigkeit im Königreich Bayern von 1840—1895. Leipzig. Diss. Erlangen 1901.
KIRCHGÄSSNER, B. (1968): Merkantilistische Wirtschaftspolitik und fürstliches Unternehmertum: Die dritte kurpfälzische Hauptstadt Frankenthal. In: Beiträge z. pfälz. Wirtschaftsgeschichte, Speyer, S. 99—173.
KISSLING, H. K. (1865): Politisch-statistisch-topographisches Ortslexikon des Großherzogthums Baden, mit historischen und volkswirtschaftlichen Notizen unter steter Berücksichtigung des neuen Organisationsstatus für die Beamten- und Geschäftswelt. Freiburg, Donaueschingen.
KLAER, W. (1963): Das Rhein-Neckar-Gebiet im Spiegel seiner Bevölkerungsentwicklung seit den Anfängen der Industrialisierung (1875—1956). In: Heidelberg u. d. Rhein-Neckar-Lande, Heidelberg, S. 257—283.
KLEIN, E. (1967): Die Anfänge der Industrialisierung Württembergs in der 1. Hälfte des 19. Jahrhunderts. In: Forschungs- u. Sitzungsberichte der Akademie für Raumforschung u. Landesplanung, Bd. 39, S. 83—137, Hannover.
KLÖPPER, R., u. C. RATHJENS (1960): Die wirtschaftsräumlichen Einheiten im Raum Saar-Nahe-Rhein. In: Ber. z. dt. Landeskunde, 25, S. 30—69, Bad Godesberg.
KLUSS, R. (1920): Bahnwanderungen der pfälzischen Arbeiter zwischen Wohn- und Arbeitsort. Beitr. z. Stat. Bayerns, H. 93, München.
KÖLLMANN, W. (1959): Grundzüge der Bevölkerungsgeschichte Deutschlands im 19. und 20. Jahrhundert. In: Studium Generale, 12, S. 38 ff.
— (1965): Bevölkerung und Raum in neuerer und neuester Zeit. Raum u. Bevölkerung in der Weltgeschichte. Bevölkerungs-Plötz, Bd. 4, Würzburg.
— (1967): Zur Bevölkerungsentwicklung ausgewählter deutscher Großstädte in der Hochindustrialisierungsperiode. In: Jahrbuch f. Sozialwiss. 18, S. 129—144 (Nachdruck 1972 in Bevölkerungsgeschichte. Hrsg. von W. KÖLLMANN u. P. MARSCHALCK, S. 259—280).
— (1972): Entwicklung und Stand demographischer Forschung. In: Bevölkerungsgeschichte, 9—17, Köln.
— (1974): Die Bevölkerung Rheinland-Westfalens in der Hochindustrialisierungsepoche. In: Bevölkerung in der industriellen Revolution, Göttingen, 229—249 (1971 erschienen in: VSWG, 58, S. 359 ff.).
— (1974): Bevölkerung in der industriellen Revolution. Studien zur Bevölkerungsgeschichte Deutschlands. Kritische Studien zur Geschichtswissenschaft. Bd. 12, Göttingen.
KÖLLMANN, W., u. P. MARSCHALCK (Hrsg.) (1972): Bevölkerungsgeschichte. Neue wiss. Bibliothek. 54: Geschichte, Köln.
KOLB, G. F. (1831—1835): Statistisch-topographische Schilderung von Rheinbayern. Speyer.
— (1846): Die Steuer-Überbindung der Pfalz gegenüber der übrigen baierischen Kreise. Denkschrift, veranlaßt durch den neuen Gesetzentwurf über „Ausscheidung der Kreislasten von den Staatslasten". Mannheim.
KOLLNIG, K. (1952): Wandlungen im Bevölkerungsbild des pfälzischen Oberrheingebietes. Heidelberger Veröff. z. Landesgesch. u. Landeskunde, 2, Heidelberg.
KRENZLIN, A. (1961): Wesen und Gefüge des rhein-mainischen Verstädterungsgebietes. In: Frankfurter geogr. Hefte, 37, S. 311—387, Frankfurt/M.
KRÜGER, H.-J. (1955): Der Wirtschaftsraum Mannheim-Ludwigshafen. Eine ökonomisch-statistische Untersuchung zum Nachweis des organischen-wirtschaftlichen Raumzusammenhanges. Diss. Mannheim. Beitr. z. Stat. d. Stadt Mannheim, H. 49.
KRUG, Fr. (1915): Das Baugewerbe in Mannheim in Vergangenheit und Gegenwart. Tübinger staatswiss. Abh. N. F. 7, Berlin.
KUCZYNSKI, J. (1961): Darstellung der Lage der Arbeiter in Deutschland von 1789 bis 1849. Bd. 1. Berlin.

KÜHNE, I. (1966): Wirtschafts- und sozialgeographische Wandlungen im Hinteren Odenwald während des 19. Jahrhunderts. Die Entstehung eines Notstandsgebiets und seine Sanierung. In: Heidelberger Studien zur Kulturgeographie = Heidelberger geogr. Arbeiten, 15, S. 360—374, Wiesbaden.
KUHN, Th. S. (1973): Die Struktur wissenschaftlicher Revolution. Suhrkamp Taschenbuch Wissenschaft 25.
KUNKLER, H. (1937): Die Entwicklung des Verkehrs und der Wirtschaft am Oberrhein. Diss. Wien.
KUNTZEMÜLLER, A. (1940): Die badischen Eisenbahnen 1840—1940. Oberrhein. geogr. Abh. H. 3, Freiburg i. Br.
LANGE, G. (1912): Bevölkerungsstatistik. In: Das Großherzogtum Baden. 2. Aufl., Bd. 1, S. 348 bis 436.
LAUTENSCHLAGER, F. (1915): Die Agrarunruhen in den badischen Standes- und Grundherrschaften im Jahre 1848. In: Heidelberger Abh. z. mittleren u. neueren Geschichte, 46.
LOEST, P. (1967): Die Kulturlandschaft im südöstlichen Rhein-Neckar-Raum. Untersuchungen eines Profilbandes vom Rhein zum Kraichgau. In: Forschungs- u. Sitzungsberichte der Akademie f. Raumforschung und Landesplanung, 33, 39—56, Hannover.
LOSCH, H. (1903): Die Ergebnisse der Volkszählung vom 1. Dezember 1900 für das Königreich Württemberg. In: Württ. Jahrbücher f. Stat. u. Landeskunde, Jg. 1902, S. 177—180, Stuttgart.
LUDWIG, J. (1914): Die polnischen Sachsenjungen in der badischen Landwirtschaft und Industrie. Diss. Heidelberg.
MACKENROTH, G. (1972): Bevölkerungslehre. Theorie, Soziologie u. Statistik der Bevölkerung. Enzyklopädie d. Rechts- u. Staatswiss., Berlin, Göttingen.
Mannheim. Statistischer Jahresbericht. Hrsg. vom Stat. Amt d. Stadt Mannheim. 70 ff., 1967 ff., Mannheim.
Mannheimer Statistisches Taschenbuch. Hrsg. vom Stat. Amt d. Stadt Mannheim. 3. Ausgabe, Mannheim 1931.
MARSCHALCK, P. (1970): Deutsche Überseewanderung im 19. Jahrhundert. Ein Beitrag zur soziologischen Theorie der Bevölkerung. Diss. rer. soc. Bochum. Industrielle Welt, Bd. 14, Stuttgart 1973.
MARX, S. (1923): Die Gestaltung der Industriestadt Ludwigshafen a. Rh. mit besonderer Berücksichtigung der Wohnungs- und Siedelungsfrage. Diss. Heidelberg, Ms.
MATTHES, W. (1971): Weinheim a. d. B. — Eine physiognomisch-funktionale u. sozialgeogr. Gliederung d. Stadt. Zulassungsarbeit Geogr. Inst. d. Univ. Mannheim, Ms.
MATZ, K.-L. (1974): Raumbezogenes und raumwirksames Verhalten der ausländischen Arbeitnehmer am Beispiel Ludwigshafen-Oggersheim. Zulassungsarbeit Geogr. Inst. d. Univ. Heidelberg, Ms.
MAY, L., u. TH. ZINK (1913): Das Wirtschaftsleben der Pfalz in Vergangenheit und Gegenwart. München.
MAYR, G. (1875): Die bayerische Bevölkerung nach Geschlecht, Alter und Civilstand auf Grund der Volkszählung von 1871. Beitr. z. Stat. von Bayern, H. 31, München.
— (1876): Die bayerische Bevölkerung nach der Gebürtigkeit. Beitr. z. Stat. von Bayern, H. 32, München.
MERK, E. (1956): Heimatbuch für das zwölfhundert Jahre alte Weindorf Erpolzheim. Dürkheim.
— (1960): Das Wein- und Obstbaudorf Weisenheim am Sand. Weisenheim.
METZ, F. (1925): Die Oberrheinlande. Breslau.
— (1926): Die ländlichen Siedlungen Badens. I. Das Unterland. Badische geogr. Abh. Bd. 1, Karlsruhe.
— (1929): Die Rheinlande als Auswanderungsgebiet. In: Rheinische Schicksalsfragen, 27/28, 53 bis 73, Berlin.
— (1935): Baden als Oberrheinland. Berlin.
MICHEL, G. K. (1930): Die Entwicklung der Bevölkerung und ihrer beruflichen Gliederung im südlichen Starkenburg in den letzten 150 Jahren. Arbeiten d. Anstalt f. Hessische Landesforschung a. d. Univ. Giessen, Geogr. Reihe, 7.
Mitteilungen der Großherzoglich Hessischen Zentralstelle für Landesstatistik, 41, Darmstadt 1911.
Möglichkeiten zur Verbesserung der regionalen Wirtschaftsstruktur in der westlichen und südlichen Pfalz. Bonn 1965.
MÖNKMEIER, W. (1912): Die deutsche überseeische Auswanderung. Diss. Tübingen.
MONHEIM, F. (1961): Agrargeographie des Neckarschwemmkegels. Histor. Entwicklung u. heutiges Bild einer kleinräumig differenzierten Agrarlandschaft. Heidelberger geogr. Arbeiten, H. 5, Heidelberg.

MUSALL, H. (1969): Die Entwicklung der Kulturlandschaft der Rheinniederung zwischen Karlsruhe und Speyer vom Ende des 16. bis zum Ende des 19. Jahrhunderts. Heidelberger geogr. Arbeiten, H. 22, Heidelberg.
NELLNER, W. (1969): Die Entwicklung der inneren Struktur und Verflechtung in Ballungsgebieten — dargestellt am Beispiel der Rhein-Neckar-Agglomeration. Veröff. d. Akademie für Raumforschung u. Landesplanung, Beiträge, Bd. 4, Hannover.
NEUMANN, L. (1892): Die Volksdichte im Großherzogtum Baden. Eine anthropogeogr. Untersuchung. Forsch. z. dt. Landes- u. Volkskunde, Bd. 7, 1, S. 1—272, Stuttgart.
NEUNDÖRFER, L. (1939): Die Wirtschaft des Heidelberger Raumes. In: Heidelberg und das Neckartal (Hrsg.: Badische Heimat), S. 458—462, Freiburg i. Br.
NITZ, H.-J. (1963): Entwicklung und Ausbreitung planmäßiger Siedlungsformen bei der mittelalterlichen Erschließung des Odenwaldes, des nördlichen Schwarzwaldes und der badischen Hardt-Ebene. In: Heidelberg und die Rhein-Neckar-Lande, S. 210—235.
NOVAK, H. (o. J.): Die Wirtschaft der Vorderpfalz und Perspektiven ihrer Entwicklung. Schriften d. Kommunalen Arbeitsgemeinschaft Rhein-Neckar, Heft 2.
ONDERZOEK middengebied Randstad. Rapport 1, 1972. Geogr. Inst. Rijksuniversiteit Utrecht.
Ortsverzeichnis für das Großherzogtum Baden auf Grund der Volkszählung vom 1. 12. 1905. Stat. LA Karlsruhe 1911.
OTREMBA, E. (1950): Veränderungen im Bilde der deutschen Kulturlandschaft. In: Ber. z. dt. Landeskunde, Bd. 8, S. 23—45 u. S. 260—277, Stuttgart.
OVERBECK, H. (1963): Die Stadt Heidelberg und ihre Gemarkung im Spiegel der Wandlungen ihrer Funktionen, insbesondere seit dem 19. Jahrhundert. In: Heidelberg und die Rhein-Neckar-Lande, S. 74—111, Heidelberg.
OVERBECK, H., H. HELLWIG, U. HÖGY u. H.-J. NÄUMANN (1967): Die zentralen Orte und ihre Bereiche im nördlichen Baden und seinen Nachbargebieten. In: Ber. z. dt. Landeskunde, Bd. 38, S. 73—133.
Pendelwanderung und Arbeitszentren in Rheinland-Pfalz im Jahre 1961. Hrsg. Stat. LA Rheinland-Pfalz Bad Ems 1965. Stat. von Rheinland-Pfalz, Bd. 113.
PETER, A. VON (1955): Die Förderbezirke in Nordbaden. Eine Untersuchung von Bevölkerung und Arbeitsmarkt unter besonderer Berücksichtigung der Heimatvertriebenen. o. O.
PETER, H. (1910): Wert und Preis unbebauter Liegenschaften in der modernen Großstadt. Dargestellt auf Grund der Verkäufe unbebauter Liegenschaften in Mannheim 1895—1906. Karlsruhe.
PFEIFFER, H. (1909): Die Zusammensetzung der Bevölkerung des Großherzogtums Baden nach der Gebürtigkeit auf Grund der Volkszählung vom 1. Dezember 1900. Diss. Freiburg i. Br. = Forsch. z. dt. Landes- u. Volkskunde, Bd. 18, 3, Stuttgart.
PLEWE, E. (1955): Zur Frage der wirtschaftlichen Verflechtung der Pfalz. In: Kurpfalz, 6, 4—9.
— (1959): Landschaft und Wirtschaft am mittleren Oberrhein. In: Der kurpfälzische Raum in Geschichte u. Gegenwart, 1—17.
— (1963): Mannheim-Ludwigshafen. In: Heidelberg und die Rhein-Neckar-Lande, S. 126—153, Heidelberg.
— (1965): Zum Problem der sozialgeographischen Gliederung der Vorderpfalz. In: Ber. z. dt. Landeskunde, Bd. 35, S. 311—320.
RAAB, J. (1943): Die Pendelwanderung in Bayern nach der Volks- und Berufszählung 1939. Beitr. z. Stat. von Bayern, Bd. 133, München.
RAU, K. H. (1830): Über die Landwirtschaft der Rheinpfalz und insbesondere in der Heidelberger Gegend. Heidelberg.
— (1860): Die Landwirtschaft der Heidelberger Gegend. Festschrift f. d. Mitglieder d. 21. Vers. dt. Land- u. Forstwirte. Heidelberg.
REBMANN, E., GOTHEIN, E., u. E. VON JAGEMANN (Hrsg.): Das Großherzogtum Baden in allgemeiner, wirtschaftlicher und staatlicher Hinsicht dargestellt. 2. Aufl. Bd. 1, Karlsruhe.
Die regionale Bevölkerungsprognose. Methoden u. Probleme. Forschungs- u. Sitzungsberichte der Akademie für Raumforschung und Landesplanung, Bd. 29, Hannover 1965.
Die Religionszugehörigkeit der Bevölkerung in Baden nach der Volkszählung vom 16. Juni 1925. Bearb. im Badischen Stat. LA, Karlsruhe 1926.
Richtwerte für die künftige Entwicklung von Bevölkerung und Arbeitsplätzen in den Regionen Baden-Württemberg. Schreiben d. Innenministers des Landes Baden-Württ. vom 14. Mai 1975.
RIEHL, W. H. (1907): Die Pfälzer. Ein rheinisches Volksbild. 3. Aufl. Stuttgart u. Berlin.
RITTMAYER, O. (1929): Die siedlungs- und wirtschaftsgeographischen Verhältnisse des Odenwaldes. Badische geogr. Abh., H. 4, Karlsruhe.

Röhm, H. (1957): Die Vererbung des landwirtschaftlichen Grundeigentums in Baden-Württemberg. Forsch. z. dt. Landeskunde, Bd. 102, Remagen.
Roth, F. J., u. H. Peter (1912): 25 Jahre Wohnungsaufsicht in Mannheim (1887—1912). Beitr. z. Stat. d. Stadt Mannheim, H. 28, Mannheim.
Ruderer, K. (1972): Untersuchungen zur Struktur der Ludwigshafener Innenstadt. Zulassungsarbeit Geogr. Inst. d. Univ. Heidelberg, Ms.
Rudolph, M. (1925): Die Rheinebene um Mannheim und Heidelberg. Eine Siedlungs- u. Kulturgeographie. Heidelberg.
Schaab, M. (1963): Die Sozialstruktur der Gemeinden des pfälzischen Unterneckarlandes im 18. Jahrhundert. In: Heidelberg u. die Rhein-Neckar-Lande, S. 236—256, Heidelberg.
Schaechterle, K. (1971/72): Verkehrsuntersuchung Rhein-Neckar. Verkehrsanalyse. Bd. 1—3.
Schaefer, K. (1898): Nördliche Vorderpfalz. Dürkheim.
Schäller, G. (1957): Die Entwicklungstendenz der Bevölkerungsverteilung in Baden-Württemberg seit 1950 in der Sicht der Landesplanung. In: Jahrbücher f. Stat. u. Landeskunde von Baden-Württ., 3, S. 53—61, Stuttgart.
— (1965): Entwicklungstendenzen der Bevölkerungs- und Industrieverteilung in Baden-Württemberg, dargestellt für drei Entwicklungsepochen zwischen 1950 und 1964. In: Informationen d. Inst. f. Raumforsch., 15, S. 283—296, Bad Godesberg.
Schaffer, F. (1968): Untersuchungen zur sozialgeographischen Situation und regionalen Mobilität in neuen Großwohngebieten am Beispiel Ulm-Eselsberg. Münchener geogr. Hefte, 32, Kallmünz/Regensburg.
Schenk, R. (1914): Zur Oberflächengestaltung und Siedlungskunde des hessischen Rieds. Diss. Marburg.
Scheu, E. (1950): Geographische, wirtschafts-, verkehrs- und sozialpolitische Gesichtspunkte für die Länderreform. In: Die Bundesländer, Beiträge zur Neugliederung der Bundesrepublik Deutschland, 17—48, Frankfurt a. M.
Schmerbeck, R. (1954): Die Landwirtschaft im hinteren Odenwald in der 1. Hälfte des 19. Jahrhunderts. Diss. Freiburg, Ms.
Schmezer, A. (1883): Bericht über die landwirtschaftlichen Verhältnisse der Gemeinde Sandhausen, Amtbezirk Heidelberg. In: Erhebungen über die Lage der Landwirtschaft im Großherzogtum Baden, Bd. 1.
Schmidt, H. (1928): Mannheim. Heidelberg.
Schmidt, W. (1973): Die Bevölkerungsentwicklung im Landkreis Mosbach 1950—1970. Zulassungsarbeit Geogr. Inst. d. Univ. Heidelberg, Ms.
Schmitt, F. (1911): Die Bevölkerungsbewegung der badischen Amtsbezirke Adelsheim und Buchen in den Jahren 1895—1905 und ihre Ursachen. Diss. Heidelberg.
Schmitt, H. (1933): Die Industriegebiete des nördlichen Baden. Stuttgarter geogr. Studien, Bd. 35/36, Stuttgart.
Schneckenberger, K.-H. (1972): Der Kreis Sinsheim im Spiegel der Statistik. In: Kraichgau, 3, S. 11—34, Sinsheim.
— (1973): Der Landkreis Sinsheim. Untersuchungen über Bevölkerungs-Entwicklung, -Verteilung, -Bewegung und -Struktur im Raume des (ehemaligen) Landkreises Sinsheim, vielfach mit Einbeziehung benachbarter Gebiete; unter Einsatz der elektronisch geführten Regionaldatenbank. Zulassungsarbeit Geogr. Inst. d. Univ. Heidelberg, Ms.
Schnelle, F. (1967): Zum Klima des Modellgebietes. Groß- und lokalklimatische Temperaturverhältnisse — Phänologische Verhältnisse. In: Forschungs- und Sitzungsberichte d. Akademie f. Raumforsch. u. Landesplanung, 33, 97—122, Hannover.
Schott, S. (1900): Die industrielle Entwicklung Mannheims seit 1896. Beitr. z. Stat. d. Stadt Mannheim, Nr. 6, Mannheim.
— (1901): Die Ergebnisse der Volkszählung vom 1. Dezember 1900. Beitr. z. Stat. d. Stadt Mannheim, Nr. 7, Mannheim.
— (1905): Die Gebürtigkeit der Mannheimer Bevölkerung. Beitr. z. Stat. d. Stadt Mannheim, Nr. 14, 1. Abt., Mannheim.
— (1906): Der Mannheimer Wohnungsmarkt Ende November 1906. Beitr. z. Stat. d. Stadt Mannheim, Nr. 17, Mannheim.
— (1907): Der Mannheimer Wohnungsmarkt Ende November 1907. Beitr. z. Stat. d. Stadt Mannheim, Nr. 18, Mannheim.
— (1908): Der Mannheimer Wohnungsmarkt Mitte November 1908. Beitr. z. Stat. d. Stadt Mannheim, Nr. 19, Mannheim.
— (1929/1957): Die großstädtischen Agglomerationen des Deutschen Reiches 1871—1910, 1912. In: Mannheim, Bilder, Zahlen, Sorgen u. Wünsche; 1957: In: S. Schott: Ausgewählte Schriften, 101—132.

— (1957): Ausgewählte Schriften. Hrsg.: Stadtverw. Mannheim. Beitr. z. Stat. d. Stadt Mannheim, H. 52, Mannheim.
Schrank, B. (1971): Die Entwicklung der Bevölkerungsstruktur der Stadt Mannheim differenziert nach Stadtbezirken. Zulassungsarbeit Geogr. Inst. d. Univ. Heidelberg, Ms.
Schreiber, R. (1954): Grundlagen eines Pfälzer Gemeinschaftsbewußtseins im 19. Jahrhundert. (Vortrag, berichtet durch K. Lutz). In: Pfälzer Heimat, 5, S. 80—81 und S. 111—112, Speyer.
Schreibmüller, H. (1916): Bayern und Pfalz 1816—1916. Kaiserslautern.
Schrepfer, H. (1928): Landeskunde des Freistaates Baden. Leipzig.
Schüle, A. (1954): Die Gebietsordnung im Rhein-Neckar-Raum unter dem Gesichtspunkt ihrer wirtschaftlichen Zweckmäßigkeit. In: Mannheimer Hefte, 4, S. 17—22, Mannheim.
Schütte, W., E. W. Buchholz u. W. Köllmann (1953): Die Sozialplanung als eine Grundlage der Landesplanung. Diskussionsbeitrag. In: Raumforschung u. Raumordnung, 11, S. 93—97.
Schultes, W. (1972): Politisch-geographische Aspekte des Stadt-Umland-Problems im Raum Mannheim-Heidelberg. Ein Beitrag zur empirischen Infrastrukturforschung. Berlin.
Schultze, J.-H. (1967): Die geographische Struktur des Modellgebietes in den Rhein-Neckar-Landen. In: Die Ansprüche der modernen Industriegesellschaft an den Raum, Teil 1, S. 1—28 = Forschungs- u. Sitzungsberichte d. Akademie f. Raumforsch. u. Landesplanung, Bd. 33, Hannover.
Schulz, Ch. (1974): Die Bevölkerungsverhältnisse Ludwigshafens als Ausdruck der innerstädtischen Entwicklung, dargestellt an den Stadtteilen der Stadt. Zulassungsarbeit Geogr. Inst. d. Univ. Heidelberg, Ms.
Schwartz, Ph. (1933): Bevölkerungsbewegung in Bayern 1931 und 1932. In: Zs Bayer. Stat. LA, Jg. 65, 105—136.
Schwarz, K. (1969): Analyse der räumlichen Bevölkerungsbewegung. Veröff. d. Akademie für Raumforschung und Landesplanung, Abh. Bd. 58, Hannover.
Siebler, W. (1959): Die historisch-politische Entwicklung im kurpfälzischen Raum bis zum Ende der Monarchie. In: Der kurpfälzische Raum in Geschichte und Gegenwart, S. 19—47.
Silbernagel, B. (1974): Der Einfluß der Eisenbahn auf die Entwicklung einer Region — dargestellt an Beispielen aus dem Rhein-Neckar-Raum. Zulassungsarbeit Geogr. Inst. d. Univ. Heidelberg, Ms.
Spitzer, H. (1974): Die Ansprüche der modernen Industriegesellschaft an den Raum, dargestellt an Beispielen der Landwirtschaft im Modellgebiet Rhein-Neckar. In: Forschungs- u. Sitzungsberichte d. Akad. f. Raumforsch. u. Landesplanung, Bd. 90, S. 1—54, Hannover.
Stacey, M. (1969/74): Totalität: Ein Mythos in Gemeindestudien. In: Materialien zur Siedlungssoziologie. Hrsg. von P. Atteslander u. B. Hamm, Köln, 1974, S. 77—87.
Die Stadt- und Landkreise Heidelberg und Mannheim. Amtliche Kreisbeschreibung. Hrsg. von d. Staatl. Archivverwaltung Baden-Württemberg in Verbindung mit den Städten u. Landkreisen Heidelberg u. Mannheim. Bd. 1—3, Karlsruhe 1966—1970. Die Stadt- und Landkreise in Baden-Württemberg.
Statistik des Deutschen Reiches. Bd. 151. Berlin 1903.
Statistische Berichte des Hessischen Statistischen Landesamtes: Ausgewählte Strukturdaten über die Wohnbevölkerung in den Gemeinden des Landkreises Bergstraße. Volkszählung 1970—1/132 vom 28. 10. 1971. Wiesbaden.
Statistische Berichte der Volkszählung 1961. Stat. Landesamt Rheinland-Pfalz, Bad Ems 1962.
Statistischer Jahresbericht der Stadt Mannheim. Hrsg.: Stat. Amt Mannheim. 60 ff., 1957 ff., Mannheim.
Statistisches Jahrbuch für das Deutsche Reich. Berlin 1935.
Statistisches Jahrbuch für die Bundesrepublik Deutschland. Hrsg.: Stat. Bundesamt Wiesbaden. Stuttgart 1971.
Statistisches Jahrbuch für das Land Baden. Hrsg. vom Badischen Stat. Landesamt. 34. Jg. 1930; 44. Jg. 1938, Karlsruhe.
Statistische Mitteilungen des Großherzogtums Baden. Bd. 3, 1880—83.
Statistische Mitteilungen des Kaiserl. Statistischen Amtes Berlin 1882 ff., Berlin.
Stein, F. (1951): Der Verkehrsraum Mannheim-Ludwigshafen. Diss. Mannheim.
Steinberg, H. G. (1967): Methoden der Sozialgeographie und ihre Bedeutung für die Regionalplanung. Beiträge zur Raumplanung, Bd. 2, Köln, Berlin, Bonn, München.
Steinlein, W., Esch, P., u. H. C. Recktenwald (1956): Die gewerbliche Wirtschaft in Rheinland-Pfalz. Tranthein über Darmstadt.
Sturm, H. (1967): Die pfälzischen Eisenbahnen. Veröff. d. Pfälz. Ges. z. Förderung d. Wiss. in Speyer, Bd. 53, Speyer.

Tausend Jahre Marktrecht Stadt Wiesloch. Hrsg. von der Stadt Wiesloch 1965.
Tharun, E. (1975a): Bemerkungen zur Lage gehobener Wohnviertel im städtischen Raum. Rhein-Mainische Forschungen, 80, Frankfurt/M.
— (1975b): Die Planungsregion Untermain — Zur Gemeindetypisierung und inneren Gliederung einer Verstädterungsregion. Rhein-Mainische Forschungen, H. 81, Frankfurt/M.
Tolxdorff, L. A. (1961): Der Aufstieg Mannheims im Bilde seiner Eingemeindungen (1895—1930). Veröff. d. Wirtschaftshochschule Mannheim, Reihe 1, Abh. Bd. 9, Stuttgart.
Traband, A. (1966): Villes du Rhin. Strasbourg et Mannheim-Ludwigshafen. Etude de géographie comparée. Publ. de la Fac. des Lettres de l'Univ. de Strasbourg, Fondation Baulig, T. 5, Paris.
Trautwein, A. (1892) Geschichte Neu-Lußheims und seiner Kirche. Zugleich ein Beitrag zur Entwicklungsgeschichte der einheimischen Tabakindustrie. Schwetzingen.
Tuckermann, W. (1927): Mannheim-Ludwigshafen. In: Beiträge zur oberrheinischen Landeskunde. Berlin.
Übersicht über die Auswanderung im Großherzogtum Baden in den Jahren von 1840 bis mit 1855. Beiträge zur Statistik der Inneren Verwaltung, H. 5, Carlsruhe 1857.
Uhlig, C. (1899): Die Veränderungen der Volksdichte im nördlichen Baden 1852—1895. In: Forsch. z. dt. Landeskunde u. Volkskunde, 11, 4.
Unbehend, E. (1922): Die Auswanderung aus der Rheinpfalz seit dem Beginn des 19. Jahrhunderts. Diss. Staatswiss. Würzburg, Ms.
Ungern-Sternberg, R. von, u. H. Schubell (1950): Grundriß der Bevölkerungswissenschaft (Demographie). Stuttgart.
Vanberg, M. (1971): Kritische Analyse der Wanderungsforschung in der Bundesrepublik Deutschland. Berlin.
Vertikale Mobilität und Immobilität in der Bundesrepublik Deutschland. Mitt. a. d. Inst. f. Raumforsch. H. 75, Bonn-Bad Godesberg 1972.
Verzeichnis der Gemarkungen und Gemeinden des Großherzogtums Hessen mit Angaben der ortsanwesenden Bevölkerung nach der Zählung vom 3. Dezember 1861. Mitt. d. Zentralstelle f. d. Landesstatistik. In: Notizbl. d. Ver. f. Erdkunde zu Darmstadt, Jg. 1862; 1. Dezember 1895, ebenda 1896; 1. Dezember 1910, ebenda 1911.
Vestner, E. (1962): Die räumliche Struktur und die Standorte der Industrie des Landes Baden-Württemberg. Ein Beitrag zur Industriestandortkarte des Statistischen Landesamtes, In: Jahrb. f. Stat. u. Landeskunde von Baden-Württ., 7, 5—20, Stuttgart.
Voigt, F. (1955): Die Einwirkung der Verkehrsmittel auf die wirtschaftliche Struktur eines Raumes — dargestellt am Beispiel Nordbayerns. In: Die Nürnberger Hochschule im fränkischen Raum, 107—148, Nürnberg.
— (1959): Die gestaltende Kraft der Verkehrsmittel in wirtschaftlichen Wachstumsprozessen. Bielefeld.
Vorlaufer, K. (1975): Bodeneigentumsverhältnisse und Bodeneigentümergruppen im Cityerweiterungsgebiet Frankfurt/M.-Westend. Frankfurter wirtschafts- u. sozialgeogr. Schriften, H. 18, Frankfurt/M.
Vowinckel, R. (1939): Ursachen der Auswanderung, gezeigt an badischen Beispielen aus dem 18. und 19. Jahrhundert. Vierteljahrsschrift f. Sozial- u. Wirtschaftsgesch., Beiheft 37, Stuttgart-Berlin.
Wadler, A. (1912): Bayern und seine Gemeinden unter dem Einfluß der Wanderungen während der letzten 50 Jahre. Beitr. z. Stat. Kgr. Bayern, H. 69, München.
Wagner, B. (1973): Untersuchung von Weinheim und seiner Innenstadt unter besonderer Berücksichtigung der Geschäftsfunktionen. Zulassungsarbeit Geogr. Inst. d. Univ. Heidelberg, Ms.
Walli, P. F. (1906): Die Dezentralisation der Industrie und der Arbeiterschaft im Großherzogtum Baden und die Verbreitung des Mehrfamilienhauses (Mietskaserne) auf dem Lande. Volkswirtschaftl. Abh. d. Badischen Hochschulen, Bd. 7, Erg. Bd. 4, Karlsruhe.
Wallschmitt, F. (1904): Der Eintritt Badens in den Deutschen Zollverein. Diss. Heidelberg.
Walter, F. (1907): Mannheim in Vergangenheit und Gegenwart. 3 Bde. Mannheim.
Weigand, K. (1956): Rüsselsheim und die Funktion der Stadt im Rhein-Main-Gebiet (mit bes. Berücksichtigung der Pendelwanderung). Rhein-Mainische Forschungen, H. 44, Frankfurt/M.
Wirth, H. (1956): Die Abwanderung aus der Landwirtschaft in Baden-Württemberg. Umfang, Ursachen u. Wirkungen. In: Jahrb. f. Stat. u. Landeskunde von Baden-Württ., 2, 2, S. 119 bis 196, Stuttgart.
Witzenhausen, A. (1914): Die Deckung des Milchbedarfs der Stadt Mannheim. Diss. Heidelberg.
Wörishoffer, F. (1890): Die sociale Lage der Cigarrenarbeiter im Großherzogthum Baden. Karlsruhe.

— (1891): Die sociale Lage der Fabrikarbeiter in Mannheim und dessen nächster Umgebung. Karlsruhe.
Wohnbevölkerung, Erwerbspersonen, Auspendler und Privathaushalte in den Gemeinden. Ergebnisse der Volks- u. Berufszählung vom 6. Juni 1961. Stat. Berichte d. Stat. LA Baden-Württ., Bevölkerung u. Kultur. AO-Volkszählung 1961—62. Sept. 1963, Stuttgart.
Wohnbevölkerung, Erwerbstätige und Privathaushalte in den Gemeinden Baden-Württembergs. Stat. Berichte. Bevölkerung und Kultur vom 30. 12. 1971, Stuttgart.
Wohnplatzverzeichnis für den Landesbezirk Baden (Nordbaden). Stat. LA Karlsruhe, Karlsruhe 1949.
Wohnungswesen und Bevölkerungsbewegung in der Saarpfalz. In: Dt. Wirtschaft, Wirtschaftszeitung f. d. Gau Saar-Pfalz, Jg. 3, 1936, S. 412.
WUNDER, F. E. (1914): Die Versorgung der Mannheimer Industrie mit auswärts wohnenden Arbeitern. Diss. Heidelberg.
WYSOCKI, J. (1968): Die pfälzische Wirtschaft von den Gründerjahren bis zum Ausbruch des Ersten Weltkrieges. In: Beiträge z. pfälz. Wirtschaftsgeschichte, 211—251 = Veröff. d. Pfälz. Ges. z. Förderung d. Wiss. in Speyer, Bd. 58, Speyer.
Zehn Jahre Heimatvertriebenen Wirtschaft Rheinland-Pfalz. Boppard 1961.
Ziffernmäßige Belege zur wirtschaftlichen Entwicklung und Bedeutung der Rheinpfalz. Ludwigshafen 1913.
ZINK, A. (1954): Die pfälzische Auswanderung des 19. Jahrhunderts im Lichte des pfälzischen Wirtschaftslebens. In: Pfälzer Heimat, Jg. 5, S. 56—60, Speyer.
ZWIEDINECK-SÜDENHORST, O. VON (1905): Über Gebürtigkeit und Wanderungen in Baden. Festgabe für F. J. Neumann. Tübingen.

Wandlungen in der räumlichen Struktur der Standortqualitäten durch die öffentlichen Finanzen im Mittel- und Südteil des Modellgebietes*)

von

Klaus-Achim Boesler, Bonn,
und
Wolfgang Schultes, Mannheim

I. Einleitung:
Spezielle methodische Überlegungen für den Mittel- und Südteil des Modellgebietes

Die Untersuchung der Beziehungen zwischen Standortansprüchen und Veränderungen der Standortqualitäten sind nach dem gegenwärtigen Kenntnisstand nicht auf einen auch nur annähernd allgemeingültigen Bewertungsmaßstab zu begründen. Diese Feststellung gilt auch für die Veränderungstendenzen, die von den öffentlichen Finanzen, insbesondere der öffentlichen Ausgabenpolitik, ausgehen. Die Ausdehnung unserer im „Nordprofil" des Modellgebietes begonnenen Untersuchung[1] auf dessen mittlere und südliche Teile bedeutet daher eine teilweise Veränderung der Fragestellung. Die Veränderung der Standortqualitäten durch die kommunale Infrastrukturproduktion ist im Kern des Verdichtungsraumes und seinen unmittelbaren Randbereichen viel stärker vor dem Hintergrund der *funktionsräumlichen Standortdifferenzierung* über die kommunalen Grenzen hinaus zu sehen. Ein kommunales Gemeinwesen im engeren Verdichtungsraum ist offensichtlich nicht aufzufassen als *ein* Funktionsraum, in dem gewohnt, gearbeitet, versorgt und verwaltet wird; es besteht auch keine klare Einordnung der Gemeinden in ein räumlich-hierarchisches System der zentralen Orte. Vielmehr ist tendenziell eine Spezialisierung der Standortansprüche in einzelnen Gemeinden in einem größeren funktionsräumlichen Zusammenhang zu beobachten. Das heißt aber für unsere Fragestellung, daß sowohl der Bedarf an Infrastruktureinrichtungen, gemessen an der Größe der Wohnbevölkerung — d. h. das Soll an Sachleistungen — als auch die zu seiner Finanzierung erforderliche Finanzmasse — d. h. das Soll der finanziellen Leistungen — aufgrund dieser spezifischen Bedingungen eines Verdichtungsraumes zu beurteilen sind.

Insbesondere die Diskussion des Bundesraumordnungsprogramms hat gezeigt, daß es wenig sinnvoll ist, aus einem regionalen Vergleich der Infrastrukturausstattung des ge-

---

*) Die Karten 1—5 befinden sich in einem gesonderten Kartenband gleicher Band- und Bestell-Nr.
[1] K.-A. BOESLER: Wandlungen in der räumlichen Struktur der Standortqualitäten durch die öffentlichen Finanzen im Nordteil des Modellgebietes. In: Die Ansprüche der modernen Industriegesellschaft an den Raum (2. Teil) — dargestellt am Beispiel des Modellgebietes Rhein-Neckar — Forschungs- u. Sitzungsberichte der Akademie für Raumforschung und Landesplanung, Bd. 74, Raum u. Natur 2, Hannover 1972, S. 31—80.

samten Bundesgebietes direkt auf Disparitäten in den Lebensbedingungen und damit auf einen regionalen Infrastrukturbedarf zu schließen. Vielmehr bedarf es offensichtlich eines nach Regionstypen differenzierten Konzeptes zur Bestimmung des regionalen Versorgungsniveaus mit Infrastruktureinrichtungen, da aufgrund einer Reihe sozial- und siedlungsgeographischer Faktoren in den Verdichtungsgebieten andere Infrastrukturansprüche bestehen als in den ländlichen Gebieten und in verhältnismäßig ausgeglichenen Gebietseinheiten. Diese Faktoren bestehen im Bereich der Siedlungsstruktur aber auch in der Bevölkerungsstruktur (Haushaltsgröße, Geschlechterproportionen, Altersstruktur, Geburtenhäufigkeit) sowie in der Erwerbsstruktur (Berufs- und Bildungsstrukturen, Erwerbsververhältnisse). „Die Versorgungsniveaus der Gebietseinheiten bzw. ihre Versorgungsdefizite (Fehlbestand an Infrastruktureinrichtungen in Prozent des Bedarfs) werden somit nicht — wie im Bundesraumordnungsprogramm — an Normen gemessen, die für alle Gebietseinheiten einheitlich sind, sondern abgestuft jeweils für Verdichtungsgebiete, Mischgebiete und ländliche Gebiete definiert sind."[2])

In diesem Zusammenhang muß in unsere Fragestellung die Überlegungen einbezogen werden, inwieweit im Untersuchungsgebiet das Gesetz Gültigkeit hat, daß die zunehmende Bevölkerungsdichte eines Raumes sowohl einleitend hohe Investitionen aus öffentlichen Mitteln als auch hohe Folgelasten als im Gesamtdurchschnitt eines Gebietes bedingt. Hierauf wird in allen wissenschaftlichen Untersuchungen über die regionalen Unterschiede in den Pro-Kopf-Ausgaben der Gebietskörperschaften hingewiesen. Am bekanntesten wurde in diesem Zusammenhang die Untersuchung von A. BRECHT, 1932[3]), die z. T. auf den Arbeiten von Schmölders aufbauten[4]) und zur Formulierung des „Gesetzes der progressiven Parallelität zwischen Ausgaben und Bevölkerungsmassierung" führte[5]). Solche zwangsläufigen Ausgaben, die ein Verdichtungsprozeß auszulösen pflegt, entstehen beispielsweise auf den Gebieten der Abwasser- und Müllbeseitigung, der Reinhaltung der Luft, vor allem aber auf dem Gebiet des mit jeder Verdichtung rasch anwachsenden Nahverkehrs.

Die Gefahr unabsehbarer Folgelasten wird um so größer, je mehr ein Verdichtungsraum in seiner Wohnbevölkerungszahl, in der Zahl seiner Arbeitsstätten und in seiner Flächenausdehnung wächst. Schreitet nämlich im Kern eines Verdichtungsraumes die Konzentration von Industrie und Gewerbe, aber auch von zentralen Verwaltungsstellen und Einrichtungen des kulturellen Bereichs, ungehemmt fort, so wird von einem bestimmten Punkt der Entwicklung ab das optimale Verhältnis von Erfolg und Aufwand überschritten. Man kann also hier ein „Gesetz des abnehmenden Ertragszuwachses", d. h. einer relativ verminderten Erhöhung der Standortqualität bei einem gleichzeitigen Steigen der kommunalen Ausgaben für die Infrastrukturproduktion feststellen.

Darüber hinaus weist die Literatur darauf hin, daß die Folgelasten des Verdichtungsprozesses rascher zu wachsen beginnen als die Wirtschafts- und Steuerkraft des Verdichtungsraumes.

Wohl mag die Steuerleistung eines solchen Raumes noch weiter steigen, aber was nützt das schon, wenn dieser Erfolg von dem zunehmend dringlicher werdenden Bedarf an

---

[2]) „Noch immer große Unterschiede in der regionalen Infrastrukturversorgung" (Deutsches Institut f. Wirtschaftsforschung, Wochenbericht 24/75, vom 12. 6. 1975, S. 289).
[3]) A. BRECHT: Internationaler Vergleich der öffentlichen Ausgaben. In: Grundfragen der internationalen Politik, Heft 2, Leipzig u. Berlin 1932.
[4]) G. SCHMÖLDERS: Analyse der kommunalen Finanzwirtschaft. In: Reichsverw.Blatt, Bd. 52, 1931, S. 427.
[5]) A. BRECHT, a. a. O., S. 6.

weiteren Gemeinschaftseinrichtungen mehr als aufgezehrt wird?[6]) Diese Feststellungen gelten sicherlich nicht für alle Teile des Verdichtungsraumes im gleichen Maße. Von ihnen besonders betroffen sind insbesondere die Verdichtungskerne, d. h. in unserem Untersuchungsobjekt die 3 Kernstädte Ludwigshafen, Mannheim und Heidelberg.

Weitere methodische Überlegungen haben der Frage zu gelten, inwieweit der Infrastrukturbegriff für unser Untersuchungsziel verwendbar ist. Die neuere Literatur hat darauf hingewiesen, daß es sich bei Infrastruktureinrichtungen nicht nur um öffentliche Güter handelt, die von allen Nachfragern in gleicher Weise konsumiert werden, sondern daß vielmehr von einer konsumptiven, haushaltsorientierten Infrastruktur auf der einen und einer produktiven, unternehmensorientierten Infrastruktur auf der anderen Seite gesprochen werden müsse. Dieses Begriffspaar wurde zunächst von FREY diskutiert[7]) und von ZIMMERMANN[8]) angewandt. Die Unterscheidung ist für die Standortqualitäten einer Gemeinde von großer Wichtigkeit. Während der Lohnwert einer Gemeinde aus dem Einsatz produktiver Infrastrukturinvestitionen und die u. a. daraus zu erzielende Anziehung entsprechender Betriebe und Einkommensmöglichkeiten für Arbeitnehmer hergeleitet werden kann, bewirkt die Vermehrung der konsumptiven Infrastruktur unmittelbar eine Verbesserung des Wohnwertes. Unter dem Wohnwert verstehen wir heute ja nicht nur die Ausstattungen mit Wohnungen selbst, sondern vielmehr die gesamte durch das Wohnumfeld definierte Vitalsituation einer Gemeinde. Ähnliche Feststellungen gelten auch für den Freizeitwert einer Region. Allerdings hängen Wohnwert, Lohnwert und Freizeitwert unmittelbar miteinander zusammen[9]). Dabei ist unbestreitbar, daß es neben diesen beiden gedanklichen Gruppen von Infrastruktureinrichtungen sicher auch eine dritte Gruppe gibt, die sowohl konsumptiven als auch produktiven Zwecken dient (wie z. B. Straßen, Energieanlagen usw.).

Eine Erörterung des Definitionsproblems scheint an dieser Stelle nicht sinnvoll. Den folgenden Ausführungen liegt im wesentlichen die Auffassung von J. STOHLER, 1965, zugrunde: Infrastruktur sind Kollektivgüter mit Investitionscharakter, Infrastrukturausgaben sind Ausgaben, „die zwar für öffentliche Güter getätigt werden, jedoch insofern Investitionen darstellen, als gegenwärtigem Aufwand künftige Erträge entsprechen"[10]).

II. Auswahl der Untersuchungsgemeinden

Da eine flächendeckende Analyse der öffentlichen Finanzen im Mittel- und Südprofil des Modellgebietes nicht möglich war und auch angesichts der Ergebnisse des Nordprofils

---

[6]) Vergl. O. BARBARINE: Die Beziehung zwischen Finanzausgleich und Raumordnung — dargelegt an der Finanzpolitik des Landes Bayern. In: Finanzpolitik als Gegenstand der Regionalplanung, Forschungs- und Sitzungsberichte der Akademie der Raumforschung und Landesplanung, Bd. 45, LAG Bayern 1, Hannover 1969, S. 31.
[7]) R. FREY: Infrastruktur. Grundlagen der Planung öffentlicher Investitionen. Tübingen u. Zürich 1972.
[8]) H. ZIMMERMANN: Öffentliche Ausgaben und regionale Wirtschaftsentwicklung. Basel, Tübingen 1970.
[9]) In diesem Sinne stellt z. B. der Städtebaubericht 1970 der Bundesregierung fest: „Qualifizierte Arbeitskräfte richten sich nicht mehr allein nach beruflichen Aufstiegschancen und einem differenzierten Arbeitsangebot. Neben dem Lohnwert hat sich bereits die breitgefächerte infrastrukturelle Ausstattung des Wohnortes zu einem maßgeblichen Standortfaktor entwickelt. Sie bestimmen wesentlich den Wohn-, Bildungs-, Gesundheits- und Freizeitwert eines Gebietes". (Städtebaubericht 1970 der Bundesregierung, Drucksache VI/1497, S. 35.)
[10]) J. STOHLER: Zur rationalen Planung der Infrastruktur. In: Konjunkturpolitik, 1965, S. 294.

nicht erforderlich schien, wurden die Erhebungen und Analysen in diesem Teil des Modellgebietes in zwei Gebietstypen mit unterschiedlicher Intensität durchgeführt:

1. Ein Bereich flächendeckender Untersuchung im Nachbarschaftsbereich der Kernstädte Mannheim und Heidelberg, mit dem die von der Großstadtrandwanderung und den damit verbundenen Verdichtungs- und Zersiedelungsprozessen betroffenen Gemeinden erfaßt werden sollen. Das so festgelegte engere Untersuchungsgebiet umfaßt neben den Kernstädten Mannheim und Heidelberg die Gemeinden Dossenheim, Eppelheim, Leimen, Neckargemünd, Nußloch, Sandhausen, St. Ilgen, Walldorf, Wiesloch, Ziegelhausen im ehemaligen Landkreis Heidelberg und Brühl, Edingen, Heddesheim, Hockenheim, Ilvesheim, Ketsch, Ladenburg, Neckarhausen, Oftersheim, Plankstadt, Schriesheim, Schwetzingen, Weinheim im ehemaligen Landkreis Mannheim. Damit sind sowohl die direkten Umlandgemeinden, die von der Großstadtrandwanderung betroffen sind, als auch die Entlastungsorte sowie die in den Hauptentwicklungsrichtungen der Siedlungsentwicklung liegenden Gemeinden erfaßt.

2. Den übrigen, insbesondere linksrheinischen Teil des Modellgebietes, in dem in erster Linie die Ober-, Mittel- und Unterzentren untersucht wurden. Dabei erschien es sinnvoll, zu einer umfassenden Beurteilung der Veränderungen der Standortqualitäten, insbesondere im westlichen Teil des Modellgebietes, dem Pfälzer Wald, über die Grenze des Modellgebietes hinauszugehen und die zentralen Orte der Pfalz in die Betrachtung einzubeziehen.

III. Das Erhebungsverfahren der Daten

Die Erhebung der Daten erfolgte im Bereich des Mittel- und Südprofils im Prinzip in der gleichen Weise, wie sie schon im Nordprofil erfolgreich angewandt werden konnte. Der technische Ablauf des Verfahrens war allerdings in den beiden Teilen des Untersuchungsgebietes unterschiedlich:

a) Im Nachbarschaftsbereich der Städte Mannheim und Heidelberg erfolgte die Datenerfassung direkt aus den Erhebungsbogen der „Jährlichen Rechnungsstatistik". Wegen der in diesem Teil des Untersuchungsgebietes vertretenen Gemeindegrößen konnten dabei mit Ausnahme von St. Ilgen 1957—1964 die Erhebungsmuster GFR I für Gemeinden mit 10 000 und mehr Einwohnern und GFR II für Gemeinden mit 3000 bis unter 10 000 Einwohnern benutzt werden. Die Differenzierung der erhobenen Einzeldaten folgte dem finanzstatistischen Kennziffernplan der GFR I des Untersuchungszeitraum-Endjahres 1969. Es wurden prinzipiell nur Ist-Ergebnisse erhoben; wenn also GFR-Erhebungsbogen fehlten oder die Kennziffernplan-Gliederung der GFR II nicht ausreichte, wurden als ergänzende Quellen die Rechnungsabschlüsse und Haushaltspläne der Gemeinden mit ihrer Berichterstattung der Rechnungsergebnisse des abgelaufenen Rechnungsjahres herangezogen. Quellenbedingte Unterschiede, im OH insbesondere bei den Einzelplan-Unter-Abschnitten 97 (Abwicklung der Vorjahre) und 98 (Verstärkungsmittel), wurden bei der Erhebung einheitlich ausgeglichen. Die Erhebungssituation bei Werken und Zweckverbänden war besonders schwierig, wenn die regelmäßig ausführlichen Betriebsprüfungsberichte fehlten. Die starke Verdichtung der Positionen in Bilanz und Erfolgsrechnung machte dann bei Werken und Zweckverbänden mit betriebswirtschaftlicher Rechnungsführung den Rückgriff auf die Sachbücher erforderlich. Das Erhebungsverfahren war daher quellenbedingt langwierig, die Erhebungen wurden im Zeitraum 1970 bis 1971 durchgeführt. Die bei den Gemeinden geführten Rechnungsunterlagen der Werke und Zweckverbände waren auch dann nur selten direkt mit den Unterlagen der Gemeindehaushaltsführung vergleichbar, wenn derselbe Kassen- und/oder Rechnungsbeamte zugleich Eigenbetriebs- und Zweckverbands-Rechnung erstellte. Daraus kann geschlossen werden, daß offenbar nur sehr zurückhaltende Ansprüche an die Rechnungsunterlagen als Informations- und Planungsbasis gestellt werden.

b) Für die Gemeinden außerhalb des engeren Verflechtungsbereiches von Heidelberg und Mannheim wurde mit tatkräftiger und sehr dankenswerter Unterstützung der zuständigen Behörden, insbesondere der Landesplanung von Rheinland-Pfalz, schriftliche Befragungen der Gemeinden durchgeführt. Zu diesem Zweck wurde ein spezieller Fragebogen entwickelt, mit dem vergleichbare Daten beschafft werden sollten. Dieses Verfahren war auch dank der Bereitwilligkeit der meisten der Gemeinden zur Ausfüllung des Fragebogens erfolgreich. Allerdings ergab eine Überprüfung, daß die auf diese Weise ermittelten Daten über Werke und Zweckverbände in Zuverlässigkeit und Vollständigkeit nicht mit den direkt erhobenen Daten im Raum Mannheim-Heidelberg zu vergleichen waren. Aus diesem Grunde wurde auf eine Wiedergabe der Angaben für Werke und Zweckverbände auf den Kartogrammen und auf eine Analyse dieser unvollständigen Daten verzichtet. Alle Angaben aus den Gemeinden außerhalb des unter a) genannten Untersuchungsgebietes enthalten also keine Zahlen über Werke und Zweckverbände.

IV. Entwicklungstendenzen der Siedlungsstruktur 1961—1970

Die Siedlungsentwicklung im Untersuchungsgebiet wird einmal von der bevölkerungs- und wirtschaftsgeographischen Entwicklung des Rhein-Neckar-Raumes insgesamt und zum anderen durch die innerhalb des Gebietes sich abspielenden Veränderungen von Wohnstandorten und Arbeitsplätzen bestimmt.

Die Gewinne des Rhein-Neckar-Raumes an deutscher Wohnbevölkerung von außen lagen im Untersuchungszeitraum bei + 3500 je Jahr. Sie schwankten in den Einzeljahren zwischen + 700 (1967) und + 4900 (1969). Bei der ausländischen Wohnbevölkerung scheint es nicht sinnvoll, einen rechnerischen Durchschnittswert anzugeben, da die Zahlen — offensichtlich konjunkturbedingt — sehr stark schwanken: So lagen diese z. B. 1967 bei — 10 700 und 1969 bei + 20 800. In diesem Zusammenhang ist es interessant, daß sich die Wanderungsgewinne an ausländischer Wohnbevölkerung im Gegensatz zu mehreren anderen Verdichtungsräumen in der Bundesrepublik überwiegend durch direkten Zuzug aus den Heimatländern ergeben, während der Binnenwanderungssaldo ausländischer Wohnbevölkerung für den Rhein-Neckar-Raum nur knapp positiv ist. Der Anteil der Ausländer am Binnenwanderungssaldo betrug im Jahresdurchschnitt 1966/71 nur 16,7 %, während z. B. im Raum Düsseldorf 76,4 % betrug[11]). Die regionale Verteilung der Wanderungsgewinne an Deutschen aus dem Raum außerhalb des Rhein-Neckar-Raumes verteilten sich regional sehr unterschiedlich: Während die Stadt Heidelberg und die rechtsrheinischen Randgebiete des Verdichtungsraumes die stärksten „Außen"-Wanderungsgewinne aufwiesen, hatten die Kernstädte Mannheim und Ludwigshafen sowie der linksrheinische Randsaum des Verdichtungsgebietes Wanderungsverluste hinzunehmen. Hingegen liegt beim regionalen Vergleich des Wanderungsgewinnes an Ausländern die Stadt Mannheim weit an der Spitze, gefolgt von allen Oberzentren des Verdichtungsraumes und den rechtsrheinischen Landkreisen.

---

[11]) W. Selke: Zur Ausländerwanderung in der Bundesrepublik Deutschland. Diss. rer. nat. Bonn 1975.

Tabelle 1:
Entwicklung der Wohnbevölkerung und der nichtlandwirtschaftlichen Arbeitsplätze im Untersuchungsgebiet 1961—1970*)

	Wohnbevölkerung absolut		Entwicklung der Wohnbevölkerung (1961 = 100)		Nichtlandwirt- schaftliche Arbeits- plätze absolut		Entwicklung der nicht- landwirtschaftlichen Arbeitsplätze (1961 = 100)	
	1961	1970	1961	1970	1961	1970	1961	1970
(1) Mannheim	313 890	332 163	100	106	212 083	214 412	100	101
(2) Heidelberg	125 264	121 023	100	97	65 086	68 900	100	106
(3) Ludwigshafen	165 761	176 033	100	106	111 313	113 753	100	102
Kernstädte insgesamt	604 915	629 219	100	$\bar{x}=103$	388 482	397 065	100	$\bar{x}=103$
(4) Rhein-Neckar-Kreis	346 314	421 784	100	122	115 970	134 348	100	116
(5) LKS Bergstraße	186 309	223 734	100	120	49 362	61 759	100	125
Rechts-Rheinisches Untersuchungsgebiet (1+2+4)	785 468	874 970	100	$\bar{x}=108$	393 139	417 660	100	$\bar{x}=107$
Rechts-Rheinischer Rhein-Neckar-Raum (1+2+3+4+5)	1 137 538	1 274 737	100	$\bar{x}=110$	553 814	593 172	100	$\bar{x}=110$
(6) LKS Ludwigshafen	101 842	117 402	100	115	13 475	18 120	100	134,5
(7) LKS Dürkheim	109 082	115 656	100	106	30 877	31 411	100	101,7
(8) LKS Speyer	38 485	41 763	100	109	20 628	21 662	100	105
(9) LKS Neustadt/W.	51 469	50 910	100	99	21 386	20 818	100	97
Links-Rheinisches Untersuchungsgebiet (3+6+7+8+9)	466 639	501 764	100	$\bar{x}=107$	197 679	205 764	100	$\bar{x}=108$
(10) LKS Worms	75 306	76 697	100	102	31 575	32 245	100	102
(11) LKS Frankenthal	35 732	40 898	100	114	19 521	20 778	100	106
Links-Rheinischer Rhein-Neckar-Raum (3+6+7+8+9+10+11)	577 677	619 359	100	$\bar{x}=107$	284 775	258 787	100	$\bar{x}=107$
(12) Kaiserslautern	99 309	99 617	100	100,3	49 763	56 761	100	114,1
(13) Donnersberg Kreis	64 315	67 118	100	104,4	15 752	17 734	100	112,58
(14) LKS Kaiserslautern	85 977	90 160	100	104,0	19 097	24 462	100	128,10
(15) LKS Kusel	81 575	82 709	100	104,9	15 595	16 212	100	103,95
Pfälzer Wald	331 176	339 604	100	$\bar{x}=103$	100 207	115 169	100	$\bar{x}=114$

Bei der Betrachtung der Wanderungsvorgänge innerhalb des Rhein-Neckar-Raumes ist der Verlust deutscher Wohnbevölkerung der Kernstädte an die Randgemeinden — insbesondere im rechtsrheinischen Teil — das hervorstechendste Merkmal.

Tabelle 1 faßt die Folgen der Außen- und Binnenwanderungsvorgänge zusammen. Aus ihr lassen sich die Entwicklungstendenzen der Siedlungsstruktur folgendermaßen skizzieren:

Die drei Kerne des Verdichtungsraumes — Ludwigshafen, Mannheim, Heidelberg — haben zwischen 1961 und 1970 nur noch ein sehr geringes Wachstum an Bevölkerung und Arbeitsplätzen zu verzeichnen. Die Bevölkerungszunahme verlagert sich in immer stärkerem Maße in die Randzonen, und zwar in ganz bestimmte Sektoren dieser Randzonen, die von den aus den Kernen abwandernden oder aus anderen Gebieten in den Verdichtungsraum zuwandernden Personen als attraktive Wohnstandorte angesehen werden. Am stärksten im untersuchten Gebiet ist diese Tendenz im rechtsrheinischen Raum, insbesondere im Gebiet um Mannheim und Heidelberg. Hier sind ausgesprochene Zersiedelungstendenzen zu erkennen, die darauf zurückzuführen sind, daß im Untersuchungszeitraum ein Konzept der Raumordnung oder eines Zusammenschlusses von Kommunalverwaltungen zur Lenkung der Siedlungsentwicklung nicht bestand und zum anderen von einzelnen Gemeinden Wachstumsziele angestrebt und auch teilweise realisiert wurden, die in ihrer Summierung ein Mehrfaches des gesamten Bevölkerungs- und Arbeitsplatzzuwachses im Verdichtungsraum Rhein-Neckar bedeutet hätten. Daraus folgte für eine Reihe von Gemeinden eine konkurrierende Ausstattungspolitik mit Infrastruktureinrichtungen, insbesondere in den an die Kerne des Ballungsraumes grenzenden Gemeinden sowie in den Unter- und Mittelzentren.

Deutlich ist für den Beobachtungszeitraum festzustellen, daß die Ober- und Mittelzentren in sehr unterschiedlicher Weise wachsen. Gemessen am relativen Bevölkerungs- und Arbeitsplatzzuwachs haben zwischen 1961 und 1970 die wichtigsten Gemeinden des Untersuchungsgebietes die Werte, die in Tabelle 2 wiedergegeben sind.

Tabelle 2:

Gemeinde	Bevölkerungswachstum in %	Arbeitsplatzwachstum in %
Ludwigshafen	6,2	2,2
Mannheim	5,2	1,1
Heidelberg	— 3,4	5,9
Heppenheim	21,2	29,1
Wiesloch	18,0	— 1,8
Frankenthal	14,5	6,4
Bensheim	14,3	34,3
Grünstadt	12,3	32,1
Eberbach	12,1	— 2,0
Schwetzingen	10,1	3,1
Speyer	8,5	5,0
Bad Dürkheim	7,5	1,2
Weinheim	6,5	15,6
Worms	1,8	2,1
Neustadt	1,1	— 9,0

Das Siedlungsgefüge weist eine Entwicklung auf, die in den letzten 10 Jahren teilweise zur Ausbildung von Siedlungsbändern oder Siedlungsachsen geführt hat. Leitlinien dieser Siedlungsbänder sind die wichtigen Verkehrslinien, namentlich zwischen den Ober- und Mittelzentren. Die Landesentwicklungspläne und Landesentwicklungsprogramme messen diesen Achsen für die künftige Entwicklung eine große raumordnerische Bedeutung zu.

Im Zusammenhang mit den Erhebungen für die Untersuchung des Regionalverkehrs im Rhein-Neckar-Raum haben SCHAECHTERLE und HOLDSCHUER die Erwartungen der einzelnen Gemeinden hinsichtlich ihres Bevölkerungszuwachses festgehalten. Die Summe der von den Gemeinden geschätzten und damit auch gezielt angestrebten Bevölkerungszuwächse betrüge vom Jahre 1970 bis zum Zieljahr 1985 rund 567 500 Einwohner. Dies ist — auch nach der Auffassung des Entwurfs zum Raumordnungsplan Rhein-Neckar 1972 — ein völlig irrealer Wert[12]).

Nirgends macht sich die politische Vielgliederigkeit des Raumes stärker bemerkbar als bei der Infrastruktur, da hier nicht nur verschiedene politische und rechtliche, sondern auch verschiedene finanzielle Kompetenzen bestehen.

Die Entwicklung der deutschen Wohnbevölkerung der Stadt Mannheim ist gekennzeichnet durch zunehmende Überalterung und Verlust deutscher, vor allem junger arbeitsfähiger Einwohner, der durch die Ausländer-Zuwanderung nur zahlenmäßig kompensiert wird. Diese Entwicklungstendenz im Stadtgebiet ist statistisch eine direkte Folge der durch die Gemeindegrenze bewirkten Zerschneidung zusammenhängender funktionaler Räume, denn von den 1967 bis 1971 per Saldo insgesamt abgewanderten 11 696 deutschen Einwohnern sind allein 7203 in den ehemaligen Landkreis Mannheim und 2964 in den südhessischen Landkreis Bergstraße umgezogen. Zusammen sind also per Saldo 10 167 von 11 696, das sind 86,9 %, in den engsten rechtsrheinischen Nachbarschaftsbereich umgezogen.

Im nordbadischen Umland Mannheims wurden vor allem die Gemeinden Schwetzingen, Edingen, Neckarhausen, Ilvesheim, Brühl und Heddesheim bei der Wohnsitzverlegung bevorzugt. Die Gesamteinwohnerzunahme dieser Gemeinden wurde zu 50 und mehr Prozent von den aus Mannheim zugezogenen Deutschen bewirkt. Der Gesamteinwohner-Gewinn der Umland-Gemeinden aus dem Wanderungssaldo unterstreicht, daß gegenwärtig allein die Umland-Gemeinden den auf Mannheim als Zentrum gerichteten Zuwachs an deutschen Einwohnern aufnehmen.

Die Stadt Ludwigshafen verlor zwischen 1965 und 1971 gegenüber dem übrigen Rhein-Neckar-Raum ca. 8700 deutsche Einwohner, davon 6200 an das linksrheinische Umland, während 2200 in den rechtsrheinischen Teil des Verdichtungsraumes einschließlich der Stadt Mannheim umzogen.

Bei der Stadt Heidelberg betrug der negative Wanderungssaldo gegen ihr Umland im gleichen Zeitraum 10 100[13]).

Insgesamt läßt sich feststellen, daß das Bevölkerungswachstum im rechtsrheinischen Teil wesentlich stärker war als in der Vorderpfalz. Dabei ist in beiden Teilen das relative Zurückbleiben der Verdichtungskerne gegenüber ihrem Umland bemerkenswert.

---

[12]) Raumordnungsverband Rhein-Neckar: Raumordnungsplan. Teil 1. Mannheim 1972.
[13]) Vergleiche dazu P. HEIMANN: Bericht über Ergebnisse der Analyse der Wanderungen von 1969 bis 1973. Man. Heidelberg 1974.

Bei der regionalen Entwicklung der Arbeitsplätze ist — vom reinen Zahlenvergleich her — die Entwicklung ähnlich. Der stärkste Zuwachs erfolgte in den rechtsrheinischen Landkreisen, im Rhein-Neckar-Kreis und im Landkreis Bergstraße. Allerdings ist hinzuzufügen, daß das Bruttoinlandsprodukt je Beschäftigtem im linksrheinischen Teil nennenswert über dem rechtsrheinischen Teil liegt. „Die relative Wirtschaftskraft der Vorderpfalz ist also beträchtlich größer als die des unteren Neckar"[14])[15]).

Zur Beurteilung der regionalen Verteilung von Wohnbevölkerung und Arbeitsplätzen bedarf es einer Analyse der Pendelbeziehungen. Wir beschränken uns dabei auf den rechtsrheinischen Teil des Untersuchungsgebietes. Auf der Grundlage der Berufspendlererhebung vom 20. 9. 1966 und nach den Kriterien „positive Pendlerbilanz" und „Zentralfunktion"[16]) unterscheidet die Landesplanung Baden-Württemberg „Arbeitszentren", wenn beide Kriterien erfüllt sind, und „Gemeinden mit positiver Pendlerbilanz", wenn nur das erste Kriterium erfüllt ist. Im rechtsrheinischen Teil des Untersuchungsgebietes wurden ermittelt:

a) Als Arbeitszentren: Mannheim, Heidelberg, Weinheim, Wiesloch.
b) Als Gemeinden mit positiver Pendlerbilanz: Schwetzingen, Ladenburg, Edingen und Leimen.

Sowohl nach der absoluten Zahl wie nach den Wohnorten der Einpendler haben diese Orte ganz unterschiedliche Bedeutung für den rechtsrheinischen Teil des Untersuchungsgebietes: Mannheim und Heidelberg sind die dort dominierenden Arbeitszentren, Weinheim und Wiesloch haben in erster Linie Wohngemeindefunktionen, ihren Pendlereinzugsbereich haben sie im wesentlichen außerhalb des Untersuchungsgebietes in Konkurrenz mit Mannheim und Heidelberg. Für das Untersuchungsgebiet als ganzes haben Edingen, Ladenburg und Leimen im Gegensatz zu Schwetzingen untergeordnete Bedeutung.

Je 1000 Einwohner kamen 1966 etwa gleichviele Einpendler nach Mannheim wie nach Heidelberg. Dabei war das Untersuchungsgebiet für Heidelberg von größerer Bedeutung als für Mannheim. Im einzelnen zeigt die folgende Tabelle 3, daß die ehemalige Landkreisgrenze zwischen Mannheim und Heidelberg zugleich Funktionsraumgrenze der Berufspendelwanderung ist, nur bei Plankstadt und Schriesheim erreicht der Heidelberger Anteil 20 %/o und mehr. Die Mehrzahl der Gemeinden ist klar auf eines der beiden übergeordneten Arbeitszentren orientiert.

1970 kamen von den 214 412 in Mannheim Beschäftigten $^1/_3$ (69 264 = 32,3 %/o) aus dem Umland, und zwar ohne Rücksicht auf die Landesgrenzen. Von den Berufseinpendlern nach Mannheim kamen aus Hessen 17 847 = 25,8 %/o (darunter aus dem Landkreis Bergstraße 17 401 = 25,1 %/o), aus Rheinland-Pfalz 16 902 = 24,4 %/o (darunter aus Ludwigshafen Stadt 8026 = 11,6 %/o), aus Baden-Württemberg 34 488 = 49,8 %/o (darunter aus dem ehemaligen Landkreis Mannheim 25 169 = 36,3 %/o).

Im rechtsrheinischen Bereich außerhalb der Kernstädte waren die Hauptbetriebsorte der Berufspendler — gemessen am Pendlersaldo — Schwetzingen (+ 3320), Ladenburg (+ 642), Wiesloch (+600), Edingen (+ 588) und Leimen (+ 500). Diese Orte zogen $^2/_3$

---

[14]) Raumordnungsplan. Entwurf zum 1. Planungsfall. Teil 3: Ergänzungen. Mannheim 1974. Herausgegeben vom Raumordnungsverband Rhein-Neckar, 3. Abschnitt, S. 5.
[15]) Das Bruttoinlandsprodukt betrug im Jahre 1970 je Beschäftigten 30 800 DM, während es im rechtsrheinischen Teil 26 700 DM betrug. (Zitiert nach Raumordnungsplan Rhein-Neckar, a. a. O., S. 4).
[16]) Zentralfunktion hat einen Arbeitsort, der die Auspendler von mindestens 2 umliegenden Gemeinden überwiegend auf sich zieht (Berufsverkehr 1966. Regierungsbezirk Nordbaden, S. 2).

Tabelle 3:   *Einpendler nach Heidelberg und Mannheim am 20. 9. 1966*

Wohngemeinden in	Betriebsgemeinden			
	Heidelberg		Mannheim	
	absolut	%	absolut	%
Stadt Heidelberg	—	—	2 743	4,1
Stadt Mannheim	574	2,2	—	—
Landkreis Heidelberg	19 389	73,5	3 376	5,0
Landkreis Mannheim	3 394	12,9	24 735	37,0
Reg. Bez. Nordbaden	25 585	96,9	34 613	51,7
Hessen	570	2,2	16 674	24,9
Rheinland-Pfalz	186	0,7	14 588	21,8
Untersuchungsgebiet	17 888	67,8	25 782	38,5

Tabelle 4:

Betriebsort	Einpendler a. d. Umland	Wohnorte im Nachbarschaftsbereich
Schwetzingen	3 825	Oftersheim + Plankstadt = 57,8 % + Ketsch + Hockenheim + Brühl = 92,5 %
Wiesloch	1 097	Nußloch + Walldorf = 55,0 % + Sandhausen + Leimen + St. Ilgen = 86,0 %
Ladenburg	1 019	Neckarhausen + Schriesheim = 54,3 % + Dossenheim + Ilvesheim + Edingen = 83,7 %
Leimen	892	Nußloch + Sandhausen + St. Ilgen = 64,9 % + Wiesloch + Walldorf = 93,2 %
Edingen	831	Neckarhausen + Ladenburg + Ilvesheim = 55,5 %
Zusammen	7 664	

Tabelle 5:

Hauptbetriebsorte	Bereichsgemeinden	Berufspendler insgesamt		
		absolut	% v. Umg.	% v. Ug.
Schwetzingen	Brühl, Hockenheim, Ketsch, Oftersheim, Plankstadt, Schwetzingen	4 728	40,0	7,8
Wiesloch-Leimen	Leimen, Nußloch, Sandhausen, St. Ilgen, Walldorf, Wiesloch	2 767	23,4	4,5
Ladenburg-Edingen	Dossenheim, Edingen, Ilvesheim, Ladenburg, Neckarhausen, Schriesheim	1 923	16,3	3,2
Zusammen		9 418	79,7	15,5

aller Umlandpendler auf sich; mit Ausnahme von Edingen beschränkt sich das Einzugsgebiet dieser Betriebsorte auf die jeweils engste Umgebung, also insbesondere die Nachbargemeinden.

Nach den Zielorten der Berufspendelwanderung im rechtsrheinischen Teil des Untersuchungsgebietes können für 1966 recht deutlich zwei Räume intensiver zwischengemeindlicher Pendelbeziehungen unterschieden werden, von denen insbesondere der um Schwetzingen Bedeutung für den Gesamtraum hat; ein dritter Raum um Ladenburg — Edingen bleibt ohne intensive Pendelbeziehungen zwischen allen Bereichsgemeinden (vgl. Tab. 5).

Über die Funktion der dominierenden Arbeitsorte hinaus haben die Kernstädte im Rhein-Neckar-Raum vor allem Bedeutung als Standort mittel- und oberzentraler Infrastruktureinrichtungen. Dazu gehören das weiterführende Schulwesen, die Fortbildungs- und Kultureinrichtungen, die Krankenhäuser und Märkte ebenso wie die zentralen Anlagen und Einrichtungen zur Energie- und Wassergewinnung, zur Wasseraufbereitung und -verteilung. Aber auch das gesamte kommunal getragene Nahverkehrssystem gehört zu den zentralörtlichen Leistungen der Kernstädte für Umland und Region.

Als Beispiel für diese zentralörtlichen Leistungen greifen wir Mannheim heraus. Von insgesamt 28 707 Schülern in weiterführenden Schulen Mannheims kamen 8196, das sind 28,5 %, aus auswärtigen Wohnorten, 2136 gingen in Realschulen und Gymnasien, 6060 in die berufsbildenden und Berufsfachschulen. Vergleicht man die räumliche Erstreckung des Einzugsbereiches der weiterführenden allgemeinbildenden mit dem der berufsbildenden und Berufsfachschulen, so fällt auf: Der Einzugsbereich der weiterführenden allgemeinbildenden Schulen ist enger und beschränkt sich weitgehend auf die unmittelbaren Nachbargemeinden ohne eigene Realschulen und Gymnasien, der Anteil der Gemeinden des engeren nordbadischen Verflechtungsbereiches ist daher hier mit 31,3 % aller auswärtigen Schüler groß. Der pfälzische Einzugsbereich der Gymnasien beruht weitgehend auf der Attraktivität der privaten Gymnasien Mannheims. Der Einzugsbereich der berufsbildenden und Berufsfachschulen ist erheblich weiter; er deckt sich weitgehend mit dem der Berufseinpendler, im Gegensatz zu den weiterführenden allgemeinbildenden Schulen überlagern hier offenbar tendenziell die arbeitszentralen Verflechtungen die schulische Standortstruktur der Region.

In den Mannheimer Krankenanstalten, die 1971 1637 Betten hatten und den 4 freigemeinnützigen Krankenhäusern (1971 zusammen 1466 Betten) wurden in der Zeit vom 1. 1. bis 31. 12. 1971 insgesamt rund 60 000 erwachsene Patienten aufgenommen, von denen 21 965 = 36,4 % aus auswärtigen Wohnorten kamen. Insgesamt wurden rund 1 100 000 Pflegetage gezählt, von denen rund 385 000 = 35 % aus der Belegung mit auswärtigen Patienten resultierten.

Die charakteristische räumliche Form des Einzugsbereiches läßt erkennen, daß sich die drei Oberzentren des Rhein-Neckar-Raumes offenbar mit klar abgegrenzten Funktionsbereichen in den Schwerpunkt der Krankenversorgung der Region teilen. Gemessen an der Zahl der Pflegetage je Einwohner der Wohngemeinde ergibt sich ein klares Bild von der Umlandbedeutung der Mannheimer Krankenhäuser. Nimmt man die 2,2 Pflegetage je Mannheimer Einwohner für die Vollversorgung und berücksichtigt die gegenüber dem Umland ungünstigere Altersstruktur, kann festgestellt werden: Der engere nordbadische Verflechtungsbereich wird nahezu voll von Mannheim versorgt. Die 23 Gemeinden des Verflechtungsbereiches werden zu gut 50 % versorgt. Bemerkenswert hoch ist der Versorgungsgrad gegenüber dem hessischen Landkreis Bergstraße, auch über die zum Verflechtungsbereich gehörenden Gemeinden hinaus.

V. Die Gesamtausgaben der Gemeinden 1957—1969

Für die Analyse der Haushaltsstruktur gliedern wir in Anlehnung an den finanzstatistischen Gruppierungsplan[17]):

1. Gesetzliche bzw. zwangsläufige Ausgaben.
   1.1 Persönliche Ausgaben.
   1.2 Umlagen an Dritte.
   1.3 Schuldendienst für äußere Darlehen.
   1.4 Sachausgaben.
2. Freie Ausgaben.
   2.1 Sonstige Zuweisungen an Dritte.
   2.2 Unterhaltung und Instandsetzung von unbeweglichem Vermögen.
   2.3 Gewährung von Darlehen an Dritte.
   2.4 Zuführung an Rücklagen und Kapitalvermögen (Pflichtrücklagen sind quellenbedingt hier und nicht in 2.1 berücksichtigt).
   2.5 Anlageinvestitionen.

Die Gliederung in gesetzliche bzw. zwangsläufige Ausgaben auf der einen und freie Ausgaben auf der anderen Seite dient der Unterscheidung von Ausgabearten nach dem Kriterium kurzfristiger Beeinflußbarkeit, insbesondere dem Investitionsspielraum der Gemeinden. Solange eine mittelfristige Haushaltsplanung nicht in allen Gemeinden erfolgt, bezeichnen die freien Ausgaben den Gestaltungsspielraum im jährlichen Haushalt, ohne diesen allerdings exakt anzugeben, da unaufschiebbare Instandsetzungsarbeiten z. B. nach Frostschäden in der Bandinfrastruktur oder teilfinanzierte Investitionsvorhaben häufig keine Entscheidungsalternativen zulassen. In Abbildung 1 vergleichen wir die Haushaltsbeanspruchung durch gesetzliche bzw. zwangsläufige Ausgaben im ordentlichen Haushalt in Prozent der Gesamtausgaben im ordentlichen Haushalt mit den gesetzlichen bzw. zwangsläufigen Ausgaben in D-Mark je Einwohner. Dabei ist folgende Tendenzaussage zu treffen: Je Höher die Haushaltsbeanspruchung durch gesetzliche bzw. zwangsläufige Ausgaben ist, desto geringer ist die Investitions- bzw. Sparquote, je höher die Folgekosten aus der sozialen und zentralörtlichen Infrastruktur sind, desto höher sind auch die gesetzlichen bzw. zwangsläufigen Ausgaben je Einwohner. Die Darstellung zeigt sehr deutlich, daß größere Gemeinden, insbesondere die Kernstädte, auch höhere zwangsläufige Ausgaben je Einwohner haben. Dabei bestehen deutliche Unterschiede in den Ausgaben je Einwohner zwischen den einzelnen Zentren in Abhängigkeit von Ausstattungsumfang und Differenzierung der infrastrukturellen Angebote. Bei der Analyse nach Haushaltsplanunterabschnitten, also nach einzelnen Maßnahmenbereichen, haben wir festgestellt, daß sich z. B. kommunale Krankenhäuser in der Untersuchungsperiode — also vor Inkrafttreten des Krankenhausfinanzierungsgesetzes — besonders stark ausgewirkt haben. Ähnliches gilt auch für die Differenzierung im Schulplätzeangebot bei den weiterführenden allgemeinbildenden Schulen. Gerade in diesem zuletzt genannten Bereich ist die zentralörtliche Bereichsbedeutung der Kernstädte, aber auch der Mittelzentren besonders groß.

---

[17]) F. Hötte, F. Mengert u. K. Weyershäuser: Gemeindehaushalt in Schlagworten. Systematische Darstellung der Haushaltsplangliederung und -gruppierung mit Schlagwortverzeichnis sowie Erläuterungen zur Finanzstatistik. 4. Aufl. Köln 1966, S. 26 ff., S. 103 ff.

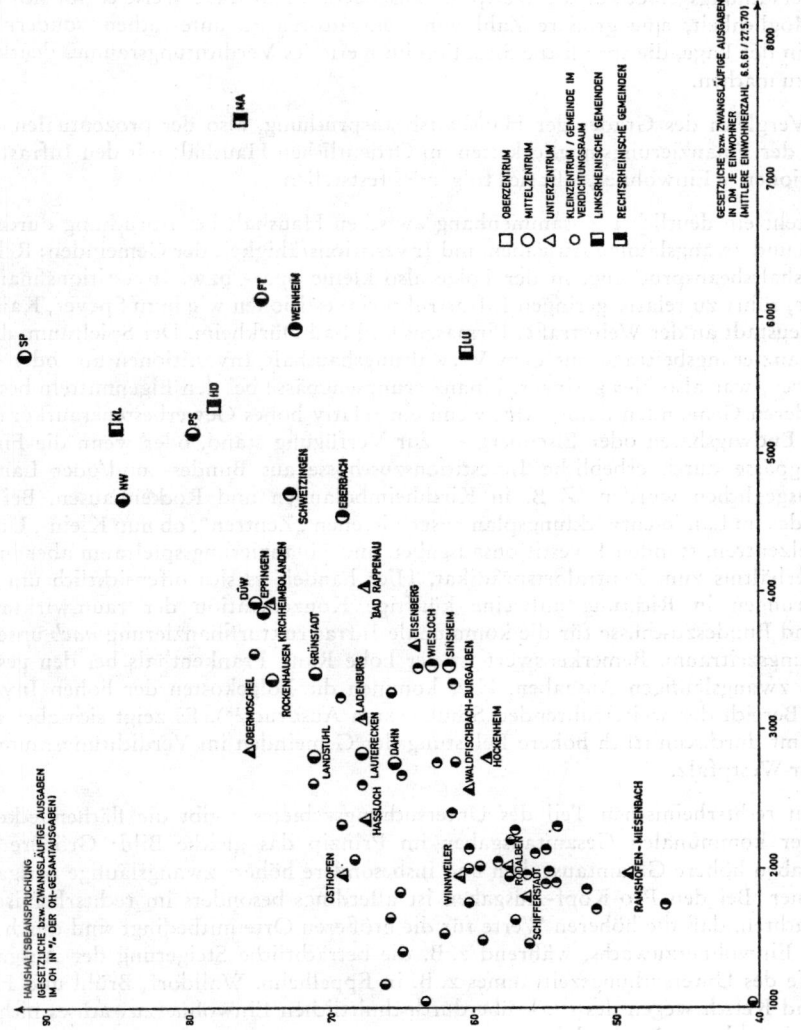

Abb. 1: *Beanspruchung des OH in Jahren 1957—69 durch gesetzliche und zwangsläufige Ausgaben und gesetzliche und zwangsläufige Ausgaben je Einwohner*

Betrachten wir Tabelle 6 im Detail:

Für den linksrheinischen Teil bedarf es zunächst der Feststellung, daß die Planausweisungen im Landesentwicklungsprogramm Rheinland-Pfalz hinsichtlich der Prädikatisierung der zentralen Orte besonders überprüfungsbedürftig erscheinen. Daher haben wir unser Untersuchungsgebiet auf die Westpfalz ausgedehnt. Auf diese Weise ergibt sich nicht nur die Möglichkeit, eine größere Zahl von Zentralorten zu untersuchen, sondern wir sind auch in der Lage, die spezifische Situation im Kern des Verdichtungsraumes deutlicher kenntlich zu machen.

Beim Vergleich des Grades der Haushaltsbeanspruchung, also der prozentualen Ausschöpfung der Finanzierungsmöglichkeiten im Ordentlichen Haushalt mit den Infrastrukturinvestitionen je Einwohner, läßt sich folgendes feststellen:

Es besteht ein deutlicher Zusammenhang zwischen Haushaltsbeanspruchung durch gegesetzliche und zwangsläufige Ausgaben und Investitionsfähigkeit der Gemeinden: Relativ hohe Haushaltsbeanspruchung, in der Folge also kleine Spar- bzw. Investitionsfinanzierungsquote, führt zu relativ geringen Infrastrukturinvestitionen wie in in Speyer, Kaiserslautern, Neustadt an der Weinstraße, Pirmasens und Bad Dürkheim. Der Spielraum, durch eigene Finanzierungsbeiträge aus dem Verwaltungshaushalt Investitionen an- oder vorzufinanzieren, war also hier geringer. Finanzierungsengpässe bei den Eigenmitteln bestanden in anderen Gemeinden dann nicht, wenn ein relativ hohes Gewerbesteueraufkommen — wie in Ludwigshafen oder Eisenberg — zur Verfügung stand, oder wenn die Finanzierungsengpässe durch erhebliche Investitionszuschüsse aus Bundes- und/oder Landesmitteln ausgeglichen wurden: Z. B. in Kirchheimbolanden und Rockenhausen. Bei der Mehrzahl der im Landesentwicklungsplan ausgewiesenen „Zentren", ob nun Klein-, Unter- oder Mittelzentren, standen Investitionsausgaben und Finanzierungsspielraum aber in gar keinem Verhältnis zum Zentralortsprädikat. Hier handelt es sich offensichtlich um Absichtserklärungen in Richtung auf eine künftige Konzentration der raumwirksamen Landes- und Bundeszuschüsse für die kommunale Infrastrukturfinanzierung *nach* unserem Untersuchungszeitraum. Bemerkenswert ist der hohe Rang Frankenthals bei den gesetzlichen und zwangsläufigen Ausgaben. Hier kommen die Folgekosten der hohen Investitionen im Bereich der weiterführenden Schulen zum Ausdruck[18]). Es zeigt sich aber auch die insgesamt durchschnittlich höhere Belastung der Gemeinden im Verdichtungsraum gegenüber der Westpfalz.

Für den rechtsrheinischen Teil des Untersuchungsgebietes ergibt die flächendeckende Analyse der kommunalen Gesamtausgaben im Prinzip das gleiche Bild: Größere Gemeinden haben höhere Gesamtausgaben und insbesondere höhere zwangsläufige Ausgaben je Einwohner. Bei den Pro-Kopf-Ausgaben ist allerdings besonders im rechtsrheinischen Teil zu beachten, daß die höheren Werte für die größeren Orte mitbedingt sind durch den geringeren Einwohnerzuwachs, während z. B. die beträchtliche Steigerung der Ausgaben im Verlaufe des Untersuchungszeitraumes z. B. in Eppelheim, Walldorf, Brühl und Heddesheim und Ketsch wegen des stark-überdurchschnittlichen Einwohnerzuwachses nicht in dieser Relativzahl zum Ausdruck kommt.

---

[18]) Vergl. K.-A. BOESLER, 1972, a. a. O., S. 61.

Tabelle 6:

Gemeinde	Gesamtausgaben 1957—69 je Einwohner						
	absolut	abs.	Rang	davon Gesetzliche bzw. zwangsläufige Ausgaben		Anlageinvestitionen	
				abs. DM	Rang Nr.	abs. DM	Rang Nr.
	1 000 DM	DM	Nr.				
	1	2	3	4	5	6	7
Heidelberg	1 943 856	15 513	2	11 198	2	3 218	4
Mannheim	6 069 372	19 176	1	12 290	1	4 763	1
Dossenheim	35 023	4 798	22	2 382	16	1 819	24
Eppelheim	44 306	5 076	19	1 779	24	2 751	9
Leimen	58 521	7 397	7	3 706	9	3 038	5
Neckargemünd	49 586	6 463	10	3 918	8	2 091	21
Nußloch	39 583	5 932	13	2 943	11	2 576	12
Sandhausen	44 207	5 189	17	2 436	14	2 123	20
St. Ilgen	17 583	6 135	12	2 389	15	3 444	15
Walldorf	56 728	6 358	11	2 827	12	2 916	7
Wiesloch	121 631	8 325	6	4 279	6	3 283	3
Ziegelhausen	39 348	4 698	23	1 800	23	1 803	25
Brühl	41 664	4 911	21	2 325	17	2 041	22
Edingen	40 457	5 816	14	2 557	13	2 549	13
Heddesheim	37 200	5 527	16	2 073	21	2 682	10
Hockenheim	125 608	9 135	4	4 639	5	3 724	2
Ilvesheim	32 616	5 104	18	2 219	19	2 159	18
Ketsch	36 414	5 072	20	2 303	18	2 356	17
Ladenburg	61 113	7 249	8	3 612	10	2 940	6
Neckarhausen	26 197	5 550	15	2 186	20	2 867	8
Oftersheim	34 362	4 631	24	1 917	22	2 152	19
Plankstadt	32 926	3 953	25	1 680	25	1 843	13
Schriesheim	53 356	6 938	9	4 117	7	2 452	14
Schwetzingen	135 608	8 637	5	5 896	4	2 379	16
Weinheim	339 128	11 983	3	8 358	3	2 590	11
rechtsrheinisches Untersuchungsgebiet	9 516 393	14 250		9 358		3 762	
Frankenthal	314 045	8 197	2	6 134	1	2 542	8
Kaiserslautern	606 377	6 096	6	5 188	4	2 085	17
Ludwigshafen	1 631 221	9 546	1	5 749	2	3 519	3
Neustadt a. d. W.	284 561	5 559	8	4 687	6	2 240	14
Pirmasens	358 287	6 489	3	5 153	5	1 725	30
Speyer	237 718	6 335	4	5 712	3	2 061	18
Monsheim	3 628	1 712	44	1 142	43	873	45

Noch Tab. 6:

Gemeinde	Gesamtausgaben 1957—69 je Einwohner					
	absolut	abs.	Rang	davon Gesetzliche bzw. zwangsläufige Ausgaben		Anlageinvestitionen	
				abs.	Rang	abs.	Rang
	1 000 DM	DM	Nr.	DM	Nr.	DM	Nr.
	1	2	3	4	5	6	7
Osthofen	18 023	2 855	35	1 975	29	736	46
Bad Dürkheim	72 681	5 155	9	3 913	7	1 187	44
Deidesheim	11 048	3 636	22	2 596	19	2 924	7
Grünstadt	43 829	4 634	11	3 400	10	1 929	22
Haßloch	58 184	3 503	24	2 370	21	1 649	33
Hettenleidelheim	14 877	4 981	10	3 271	13	3 661	2
Lambrecht	16 611	3 325	27	2 003	27	1 533	38
Alsenz	4 637	2 430	42	1 246	41	2 419	10
Eisenberg	38 075	5 630	7	3 604	8	3 424	4
Göllheim	10 034	6 123	5	3 545	9	2 531	9
Kirchheimbolanden	24 353	4 525	14	3 384	11	3 243	6
Obermoschel	4 950	3 784	21	2 856	14	1 559	35
Rockenhausen	16 248	4 531	13	3 354	12	3 260	5
Winnweiler	8 230	3 244	29	1 972	31	2 319	11
Bruchmühlbach	11 456	3 392	26	2 017	26	1 638	34
Enkenbach-Alsenborn	24 206	3 843	20	2 208	23	1 967	20
Landstuhl	36 053	3 938	19	2 807	16	1 819	26
Otterberg	11 657	2 793	36	1 816	32	1 723	31
Ramstein-Miesenbach	31 741	4 065	18	1 986	28	2 114	16
Weilerbach	11 637	4 533	12	2 782	17	1 875	24
Altenglan	5 315	1 621	45	1 018	44	1 533	38
Glan-Münchweiler	4 318	3 316	28	2 296	22	1 548	36
Kusel	13 792	2 473	40	.	.	5 016	1
Lauterecken	11 433	4 146	17	2 808	15	2 294	12
Schönenbg.-Kübelbg.	9 893	2 169	41	1 409	40	2 030	19
Altrip	12 566	2 558	38	1 514	38	1 767	28
Bobenheim-Roxheim	23 751	2 963	32	1 787	34	1 542	37
Böhl-Iggelheim	22 491	2 370	43	.	.	1 431	41
Lambsheim	15 421	3 019	31	2 065	24	1 838	25
Limburgerhof	22 136	2 870	33	1 635	36	1 426	42
Mutterstadt	28 439	3 431	25	1 973	30	2 219	15
Neuhofen	12 545	2 650	37	1 480	39	1 773	27
Schifferstadt	52 342	3 193	30	1 796	33	1 879	23
Waldsee	10 757	2 514	39	1 653	35	1 247	43
Dahn	17 925	4 202	16	2 752	18	2 253	13
Hauenstein	12 862	2 868	34	1 184	42	1 454	40

Noch Tab. 6:

Gemeinde	absolut	Gesamtausgaben 1957—69 je Einwohner					
		abs.	Rang	davon Gesetzliche bzw. zwangsläufige Ausgaben		Anlageinvestitionen	
				abs.	Rang	abs.	Rang
	1 000 DM	DM	Nr.	DM	Nr.	DM	Nr.
	1	2	3	4	5	6	7
Rodalben	26 168	3 518	23	2 028	25	1 751	29
Thaleischweiler-Frö.	9 767	2 464	41	1 527	37	1 656	32
Waldfischb.-Burgalben	26 317	4 307	15	2 587	20	1 948	21
linksrheinisches Untersuchungsgebiet	4 242 605	6 180		4 480		2 510	

Nach der Ausgabenstruktur können im rechtsrheinischen Untersuchungsgebiet zwei Hauptgemeindetypen unterschieden werden:

a) Gemeinden mit bestandswirksamem Schwerpunkt der Anlageinvestitionen.

b) Gemeinden mit unmittelbar leistungswirksamem Schwerpunkt der Sachausgaben, verbunden mit vergleichsweise hohen Personalkosten.

Dieser Strukturunterschied wird einmal durch unterschiedlich umfassende Aufgabenbereiche im „reinen" Verwaltungsbereich der „Amtshandlungen" verursacht, vor allem aber durch den unterschiedlichen Umfang der Versorgungs- und Verkehrsleistungen. Gemeinden mit hohem Sach- und Personalkostenaufwand haben auch hohes Aufkommen an Gebühren und Entgelten, insbesondere aus Benutzungsgebühren, Beiträgen im Sinne des Abgabenrechts und tarifgebundenen Entgelten. Zum zweiten Typ zählen alle die Gemeinden, die neben dem Wasserwerk zusätzliche Versorgungs- und — wie Mannheim, Heidelberg und Weinheim — auch Verkehrsbetriebe haben. Mit Ausnahme von Oftersheim, das an das Wasserwerk Schwetzingen angeschlossen ist, hat die Mehrzahl der Gemeinden als einzigen Versorgungsbetrieb das Wasserwerk. Schwetzingen und Neckargemünd haben zusätzlich ein Gaswerk, Schriesheim ein Elektrizitätswerk, Mannheim, Heidelberg, Weinheim und Hockenheim haben zusätzlich sowohl Elektrizitäts- als auch Gaswerke. Hockenheim nimmt mit vergleichsweise geringem Personalkostenanteil und gleichzeitig hohen Sachkosten und Anlageinvestitionen eine bemerkenswerte Mittelstellung ein.

VI. Das Problem der kommunalen Infrastrukturproduktion und seine Bewertung

Als Produktion örtlicher Infrastruktur bezeichnen wir mit K. LITTMANN „die Erstellung von Investitionen oder Dienstleistungen"[19]) durch kommunale oder sonstige, mit Hilfe kommunaler Zweckzuwendungen infrastrukturschaffende Funktionsträger. Zweckzuwendungen sind dabei im Sinne von HANSMEYER Transferzahlungen mit Verwendungs- und Empfangsauflagen, z. B. mit Investitionsauflagen[20]). Kommunale Funktionsträger sind: die politischen Gemeinden, kommunale Betriebe mit gesonderter Betriebs- und Rechnungsführung, insbesondere Betriebe im Sinne des Eigenbetriebsgesetzes, sonstige kommunale Betriebe mit eigener Rechtspersönlichkeit, aber überwiegend gemeinwirtschaftlicher Zielsetzung, Zweckverbände. Sonstige Funktionsträger sind z. B. private Schulträger, freigemeinnützige Träger von Altenheimen, Kindergärten und Krankenhäusern, Sportvereine usw.

Als Infrastrukturproduktionskosten fassen wir den Nettoaufwand aller kommunalen Funktionsträger in DM nach Rechnungsjahr und Sachbereichen auf. Dabei ist der Nettoaufwand die Summe der Aufwendungen aller kommunalen Funktionsträger. Er ist identisch mit den von Sozialleistungen bereinigten Gesamt-Haushaltsausgaben der Summe aller Funktionsträger-Haushaltsausgaben, abzüglich der doppelt gebuchten Verrechnungsposten zwischen den Funktionsträger-Haushalten.

Aus dem Umfang und der sachlichen Aufgliederung der Infrastrukturproduktion sind Tendenzaussagen über die kommunale Beeinflussung der Standortqualitäten für Unternehmen und private Haushalte möglich. Für die Beurteilung der räumlichen Wirkungen kommunaler Infrastrukturproduktion scheint uns eine Gliederung nach drei Hauptmaßnahmenbereichen sinnvoll und erforderlich. Dabei dient der finanzstatistische Kennziffernplan der Haushaltsplan-Gliederung als statistischer Kontenrahmen für die Erhebung:

Kennziffer und Maßnahmenbereich	Finanzstatistische Kennziffer und Haushaltsabschnitt

3000 INFRASTRUKTUR

3100 Infrastrukturelle Erschließung

3110 Bauflächenerschließung durch Einrichtungen und Anlagen zur Ver- und Entsorgung sowie durch Verkehrswege	61 Baulandumlegung, städtebauliche Sanierung 641 Erschließung von Baugelände 65 Straßenbau 70 Beleuchtung, Reinigung und Entwässerung 774 Erschließung von Industriegelände 81 Versorgungsunternehmen
3120 Verkehrliche Erschließung durch Einrichtung und Betriebe von Verkehrsmitteln für den Innerorts- und Nahverkehr	821 Straßenbahnen, Autobusse 824 Kleinbahnen

---

[19]) K. LITTMANN, 1957, S. 144.
[20]) K. HANSMEYER, 1969, S. 319 u. 322.

Kennziffer und Maßnahmenbereich	Finanzstatistische Kennziffer und Haushaltsabschnitt	
3200 *Infrastrukturelle Folgebereiche* (Soziale Infrastruktur)		
3210 Verwaltung, Sicherheit und Ordnung	0	Allgemeine Verwaltung
	1	Öffentliche Sicherheit und Ordnung
	71	Feuerlöschwesen
	90	Finanz- und Steuerverwaltung
3220 Bildung und Ausbildung	2	Schulen
	31	Hochschulen
	32	Sonstige wissenschaftliche Einrichtungen
3221 Weiterführende Schulen, Hochschulen und sonstige wissenschaftliche Einrichtungen	22	Realschulen
	23	Höhere Schulen
	24	Berufsschulen (Pflichtfortbildung)
	25	Berufsfachschulen
	26	Fachschulen
	27	Sonstiges Schulwesen, insbes. Schulzentren
	31	Hochschulen
	32	Sonstige wissenschaftliche Einrichtungen, insbes. wissenschaftliche Bibliotheken und Museen
3230 Kultur und Gemeinschaftsleben	30	Kulturpflege
	33	Theater und Konzerte
	34	Sonstige Kulturpflege, insbes. Kunsthallen
	35	Volksbildung
	36	Heimatpflege
	37	Kirchen
	854	Stadthallen, soweit überwiegend für Zwecke aus 33 und 34 genutzt
3240 Soziales und Gesundheit	400—406	Verwaltung der sozialen Angelegenh.
	43	Einrichtungen der Sozialhilfe
	46	Einrichtungen der Jugendhilfe
	50	Gesundheitsdienst
	51—53	Einrichtungen des Gesundheitswesens/ Krankenhäuser und -anstalten
3241 Krankenpflege	50—53	Gesundheitsdienst und Krankenhäuser
3250 Spiel, Sport und Erholung	55	Einrichtungen der Leibesübungen
	643	Kleingartengelände
	741	Park- und Gartenanlagen, darunter Kinderspielplätze
	743	Badeanstalten
	866	Erholungsmaßnahmen im Walde, Wald- und Wanderwege
3260 Sonstige Anlagen und Einrichtungen	60, 62—63	Bauverwaltung
	66	Wasserläufe, Wasserbau
	67	Trümmerbeseitigung
	68	Bauhöfe
	69	Sonstige Bauwesen
	73	Bestattungswesen
	756	Sonstige öffentliche Einrichtungen

Kennziffer und Maßnahmenbereich	Finanzstatistische Kennziffer und Haushaltsabschnitt

3300 Branchenspezifische Infrastruktur

	3310 Förderung der Land- und Forstwirtschaft	76	Wirtschaftswegebau, Beregnung und Drainage von Wirtschaftsflächen
	3320 Förderung der gewerblichen Wirtschaft und des Fremdenverkehrs	77	Sonstige Förderung von Wirtschaft und Verkehr einschl. Industrieansiedlung und -geländeerschließung
		826	Hafen- und Umschlagsunternehmen
		827	Flughäfen
		828	Sonstige Verkehrsunternehmen
		85	Unternehmen der Verkehrsförderung mit gemeinwirtschaftlicher Zielsetzung, darunter Stadt- und Messehallen, die nicht unter 3230 nachgewiesen sind
		87	Kurbetriebe
	3330 Förderung der Lebensmittelversorgung und des Marktwesens	721	Märkte, insbesondere Großmärkte
		726	Vieh- und Schlachthöfe, -großmarkt, Freibank

Während „die Interdependenz zwischen einzelnen Bestandteilen jeweils eines Infrastrukturbereiches" die Analyse nach Maßnahmenbereichen unter Zurechnung sachlich zusammengehöriger Haushaltsabschnitte erfordert, ermöglicht die in der Regel „lange Lebensdauer" der materiellen Infrastruktur den Bezug auf die Endjahrwohnbevölkerung[21]). Sämtliche Angaben über Ausgaben und Investitionen sind daher auf die Bevölkerung nach der Volkszählung 1970 bezogen. Die im 13jährigen Untersuchungszeitraum beträchtlichen Preissteigerungen wurden nicht eliminiert.

Bei der Betrachtung der räumlichen Verteilung der *Gesamtheit aller Infrastrukturinvestitionen* ist festzustellen: Gemessen an der Einwohnerzahl haben überdurchschnittliche Investitionen neben den Kernstädten bzw. zentralen Orten in erster Linie die zugleich realsteuerstarken Gemeinden zu verzeichnen (vgl. Karte 1). Dabei entsprechen die Investitionsschwerpunkträume ganz eindeutig der im Kapitel IV festgestellten Hauptrichtung der Siedlungsentwicklung. Die schnelle, räumlich weitgehend unkoordinierte Entwicklung des Verdichtungsprozesses besonders im rechtsrheinischen Teil des Untersuchungsgebietes korreliert mit der Verteilung kommunaler Infrastrukturinvestitionen. Die bereits für das nördliche Umland Ludwigshafens getroffene Feststellung[22]) gilt in noch verstärktem Maße für den Raum östlich Mannheims und südlich Heidelbergs. Im rechtsrheinischen Teil des Untersuchungsgebietes sind insgesamt 2285 Mio. DM in die kommunale Infrastruktur investiert worden, das sind 3762 DM je Einwohner. Dabei bestehen zwischen Kernstädten, zentralen Orten und Umlandgemeinden — sieht man einmal von der Sonderstellung Mannheims mit 4763 DM ab — keine signifikanten Unterschiede in den Investitionsquoten je Einwohner.

---

[21]) J. STOHLER, 1965, S. 294.
[22]) Vergl. K.-A. BOESLER, 1972, S. 48 ff.

Stellt man die Anteile der Investitionen für die Erschließungsinfrastruktur denen für die soziale Infrastruktur gegenüber, wird deutlich, in welchen Gemeinden der Ausbau der Wohnortfunktion überwog, und in welchen anderen der Ausbau der sozialen Infrastruktur, die zugleich auch die zentralörtlichen Funktionen umfaßt (vgl. Karten 3, 4 und 5 sowie Abb. 2). In der großen Mehrzahl der Kleinzentren und bei allen Gemeinden im verdichteten Umland von Mannheim, Heidelberg und Ludwigshafen überwog ganz eindeutig der Anteil der Investitionen in die Bereiche Ver- und Entsorgung sowie in den Straßenbau. Hier ist also in erster Linie die Wohnortfunktion quantitativ und qualitativ ausgebaut worden. Dies entsprach z. T. der im Umland der Kernstädte sprunghaft ansteigenden Einwohnerzahl, zu einem Teil war aber auch ein erheblicher Nachholbedarf in der Qualität der Ver- und Entsorgungsinfrastruktur zu decken. Schon die hohen Einwohnerinvestitionsquoten der Mehrzahl der Wachstumsgemeinden legen den Schluß nahe, daß mit dem wachsenden siedlungsstrukturellen Verdichtungsgrad über die bandinfrastrukturelle Bauflächenerschließung hinaus Ver- und Entsorgungsmaßnahmen in technischen Größenordnungen vorzunehmen waren, die weder technisch noch finanziell von den Gemeinden des Umlandes getragen werden konnten. Das gilt hinsichtlich der „Sockelkosten" insbesondere für die kleinsten und zugleich finanzschwachen Gemeinden des Untersuchungsgebietes, wie z. B. Neckarhausen und St. Ilgen. Die Sicherung der zukünftigen Wasserversorgung und die Umstellung der vorwiegend mechanischen Kläranlagen auf biologische Abwasserklärung macht eine Ausweitung der zwischengemeindlichen Zusammenarbeit bei gleichzeitiger Ausweitung der Verbandsgebiete erforderlich[23]). Auch im weiteren Umland von Ludwigshafen waren die kleineren Zentralorte offensichtlich mehr davon in Anspruch genommen, die Erschließungsmaßnahmen in der Wachstumsperiode zwischen 1961 und 1970 zu finanzieren. Eine Haushaltsanalyse der Jahre nach 1969 würde voraussichtlich zeigen, daß seitdem verstärkt der Nachholbedarf in der sozialen Infrastruktur gedeckt worden ist.

Eine größere oder sogar überwiegende Bedeutung haben die Investitionen in die soziale und zentralörtliche Infrastruktur in der Mehrzahl der Mittel- und Unterzentren. In einigen kleineren Zentren, wie z. B. Monsheim, Deidesheim, Obermoschel überwiegen die Investitionen in die soziale Infrastruktur, weil an sich einige wenige Maßnahmen bei relativ geringen Gesamtausgaben je Einwohner deutlich auf die Gesamtinvestitionsaus-

---

[23]) Im Untersuchungsgebiet waren 1957—69 hauptsächlich 4 Abwasser- bzw. Wasserversorgungsverbände in größerem Umfang tätig:

Abwasserzweckverbände	Wasserversorgungszweckverbände
ZV „Untere Hardt":	ZV „Hardtgruppe":
33129 Leimen, 33140 Nußloch, 33147 Sandhausen, 33148 St. Ilgen, 33158 Walldorf	33129 Leimen, 33147 Sandhausen, 33148 St. Ilgen, 33158 Walldorf
33160 Wiesloch gehört dem ZV „Leimbach-Angelbach" an	
ZV „Unterer Neckar":	ZV „Neckargruppe":
35113 Edingen, 35115 Heddesheim, 35121 Ladenburg, 35125 Neckarhausen	11000 Heidelberg-Wieblingen, 13000 Mannheim-Friedrichsfeld, 35113 Edingen, 35125 Neckarhausen
	35115 Heddesheim gehört dem ZV „Obere Bergstraße" an
Im ZV „Altrhein" (35112 Brühl, 35120 Ketsch) erfolgten die größeren Investitionen vor 1957	

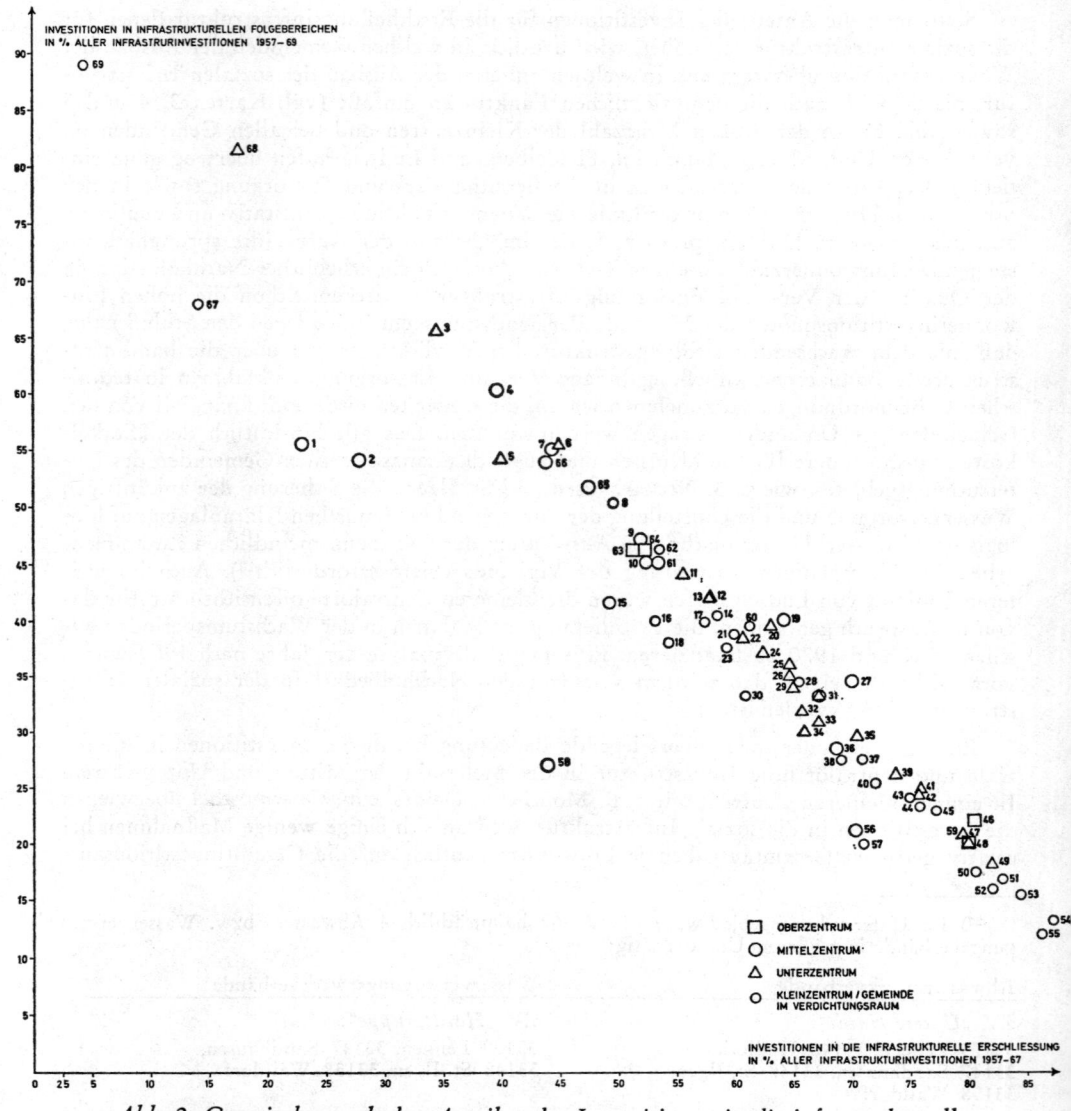

Abb. 2: Gemeinden nach den Anteilen der Investitionen in die infrastrukturelle Erschließung und in infrastrukturelle Folgebereiche an den gesamten Infrastrukturinvestitionen 1957—1969

Zu Abb. 2:

1. Kusel	7. Landstuhl	13. Winnweiler
2. Rockenhausen	8. Edingen	14. Enkenbach-Alsenborn
3. Brühl	9. Frankenthal	15. Grünstadt
4. Schwetzingen	10. Dahn	16. Limburgerhof
5. Eisenberg	11. Haßloch	17. Bobenheim
6. Oftersheim	12. Eppelheim	18. Schönenberg-Kübelberg

gaben auswirkten. Rechtsrheinisch ist der Anteil der zentralörtlichen Investitionen erwartungsgemäß in den ausbaubedürftigen Zentralorten mittlerer (Schwetzingen, Wiesloch) und unterer (Ladenburg, Hockenheim) Stufe relativ hoch. Gerade diese Zentralorte sind auch die bevorzugten Standorte der zentralörtlich wirksamen Landkreisinvestitionen, wie die folgende Tabelle im einzelnen ausweist:

Tabelle 7:

Zentralörtliche Infrastruktur — Kommunale Anlageinvestitionen 1957—69

Gemeinde	1. Ausg. d. kreisfr. Städte u. Gem.		2. Ausg. d. Kreise		3. Ausg. d. Gem. u. Kreise		Ausg. je Einw.	
	absolut 1000 DM	je Einw. DM	absolut 1000 DM	je Einw. DM	absolut 1000 DM	je Einw. DM	1. Rang Nr.	3. Rang Nr.
	1	2	3	4	5	6	7	8
Heidelberg	30 455	252	10 450	86	40 905	338	5	3
Mannheim	109 256	329	1 846	6	111 102	335	3	4
Leimen	15	2	—	—	15	2	10	10
Neckargemünd	165	20	2 418	292	2 583	312	8	7
Walldorf	188	15	525	41	713	56	9	9
Wiesloch	7 919	492	5 211	324	13 130	816	2	1
Brühl	1	—	—	—	1	—	12	12
Hockenheim	3 852	248	1 267	81	5 119	329	6	5
Ketsch	12	1	—	—	12	1	11	11
Ladenburg	3 039	310	102	10	3 141	320	4	6
Schwetzingen	10 370	628	624	38	10 994	666	1	2
Weinheim	3 042	103	4 405	148	7 447	251	7	8

19. Wiesloch
20. Schifferstadt
21. Lambsheim
22. Ilvesheim
23. Mutterstadt
24. Nußloch
25. Plankstadt
26. Ketsch
27. Ladenburg
28. Weinheim
29. Ramstein-Miesenbach
30. Thaleischweiler
31. Walldorf-Hockenheim
32. Waldfischbach-Burgalben
33. Leimen
34. Osthofen
35. Schriesheim
36. Düw
37. Neuhofen
38. Weilerbach
39. Sandhausen
40. Bruchmühlbach
41. Neckargemünd
42. Dossenheim
43. Lambrecht
44. Hauenstein
45. Neckarshausen
46. Mannheim
47. Heidelberg
48. Rodalben
49. Alsenz
50. Hettenleidelheim
51. Böhl-Iggelheim
52. Otterberg
53. Ziegelhausen
54. Altrip
55. Göllheim
56. Lauterecken
57. Waldsee
58. Kirchheimbolanden
59. Heddesheim
60. St. Ilgen
61. Pirmasens
62. Altenglan
63. Kaiserslautern
64. Ludwigshafen
65. Speyer
66. Neustadt a. d. Weinstr.
67. Monsheim
68. Obermoschel
69. Deidesheim

Für die Position der Oberzentren und die Mehrzahl der Mittelzentren bei dem Vergleich von Erschließungs- und Sozialinfrastrukturinvestitionen muß hier einschränkend hinzugefügt werden, daß unsere Analyse sich im pfälzischen Bereich auf Angaben aus den Kommunalhaushalten im engeren Sinne beschränken mußte, also auf dem Verwaltungs- und Vermögenshaushalt (früher Ordentlicher Haushalt und Außerordentlicher Haushalt). Dagegen konnten die Werksrechnungen wegen zu großer Erhebungsschwierigkeiten nicht berücksichtigt werden. Auf diese Weise fehlen vor allem Ausgaben für die Wasserversorgung durch eigene Wasserwerke sowie für die Bereitstellung leitungsgebundener Energien. Unter Hinzurechnung dieser fehlenden Angaben würde sich im linksrheinischen Teil die Position der Gemeinden mit eigenen Werken stärker in Richtung auf die Erschließungsinvestitionen verschieben, allerdings auf einem insgesamt noch höheren Ausgabenniveau; denn in der Regel haben auch die Wasserwerke und energieerzeugenden Werke der größeren Gemeinden ein überörtliches Versorgungsgebiet und damit zentralörtliche Funktionen.

Nahezu die Hälfte aller Folgebereichsinvestitionen im Untersuchungsgebiet erfolgten im Hauptmaßnahmenbereich 3220 Bildung und Ausbildung. Vor allem wurden die Grund- und Hauptschulen neu- bzw. ausgebaut, die zentralörtlich wirksamen Investitionen im weiterführenden Schulwesen (Maßnahmenbereich 3221) wurden durch die Landkreisinvestitionen im berufsbildenden Schulwesen wesentlich verstärkt, wobei das Ausgabenniveau in den Umlandgemeinden dem der Kernstädte angenähert wurde. Stellt man allerdings die in den Kernstädten auch 1957 schon vorhandene Ausstattung in diesem Bereich und den Gewinn der Umlandgemeinden an jugendlicher Wohnbevölkerung in Rechnung, bleibt im Bereich außerhalb der Kernstädte auch 1969 noch ein erheblicher Investitionsbedarf. Das gleiche gilt in verstärktem Maße auch für den Maßnahmenbereich 3241 Krankenpflege, zumal Heidelberg in diesem Bereich wegen der Baulastträgerschaft des Landes für die Universitätskliniken nur 85 000 DM investiert hat.

Die völlig gegenteilige Feststellung ist insbesondere im rechtsrheinischen Teil des Untersuchungsgebietes für den Freizeitbereich zu treffen: Trotz der vergleichsweise bemerkenswerten Einwohnerinvestitionsquote im Maßnahmenbereich 3230 Kultur und Gemeinschaftsleben bleiben die Kernstädte in diesem Sektor gegenüber dem Umland erheblich zurück.

VII. Deckungsmittel für Infrastrukturinvestitionen

Bei der Analyse der Deckungsmittel beschränken wir unsere Betrachtung auf den rechtsrheinischen Teil des Untersuchungsgebietes, da wir hier eine flächendeckende Analyse vornehmen konnten und damit Schlüsse auf die Situation von Kernstädten, zentralen Orten und Umlandgemeinden möglich waren.

Im rechtsrheinischen Untersuchungsgebiet erfolgte die Finanzierung der Infrastrukturinvestitionen zu 56,5 % durch Fremdmittel (13,7 % Zuweisungen, 42,8 % äußere Darlehen) und 43,5 % durch Eigenmittel (vgl. dazu Tabelle 8). In den Kernstädten wurden die Investitionen vor allem durch vermehrte Aufnahme äußerer Darlehen finanziert: 50,8 % der Mannheimer und 36,9 % der Heidelberger Infrastrukturinvestitionen wurden durch äußere Darlehen finanziert gegenüber nur 25,6 % in den Umlandgemeinden. 88,3 % der Gesamtdarlehensaufnahme wurden in den Kernstädten zur Finanzierung von Erschließungsmaßnahmen verwendet gegenüber 71,4 % im Umland. Die Selbstfinanzierungsrate in den Folgebereichen war in den Kernstädten mit 62,2 % nur wenig höher als

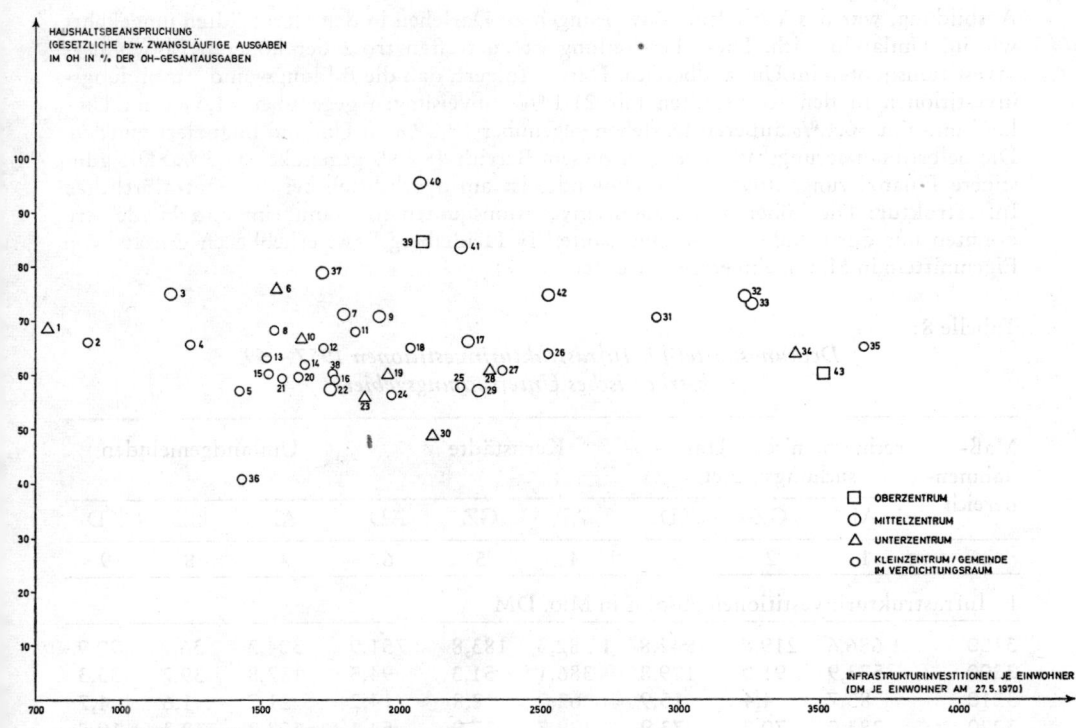

Abb. 3: Haushaltsbeanspruchung durch gesetzliche bzw. zwangsläufige Ausgaben im OH und Infrastrukturinvestitionen je Einwohner in den Jahren 1937—1969

Zu Abb. 3:

1. Osthofen
2. Monsheim
3. Düw
4. Waldsee
5. Limburgerhof
6. Obermoschel
7. Landstuhl
8. Glan-Münchweiler
9. Grünstadt
10. Haßloch
11. Lambsheim
12. Otterberg
13. Altenglan
14. Thaleischweiler
15. Lambrecht
16. Altrip
17. Dahn
18. Schönenberg-Kübelberg
19. Waldfischbach-Burgalben
20. Bruchmühlbach
21. Bobenheim
22. Rodalben
23. Schifferstadt
24. Enkenbach-Alsenborn
25. Mutterstadt
26. Göllheim
27. Weilerbach
28. Winnweiler
29. Lauterecken
30. Ramshofen-Miesenbach
31. Deidesheim
32. Kirchheimbolanden
33. Rockenhausen
34. Eisenberg
35. Hettenleidelheim
36. Hauenstein
37. Pirmasens
38. Neuhofen
39. Kaiserslautern
40. Speyer
41. Neustadte a. d. Weinstr.
42. Frankenthal
43. Ludwigshafen

im Umland mit 60,0 %. Wegen des in Mannheim mit 11,0 % gegenüber Heidelberg mit 20,8 % geringen Finanzierungsanteils der Zuweisungen war der durchschnittliche Zuweisungsanteil der Kernstände mit 13,3 % erheblich niedriger als im Umland mit 21,2 %, insbesondere im wichtigsten Maßnahmenbereich der Folgeinfrastruktur, 3220 Bildung und

Ausbildung, war das Verhältnis Zuweisungen zu Darlehen in den Kernstädten umgekehrt wie im Umlandbereich. Diese Feststellung ist zu treffen trotz der höheren Einwohnerinvestitionsquoten im Umlandbereich. Daraus folgt, daß die Bildungs- und Ausbildungsinvestitionen in den Kernstädten mit 21,1 % Zuweisungen gegenüber 31,3 % im Umland und mit 30,1 % äußeren Darlehen gegenüber 19,2 % im Umland finanziert wurden. Die Selbstfinanzierungsrate betrug in diesem Bereich 48,8 % gegenüber 49,5 %. Die günstigere Finanzierungssituation des Umlandes ist am deutlichsten bei der zentralörtlichen Infrastruktur: Die höheren Einwohnerinvestitionsquoten in Mannheim und Heidelberg konnten nur durch höheren Darlehensanteil in Heidelberg bzw. erheblichen Einsatz von Eigenmitteln in Mannheim erreicht werden.

Tabelle 8:
Deckungsmittel für Infrastrukturinvestitionen 1957—69
(rechtsrheinisches Untersuchungsgebiet)

Maßnahmenbereich	rechtsrheinisches Untersuchungsgebiet			Kernstädte			Umlandgemeinden		
	Ai+	GZ+	ÄD+	Ai	GZ	ÄD	Ai	GZ	ÄD
	1	2	3	4	5	6	7	8	9
1. Infrastrukturinvestitionen absolut in Mio. DM									
3100	1 686,6	219,8	842,8	1 382,3	183,8	751,9	304,3	36,0	90,9
3200	573,9	91,0	129,8	386,1	51,3	94,5	187,8	39,7	35,3
3210	83,7	4,4	15,9	62,0	2,8	14,2	21,7	1,6	1,7
3220	283,0	70,2	73,9	179,7	37,9	54,1	103,3	32,3	19,8
3250	71,5	5,3	13,3	33,1	0,9	5,1	38,4	4,4	8,2
3300	64,5	2,9	19,8	55,0	1,2	16,5	9,5	1,7	3,3
2. Infrastrukturinvestitionen je Einwohner in DM									
3100	2 420	315	1 208	3 051	406	1 659	1 246	148	372
3200	823	131	186	852	113	209	789	163	145
3210	120	6	23	137	6	31	89	7	7
3220	406	101	106	397	84	119	423	132	81
3250	103	8	19	73	2	11	157	18	33
3300	92	4	28	121	3	36	39	7	13
3. Finanzierungsanteile der Deckungsmittel in %									
3100	100,0	13,0	50,0	100,0	13,3	54,4	100,0	11,8	29,9
3200	100,0	15,9	22,6	100,0	13,3	24,5	100,0	21,2	18,8
3210	100,0	5,2	19,0	100,0	4,5	22,9	100,0	7,4	7,9
3220	100,0	24,8	26,1	100,0	21,1	30,1	100,0	31,3	19,2
3250	100,0	7,4	18,6	100,0	2,8	15,6	100,0	11,3	21,2
3300	100,0	4,5	30,6	100,0	2,2	29,9	100,0	17,9	34,7

Ai+ = Infrastrukturanlageinvestitionen.
GZ+ = Gesamtzuweisungen.
ÄD+ = Äußere Darlehen.

Äußere Darlehen werden durch mittel- bzw. langfristige Kapitalisierung zu erwirtschafteten Eigenmitteln, je größer ihr Finanzierungsanteil ist, desto größer ist als Folgeaufwand die Zinslast. Dabei darf allerdings nicht unberücksichtigt bleiben, daß eine rechtzeitige Verschuldung langfristig billiger sein kann als eine zu späte Investition zu höheren Preisen; gerade langjährig angesparte Millionen-Rücklagen entziehen den zwischenzeitlichen Investitionshaushalten beträchtliche Mittel und verlängern die Bedarfsdeckungsfristen. Die auch insgesamt ungünstigere Zuweisungsposition vor allem Mannheims und der erheblich höhere Darlehensanteil der Kernstädte insgesamt lassen den Schluß zu, daß die Deckung des Investitionsbedarfs in den Kernstädten auch bei gleichem Investitionsvolumen „teurer" war als in den Umlandgemeinden. Der überörtlich beeinflußte vorrangige Ausbau der zentralen Orte im Umland erfährt also durch die Analyse der Deckungsmittelstruktur eine deutliche Bestätigung. Zusätzlich zu ihren Eigeninvestitionen haben sich die Landkreise vor allem in Wiesloch und Schwetzingen mit großen Zweckzuweisungen an den Finanzierungen z. B. von Gymnasiumsneubauten beteiligt. In erheblichem Umfang hat sich das Land Baden-Württemberg mit Finanzierungsanteilen von 26,3 % in Hockenheim, 27,5 % in Schwetzingen, 43,4 % in Wiesloch und 65,8 % in Ladenburg am Ausbau der zentralen Orte im Umland beteiligt. Auch Heidelberg hat seine zentralörtlichen Investitionen insbesondere im weiterführenden Schulwesen zu 37,1 % aus Landeszuweisungen finanzieren können. Mannheim blieb auch in diesem Maßnahmenbereich mit nur 15,2 % Landeszuweisungen ohne ausreichende Entlastung.

Bei den *Investitionen für die branchenspezifische Infrastruktur der Industrie* haben sich im wesentlichen auch für den Kernbereich des Verdichtungsraumes unsere Aussagen aus dem Bereich des „Nordprofils" bestätigt[24]). Wie auch die Karte 2 ausweist, sind sowohl je Einwohner als auch in Prozent aller Infrastrukturinvestitionen im wesentlichen dort erhebliche Investitionen in diesem Bereich vorgenommen worden, wo mit Hilfe von Landes- und Bundesprogrammen verstärkt Industrieansiedlung gefördert worden ist: Kirchheimbolanden, Kusel, Rockenhausen, Grünstadt und einige weitere kleinere Zentren. In diesen Gemeinden ist also die Arbeitszentralität konsequent und — wie man an der Zunahme der Zahl der Arbeitsplätze sieht — mit Erfolg gefördert worden.

VIII. Zusammenfassung der Ergebnisse

Die Ergebnisse dieser Untersuchung haben unsere Analysen im „Nordprofil" teilweise bestätigt, teilweise haben sich verdichtungsspezifische Differenzierungen ergeben. Im einzelnen konnten wir feststellen:

1. Im Kernbereich des Verdichtungsraumes ist die Struktur der kommunalen Ausgaben und die kommunale Produktion von Infrastruktur zu sehen vor dem Hintergrund der Bevölkerungs- und Arbeitsplatzentwicklung, insbesondere der innergebietlichen Wanderung der deutschen Wohnbevölkerung.
2. Die regionalen Investitionsschwerpunkte im Bereich der Infrastruktur entsprechen den Hauptrichtungen der Siedlungsentwicklung.
3. Es besteht ein deutlicher Unterschied in der Struktur der Gesamtausgaben 1957—69 zwischen den größeren und zugleich zentraleren Gemeinden und ihrem Umland. Nach der Ausgabenstruktur können zwei Hauptgemeindetypen unterschieden werden:
    a) Gemeinden mit bestandswirksamem Schwerpunkt der Anlageinvestitionen und

---
[24]) K.-A. BOESLER, 1972, S. 65 ff.

b) Gemeinden mit unmittelbar leistungswirksamem Schwerpunkt der Sachausgaben verbunden mit vergleichsweise hohen Personalausgaben.

4. Für die Darstellung der Gesamtanlageinvestitionen war es erforderlich, eine sinnvolle Gruppierung von Maßnahmenbereichen nach sachlich zusammengehörigen Haushaltsabschnitten vorzunehmen: Infrastrukturelle Erschließung, infrastrukturelle Folgebereiche, branchenspezifische Infrastruktur. Während östlich Mannheims und südlich Heidelbergs die Erschließungsinvestitionen insbesondere aus Zweckverbandsbeteiligungen bei auch insgesamt hohen Infrastrukturinvestitionen dominieren, überwiegen im Schwetzinger Raum die Folgebereichsinvestitionen. Auch im verdichteten Umland von Ludwigshafen überwog ganz eindeutig der Anteil der Investitionen in die Bereiche Ver- und Entsorgung sowie Straßenbau.

5. Für das Stadt-Umland-Verhältnis charakteristisch ist der im Umland deutlich höhere Anteil der Folgebereichsinvestitionen, neben den Schulbauten vor allem durch den Bau von Spiel-, Sport- und Erholungseinrichtungen und -anlagen bedingt.

6. Die Bedeutung der zentralörtlich wirksamen Investitionen ist erwartungsgemäß in den ausbaubedürftigen Zentralorten mittlerer und unterer Stufe besonders groß, diese Orte sind zugleich die bevorzugten Standorte der zentralörtlich wirksamen Landkreisinvestitionen. Die Planausweisungen im Landesentwicklungsprogramm Rheinland-Pfalz hinsichtlich der Prädikatisierung zentraler Orte erschienen uns besonders überprüfungsbedürftig; denn die Investitionsausgaben und der Finanzierungsspielraum dieser Gemeinden stand in gar keinem Verhältnis zum Zentralortsprädikat. Hier handelt es sich offensichtlich um Absichtserklärungen in Richtung auf eine künftige Konzentration der raumwirksamen Staatszuschüsse für die kommunale Infrastrukturfinanzierung n a c h unserem Untersuchungszeitraum.

7. Die Finanzierungssituation der Kernstädte war ungünstiger als die der Umlandgemeinden. Die auch insgesamt ungünstigere Zuweisungsposition vor allem Mannheims und der erheblich höhere Darlehensanteil in den Kernstädten lassen den Schluß zu, daß die gleichzeitige Deckung von Infrastrukturbedarf in den Kernstädten auch bei gleichen Investitionsvolumen wegen der Zinsfolgekosten „teurer" war als im Umland. Mit vergleichsweise hohen Zweckzuweisungen zur anteiligen Deckung insbesondere zentralörtlicher Infrastrukturinvestitionen haben die Länder und die Landkreise erheblichen Einfluß auf den Ausbau der Folgebereichsinfrastruktur in den Umlandgemeinden genommen, während die Kernstädte, sieht man von dem generalvertraglich vereinbarten „Ersätzen" des Landes Baden-Württemberg für die universitätsbedingten Mehraufwendungen Heidelbergs ab, weitgehend auf eigene Anstrengungen und den Kapitalmarkt verwiesen blieben.

Literaturhinweise

Siehe Literaturverzeichnis bei

K.-A. BOESLER: Wandlungen in der räumlichen Struktur der Standortqualitäten durch die öffentlichen Finanzen im Nordteil des Modellgebietes. In: Die Ansprüche der modernen Industriegesellschaft an den Raum (2. Teil) — dargestellt am Beispiel des Modellgebietes Rhein-Neckar, Forschungs- u. Sitzungsberichte der Akademie für Raumforschung und Landesplanung, Bd. 74, Raum u. Natur 2, Hannover 1972, S. 80.

Die Anfügung eines besonderen Literaturverzeichnisses erübrigt sich.

Auf spezielle Literatur für diesen Teil der Untersuchung ist in den Fußnoten verwiesen.

Landespflegerische Probleme durch die vielseitige Raumbeanspruchung im Modellgebiet Rhein-Neckar

von

Rolf Zundel, Göttingen

I. Einleitung und Problemstellung

1. Die Lage des Modellgebiets mit seinen landschaftlichen Verflechtungen

Das Modellgebiet Rhein-Neckar ist ein Teilstück des großen Städteverdichtungsbandes von Holland über das Ruhrgebiet durch den Rheingraben und die Schweiz bis nach Mailand. Diese zentrale Lage und die Verkehrsverbindungen zum Rhein/Main/Neckar- und Bodenseeraum verliehen dem Gebiet Standortvorteile für eine kräftige Siedlungs- und Wirtschaftsentwicklung. Hinzu kommen naturräumliche Gegebenheiten, wie lange Vegetationszeit, gute landwirtschaftliche Produktionsbedingungen, große Wasservorräte und ein hoher Freizeitwert. Durch diese vorteilhaften ökonomischen und ökologischen Voraussetzungen geriet aber der Kern des Modellgebiets in besonderem Maße in das Spannungsfeld von Natur und Technik.

Bevor wir uns damit im einzelnen befassen, muß im voraus betont werden, daß man das Modellgebiet an sich nicht isoliert betrachten kann; denn es bestehen starke *Wechselbeziehungen* zu den benachbarten Räumen sowohl in Längs- als auch in Querrichtung: So sind z. B. Atomreaktoren am Hochrhein, fehlende Kläranlagen bei Basel, Salzlaugen aus dem elsässischen Kalibergbau oder die Schiffbarmachung des Oberrheins südlich Straßburg von wesentlicher Bedeutung für Wasserhaushalt und Wasserqualität im Raum Speyer-Worms. Aber auch die östlich und westlich an den Rheintalgraben angrenzenden Gebiete und deren pflegliche Nutzung und weitere Entwicklung sind von starkem Einfluß auf die Ebene selbst: Da diese an den Flanken des Modellgebiets und darüber hinaus waldreich und relativ wenig industrialisiert sind, sind ihre Wirkungen hauptsächlich positiver Art; denn sie sind nicht nur ideales Naherholungsgebiet, sondern auch Wassernährgebiet und Lufterneuerer für den stark beanspruchten zentralen Oberrheingraben und erhöhen damit wesentlich dessen ökologisches Pufferungsvermögen! Das Rheintal hätte hinsichtlich seiner Bevölkerungs- und Industriedichte sicherlich längst die natürliche Tragfähigkeit überschritten, wenn seiner langgestreckten, relativ kleinen Fläche nicht ein ausgedehntes, im Naturhaushalt ziemlich unbelastetes Hinterland zugeordnet wäre.

2. Veränderungen in der Landnutzung und landespflegerische Folgen

Aus den bereits veröffentlichten Beiträgen des Forschungsausschusses „Raum und Natur" (s. bes. 9, 18, 22)*) geht hervor, daß sich der wirtschaftende Mensch früher stark

---

*) Die Zahlen in Klammern verweisen auf die Literatur am Schluß dieses Beitrages.

den naturräumlichen Gegebenheiten anpaßte, so besonders auch den klimatischen und bodenkundlichen Nutzungsmöglichkeiten (s. 16, 17). Entsprechend den Bedürfnissen der jeweiligen Zeit war die Landschaft allerdings nie etwas Statisches, sondern immer gewissen Veränderungen unterworfen (z. B. beim Weinbau durch Ausdehnung in der Vorderpfalz und Konzentration oder Rückzug an anderer Stelle, Vergrünlandung im südlichen Odenwald, Umwandlung von Eichenschälwäldern in nutzholztüchtige Hochwälder an den Gebirgsrändern usw.). Allmählich vollzog sich, zumal als Folge des Rheinausbaues und anderer Flußbaumaßnahmen, die Entwicklung zur Voll-Kulturlandschaft, die Naturrelikten fast keinen Platz mehr ließ. Dabei blieb der Wald auf solchen Standorten erhalten, wo er meist auch wichtige Schutzfunktionen ausübte, die bäuerlich genutzten Landschaftsteile glichen einer stabilen und gesunden „Heckenlandschaft" und die Maßnahmen der Wasserwirtschaft (6) sowie des Abbaues von Bodenschätzen (20) waren weitgehend „landschaftsverträglich". In den letzten 200 Jahren (nicht immer in manchen vorhergehenden Devastationsphasen!) waren daher die natürlichen Lebensgrundlagen Wasser und Boden, Klima und Luftreinheit weitgehend gesichert und die Flora und Fauna besonders vielfältig. Große landespflegerische Probleme gab es also kaum, die Nutzung des Landes erfolgte umweltschonend.

Zwar hat SCHULTZE-NAUMBURG in seinem Buch „Die Gestaltung der deutschen Landschaft durch den Menschen" schon vor über 50 Jahren die Gefahren der modernen Technik für den Naturhaushalt (nicht nur für das damals im Vordergrund stehende Landschaftsbild) erkannt, aber erst nach dem 2. Weltkrieg ist durch den Einsatz von Großmaschinen (zur Umformung wie zur dauernden Nutzung) und durch die von der Flurbereinigung geförderte Tendenz zur Spezialisierung die ökologische Belastung der Landschaft stark angestiegen; umgekehrt haben sich aber durch Bevölkerungswachstum und verbesserte Mobilität die Ansprüche der Bevölkerung an die natürliche Leistungsfähigkeit vervielfacht, so daß Mehrfachnutzungen auf derselben Land- oder Wasserfläche häufiger sind als früher (z. B. Wasserbedarf, Erholungsmöglichkeiten als Folge der Umschichtung zum sekundären und tertiären Sektor). Diese Ansprüche müssen im Modellgebiet verstärkt dort gedeckt werden, wo wegen günstiger standörtlicher Voraussetzungen die Verdichtung stattgefunden hat, also in den Flußtälern im Kern des Modellgebiets. Dort ist aber der Naturhaushalt besonders empfindlich (Grundwasserreserven, typische Stadtklimate mit Dunst und Schwüle im Sommer, Nebel- und Kaltluftbildung im Winter [11, 15]).

Beispiele aus der Land- und Forstwirtschaft, der Wasserwirtschaft und der Abbauwirtschaft sollen später zeigen, daß gerade im bevölkerungsreichen Kern bei der heutigen Landnutzung zahlreiche Zielkonflikte entstehen, die im übrigen bei der Waldwirtschaft meist unkomplizierter als bei der Landwirtschaft gelöst werden können.

3. Umwelteinflüsse durch Siedlung und Industrie, Verkehr und Transport

Mit der Bevölkerungszunahme im Kern des Modellgebiets stieg auch der Bedarf nach Wohn- und Arbeitsstätten, nach Energieversorgung und Freizeitmöglichkeiten im Nahbereich. Eine rationelle Infrastrukturverbesserung wurde durch Konglomerationsprozesse offensichtlich erleichtert, doch entstanden Probleme der richtigen Zuordnung und geeigneter Verkehrs- und Transportmöglichkeiten wie nie zuvor. Sowohl bei der Standortwahl der einzelnen Vorhaben als auch bei der Art der Durchführung wurden ökologische Gesichtspunkte, also die Auswirkung auf die natürlichen Lebensgrundlagen und die menschliche Gesundheit, bis vor kurzem kaum beachtet. Beispiele sind:

— Innerstädtische Verdichtung ohne ausreichenden Grünschutz.

— Mangelnde Trennung von Wohn- und Industriegebieten, einseitige Standortwahl bei letztgenannten ohne Beachtung von Grundwasserschutz, Luftreinhaltung und Lärm.
— Unzureichende technische Auflagen (z. B. innerbetriebliche Wasserkreisläufe, Abgasreinigung, Verbot von Schwerölen usw.).
— Herdringartige Ausuferung der Siedlungen unter Vernichtung stadtnaher Erholungs- und klimatischer Ausgleichsräume.
— Einseitige Förderung des Individualverkehrs, Trassierung von Straßen ohne Rücksicht auf Lärm- u. a. Immissionsfolgen, auf Grünbestände, Erholungsgebiete, Folgen für Landbewirtschaftung usw.
— Leitungswirrwarr mit Zerschneidungsschäden und landschaftlichen Verunstaltungen.
— Konzentration von Energiegewinnungsanlagen in den Verdichtungsräumen, die bioklimatisch empfindlich und sowieso stark abwasser- und abluftbelastet sind.

4. Eingrenzung des Themas

Nach der vorhergehenden Schilderung der Problemstellung ist es einleuchtend, daß es kaum einen Fachbeitrag unter den bisherigen Veröffentlichungen (betr. die Ansprüche der heutigen Gesellschaft an das Modellgebiet) gibt, der nicht auch landespflegerische Fragen berührt. Im vorliegenden Beitrag sollen weder alle dortigen Aspekte wiederholt werden noch können die vielen verbliebenen Fragen des Schutzes und der Pflege von Wasser und Boden, Klima und Lebewelt umfassend behandelt werden; denn dazu wäre eine gründliche Landschaftsanalyse und zugehörige Landschaftsplanung erforderlich, um so den ganzen biologisch-ökologischen Teil einer modernen Regionalplanung abzudecken.

Im Rahmen dieser Arbeit soll deshalb nur versucht werden, die wichtigsten Erscheinungen und Entwicklungen der Landespflege im Modellgebiet zu schildern und daraus gewisse Forderungen planerischer Art abzuleiten. Der größere Wert wird dabei auf das problemreichere Kerngebiet in der Rheinebene gelegt und hier wiederum auf die Vorgänge in der freien Landschaft. Fragen des technischen Umweltschutzes (s. dazu als Beispiele die Arbeiten BALKE und GESSNER) und der so wichtigen Grünordnung innerhalb der Siedlungen werden ausgespart, obwohl freilich eine scharfe Trennung nicht möglich ist. Auch Erholungs- und Freizeitprobleme sind hier nur am Rande zu erwähnen, da diese schon in anderen Beiträgen (1, 8, 12) behandelt wurden.

II. Beeinflussung der natürlichen Lebensgrundlagen durch einzelne Fachbereiche

1. Landwirtschaft und Flurbereinigung

Verständlicherweise wird in der Rheinebene vor allem auf den verbreiteten lehmigen Sand- und Lehmböden intensiver Acker- und Gemüseanbau, in den klimatisch begünstigten Randzonen Obst- und Weinbau getrieben (letzteres linksrheinisch sogar bis auf die Niederterrasse herunter). Ebenso überwiegt der Ackerbau im nordwestlich angrenzenden rheinhessischen Hügelland (zusammen mit Weinbau) und im südwestlich gelegenen Kraichgau wegen der überwiegend guten Lehmböden. Es ergeben sich daraus verschiedene Belastungen für den Naturhaushalt, weil im intensiv betriebenen Acker-, Gemüse-, Obst- und Weinbau eine starke Düngung und häufige Pestizidanwendung üblich ist und überdies bei der Großzahl von Landnutzern eine ähnliche Kontrolle der sachgemäßen

Durchführung wie bei der großflächig betriebenen Waldwirtschaft (die als naturnahester Bodennutzungszweig ohnehin seltener zu künstlichen Mitteln greifen muß) sehr erschwert ist. SCHÖNHALS beschreibt ausführlich die gefährliche *Erosion* im Modellgebiet und den Verlust fruchtbaren Bodens durch Wind und Wasser. Zur Zeit werden diese Gefahren durch den Übergang zu großflächigen Monokulturen (zumal nach der Flurbereinigung) und durch die häufig anzutreffende Abschaffung der Viehhaltung (und damit fehlender organischer Düngesubstanz und in der Ackerflur draußen gliedernder Grünlandstreifen) beträchtlich verstärkt. In einer im Mai 1972 vom Europarat verkündeten Bodencharta, an deren Ausarbeitung der Verfasser als Vertreter der Bundesrepublik Deutschland mitwirkte, wurde auf diese Zusammenhänge besonders hingewiesen und eine naturgerechtere Flurbereinigung, Melioration, Kompostanwendung sowie mehr integrierter Pflanzenschutz verlangt. Weitere gravierende Probleme entstehen im Oberrheintal durch die Tendenz, sogar vernäßte Wiesen (mit unwirtschaftlich hohen Aufwendungen) auch noch in Ackerland umzubrechen, um z. B. Mais anbauen zu können. Solche wertvolle Feuchtbiotope sollten indessen entweder der natürlichen Sukzession überlassen oder allenfalls aufgeforstet werden. Hand in Hand mit der Schaffung gleichartiger, für modernen Maschineneinsatz geeigneter Großflächen sind auch die Entfernung von Hecken und Feldgehölzen und die Eutrophierung der Gewässer gefördert worden. Damit aber handelt es sich längst nicht mehr um reine Fragen eines etwaigen langfristigen Rückganges von Agrarproduktion und Bodenfruchtbarkeit, sondern um zentrale Probleme des biologischen Umweltschutzes. Durch die von der Flurbereinigung oder von der Landwirtschaftsberatung lange Zeit forcierte „Verkahlung" der Landschaft sind wichtige Zuflucht-, Rast- und Brutstätten beseitigt worden. Da die baumärmsten Löß-Lehm-Gebiete überwiegend in der Nähe der Städte liegen, sind — zumal bei fehlenden Wäldern — die leicht erreichbaren Naherholungsräume oft völlig reizlos geworden. Die Landwirtschaftsministerien der drei im Modellgebiet liegenden Länder (denen jetzt überall auch der Umweltschutz obliegt) haben in den letzten Jahren landschafts- und gehölzfreundliche Vorschriften erlassen, die allerdings in den unteren Instanzen noch nicht voll zum Tragen kommen.

Weit weniger erkannt und schwieriger zu lösen ist das Problem der *Gewässereutrophierung*. So kann die Auswaschung von Düngesalzen, zumal in sandigen Gebieten und bei künstlicher Bewässerung, die Nitratgehalte des Grundwassers weit über die Grenze von 100 mg NO_3 pro Liter anheben, die nach Empfehlungen der Weltgesundheitsorganisation in dem Trinkwasser nicht überschritten werden sollte. Nach HARTH (4) sind aber z. B. im Gemüseanbaugebiet von Ludwigshafen vielfach Nitratgehalte von 300 mg im Grundwasser festgestellt worden! Ähnliche Zusammenhänge fanden SCHULZ (19) und MATTHES (10). Letzterer führt zwischen Speyer und Worms den höheren Cl- und NO_3-Gehalt sowie die beträchtliche Gesamthärte des Grundwassers auf die Mineraldüngung zurück; denn das Grundwasser in den angrenzenden Wäldern mit ähnlichen Böden weist nur geringe Cl- und NO_3-Gehalte auf. SCHÖNHALS weist außerdem darauf hin, daß mit abgeschwemmten humosen oder tonigen Bodenbestandteilen auch ein beträchtlicher Phosphataustrag erfolgt. Neben der intensiven Aufklärung der Landwirte über Erosionsschutz, Düngeranwendung, Beregnungstechniken und richtige Humuswirtschaft sollte man die chemische Industrie dazu bringen, schwerer lösliche Nitratdünger auf den Markt zu bringen (auch wenn wegen der geringeren Auswaschungsrate weniger verkauft werden kann!).

An dieser Stelle erhebt sich die aktuelle Frage, ob und wie bei den potentiellen Nachteilen der intensiven agrarischen Landnutzung das Verursacherprinzip angewendet werden könnte; denn die Auswirkungen auf Fauna und Gewässerqualität sind schwer zu übersehen oder gar zu quantifizieren, zumal es sich oft um komplexe Fern-Wirkungen handelt: So führt die Wassererosion aus Acker- und Weinbaugebieten nicht nur zu Hochwasserschäden, Verkehrsstörungen usw., sondern z. B. zur Auflandung unterhalb liegender Speicherseen oder zur „Aufsattelung" der Bäche und einer daraus resultierenden Vernässung ganzer Talauen. Die eingetragene Eutrophierung fördert die Bildung von Zelluloseschlamm und erhöht damit die Entschlammungskosten vieler Fließgewässer. Die Bildung von Kolmationsschichten erschwert die Bildung von Uferfiltrat und damit die nachhaltige Speisung von Trinkwasserreserven, eingeschwemmte Trübungen und Nährstoffe setzen außerdem die Wasserqualität herab (verminderte Selbstreinigung). Wer soll nun hierbei mit welchen Anteilen zu den Abhilfemaßnahmen beitragen?

Wie später noch zu zeigen sein wird, liegen die besten Standorte für die landwirtschaftliche Produktion gerade dort, wo auch der Trinkwasserschutz und die Schaffung von Naherholungsmöglichkeiten besonders dringend sind. Eine Mehrfachnutzung dieser Intensivflächen, wie sie von SPITZER (21) geschildert wurde, ist aber auch bei einer verbesserten Flurgestaltung und Landbehandlungstechnik längst nicht im selben Maße erzielbar wie z. B. bei Waldflächen.

2. Waldwirtschaft

Der Wald ist im Modellgebiet sehr unregelmäßig verteilt als getreues Spiegelbild der Standortverhältnisse: So findet man auf der linksrheinischen Niederterrasse nur noch dort Wald, wo die ausgedehnten Lehmüberlagerungen der Vorderpfalz von den drei zum Rhein hin breiter werdenden Schotterkeilen Bad Dürkheim-Maxdorf, Neustadt-Speyer und Landau-Germersheim unterbrochen sind; die nördlich angrenzende „Agrarsteppe" Rheinhessens ist wegen der dortigen Bodengüte praktisch waldfrei. Dagegen besteht die rechtsrheinische Hauptterrasse überwiegend aus pleistozänen Sand-Schotter-Flächen, und die deshalb ausgedehnten Waldflächen fehlen nur im fruchtbaren Neckarschwemmkegel. Der Waldanteil liegt im Modellgebiet Rhein-Neckar insgesamt mit 33 % der Fläche zwar über dem Bundesdurchschnitt von 29 %, ohne die waldreichen Randgebirge liegt er aber in der Rheinebene selbst rechtsrheinisch schon deutlich, linksrheinisch ganz erheblich unter dem Bundesmittel. Auf die Einwohnerzahl bezogen entfällt auf 100 Einwohner im ganzen Modellgebiet nur knapp noch die Hälfte an Waldfläche im Vergleich zum Bundesgebiet. Die Stadt- und Landkreise Ludwigshafen und Worms liegen mit ihrer Waldzulänglichkeitsziffer sogar unter dem Mittel des Ruhrgebietes (welches 1,5 ha auf 100 Einwohner beträgt), und selbst Mannheim befindet sich nur wenig darüber.

Nach ZUNDEL (22, 23) hat der Wald zur Sicherung des ökologischen Potentials des Modellgebiets einen ganz besonders hohen Stellenwert; denn seine ausgleichenden Wirkungen auf den Wasserhaushalt durch die Förderung des Einsickerungsvermögens der Niederschläge und auf den Qualitätsschutz des Grundwassers werden von keiner anderen Bodennutzungsart erreicht. Desgleichen ist sein Erosionsschutz unübertreffbar. Ähnliches gilt in bezug auf das Bioklima: In der Rheinebene selbst ist der Luftaustausch oft sehr mangelhaft, vor allem in den „Stadtklimaten" entsteht selbst während der Nachtstunden durch die langwellige Ausstrahlung der Steinmasssen nur eine geringe Abkühlung. Nun ist nach den Ergebnissen der auch im Rhein-Neckar-Gebiet durchgeführten Infrarot-Befliegung der Wald während der Nachtzeit zwar kein ausgesprochener Kaltlufterzeuger, entscheidend wichtig ist aber, daß er tagsüber relativ kühl bleibt und deshalb bedeutender Bestandteil von regionalen Grünzügen sein muß. An vielen Stellen der Rheinebene ist nämlich die Wärmebelastung an über 30 Tagen mit mehr als 50° Äquivalenttemperatur an der Grenze des allgemein Erträglichen. Hier können durch die geringe Erwärmung der

Waldgebiete, die auch im Vergleich zu landwirtschaftlich genutzten Flächen zum Ausdruck kommt, örtliche Zirkulationen entstehen, welche sich sehr wohltuend auf das Bioklima auswirken. Nach bisherigen Untersuchungen ist mit einer Herabsetzung der Tageshöchsttemperatur um rund 3° — und damit meist unter die kritische Grenze von 25° — zu rechnen, was praktisch einer Höherverschiebung der gegebenen Ortslage um rund 300 m entspricht. Freilich kann diese Wirkung nur von größeren Waldkomplexen in der Schwetzinger Haardt, dem Mannheim-Viernheimer Wald oder dem linksrheinischen Niederterrassenwald bei Speyer-Schifferstadt ausgehen. Bei solchen vom Wald veranlaßten örtlichen Zirkulationen erfolgt auch eine zusätzliche aktive Filterwirkung durch das hochwachsende, weitverzweigte Gerüst der Waldbäume und deren große Blattoberfläche, wobei in erster Linie staubartige Luftverunreinigungen herausgekämmt werden und über die Niederschläge oder am Stamm entlang auf den Boden gelangen.

Die Baumartenzusammensetzung der Wälder im Modellgebiet ist vielfältig (s. dazu 22). Selbst in der Ebene, wo die Kiefer auf den meist armen Standorten überwiegt, sind doch ausgedehnte Monokulturen sehr selten. Insgesamt kann dem Wald neben dem Ödland auch ein besonders großer Einfluß auf die biologische Vielfalt der Landschaft zugesprochen werden.

Wegen der überwiegenden Stille, der frischen Luft, dem Strahlungsschutz im Sommer und Kälteschutz im Winter, sowie wegen der weitgehend freien Benutzbarkeit sind die Wälder die wichtigste Basis für eine ganzjährige Erholung. Es muß hier erwähnt werden, daß gerade auch die Wälder in der Ebene wegen ihrer günstigen Lage zu den Bevölkerungszentren eine große Funktion für die Erholung haben (der KIEMSTEDTsche V-Wert führt hier wegen des fehlenden Reliefs und den fehlenden — aber machbaren — Randeffekten zu falschen Ergebnissen).

Aus den seit Jahrzehnten erfolgenden typischen *Verschiebungen der Waldfläche*, wie sie andernorts näher behandelt wurden (22), ergeben sich zwei ganz verschiedene landespflegerische Probleme: einerseits das Gebot der unbedingten Walderhaltung der waldarm gewordenen bevölkerungsreichen Rheinebene, wo die Wälder praktisch das „Rückgrat der Landespflege" darstellen; andererseits die Notwendigkeit einer differenzierten Wertung etwaiger Neuaufforstungen. So willkommen jede Aufforstungsmöglichkeit in der Rheinebene ist (eine solche erscheint z. B. im hessischen Ried oder in den vernäßten Schlenken und Talauen der Vorderpfalz sinnvoller als eine teuere Trockenlegung durch Tiefpflügen und Dränagen), so vorsichtig muß man mit jedem Waldzugang in den sowieso waldreichen Germarkungen des Pfälzer Waldes und des Buntsandsteinodenwaldes sein, da bei einem Waldanteil von über 80 % die biologische Vielfalt und der Erholungswert leiden würden. Eine Mittelstellung nehmen das nordwestliche Glan-Alsenzgebiet und nordöstliche Hinterland (Urgesteinsodenwald) im Modellgebiet ein, wo vor allem aus Gründen des Wasserhaushalts und Erosionsschutzes eine weitere Aufforstung der verbreiteten landwirtschaftlichen Grenzertragsböden überwiegend förderungswürdig ist.

Brachflächen haben im Modellgebiet insgesamt keinen besorgniserregenden Umfang. Wie aus der Karte „Nicht mehr landwirtschaftlich genutzte Fläche (Sozialbrache) in v. H. der landwirtschaftlichen Nutzfläche (LN) in der BRD" von MEISEL und MELZER (Bundesanstalt für Vegetationskunde, Naturschutz und Landschaftspflege, Bad Godesberg, Stand 1970) hervorgeht, ist eine Häufung von Gemarkungen mit über 10 % oder gar über 30 % Brache nur im Nordosten (Odenwald nördlich von Heidelberg) anzutreffen. Vereinzelt gibt es höhere Brachlandanteile auch im Raum Neustadt-Kirchheimbolanden und im Bereich Frankenthal-Speyer. In den letztgenannten Fällen dürfte es sich um überwiegend

Sozialbracheflächen i. e. S. handeln, die wegen der Besitzstruktur und Nutzung besserer Verdienstchancen aufgegeben wurden, während die Brachflächen in den Randbereichen weitgehend „Naturbrache" darstellen, also wegen naturbedingten Nachteilen (Steilheit, nasse und schattige Wiesentäler) nicht mehr bewirtschaftet werden. Auf der Karte fällt weiter auf, daß westlich des Rheins bis zum Haardtrand noch etwa ein Dutzend Gemeinden Brachlandanteile von 2—5 % und weitere 6 Gemeinden solche von 5—10 % der LN aufweisen. Überläßt man diese Flächen in der sonst intensiv genutzten Vorderpfalz der natürlichen Sukzession oder forstet sie auf, so ist das landespflegerisch sicherlich von Vorteil (biologische Regenerationszellen, Wasserschutz).

Vergleicht man in der kreisweisen Übersicht, welche der o. g. Karte beigefügt ist, die Bracheentwicklung von 1965—1970, so fällt vor allem eine Zunahme von 4—10 % in den Kreisen Frankenthal und Speyer auf (vermutlich durch Baulandspekulation, teilweise auch völligen Entzug der LN durch Bebauung), des weiteren ist eine leichte Zunahme von 1—2 % in den Kreisen Bergstraße und Landau, hingegen eine Abnahme in den Kreisen Heidelberg (Stadt und Land) und Neustadt festzustellen. Die Ursache für diese abnehmende Tendenz dürfte in agrarstrukturellen Maßnahmen liegen, im übrigen wird neuerdings angesichts der wirtschaftlichen Lage allenthalben eine Wiederbewirtschaftung vorher brachgelegener Grundstücke beobachtet (vor allem bei den Nebenerwerbslandwirten).

3. Wasserwirtschaft und Abfallbeseitigung

Die wasserwirtschaftliche Situation im Modellgebiet wurde von HORST (5, 6) ausführlich beschrieben. In den Ergänzungen zum Raumordnungsplan hat auch der Raumordnungsverband Daten und Karten zur Wasserversorgung und Abwasserbeseitigung zusammengestellt und die wichtigsten Ergebnisse der hydrologischen Gutachten von NOLL und von SCHEIDER wiedergegeben (26). Es besteht keine Zweifel, daß die weitere Entwicklung des Rhein-Neckar-Raumes ganz wesentlich von der Sicherstellung des steigenden Trink- und Brauchwasserbedarfs abhängt. Dieser Bedarf wird von NOLL im Jahre 2000 auf 325 Mio. cbm geschätzt, die Grundwasserneubildung aber nur auf 175—250 Mio. cbm. Zukünftig nötige „Mehrentnahmen können daher nur aus der Grundwasserreserve und durch Uferfiltrat aus dem Rhein gedeckt werden".

Der Hinweis auf die Reservenutzung ist nicht unproblematisch, da hierbei durchaus die Gefahr besteht, daß *ein* Wasserwerk dem benachbarten Werk „das Wasser abgräbt"; denn echte getrennte Grundwasserstockwerke (die früher bei Verhandlungen des Verfassers wegen forstlicher Entschädigungsfragen von Geohydrologen oft behauptet wurden) gibt es nicht. Wenn also an *einer* Stelle dauernd mehr genutzt wird als nachfließt, muß es an anderer Stelle fehlen. Dies kann auch landeskulturell höchst unerwünscht sein, da die Absenkungstrichter unverhältnismäßig groß werden. Dadurch reißt die in der Rheinebene oft noch vorhandene Wasserversorgungsmöglichkeit der Vegetation ab, und Ertragsrückgänge in der Land- und Forstwirtschaft (mit erhöhter Schädlingsanfälligkeit bei schwierigen Bekämpfungsgeboten im Wasserschutzgebiet) sind die Folge. Sorgfältige Wasserbilanzen, wie sie jetzt im Modellgebiet von den 3 beteiligten Ländern angegangen werden, sind also dringend notwendig, um auch in der Wasserversorgung das in der Waldwirtschaft entwickelte Prinzip der „nachhaltigen" Nutzung praktizieren zu können. Bei neuen Wasserwerken sollte im übrigen der Standort so gewählt werden, daß der Kern des Absenkungstrichters möglichst dort liegt, wo die Vegetation ohnehin keinen Grundwasseranschluß mehr hat (rechtsrheinisch auf der Niederterrasse ist dies im allgemeinen nahe dem Hochgestade der Fall). Aus der Sicht des Qualitätsschutzes hätte man dann auch den Vorteil stärkerer Deckschichten über dem Grundwasserspiegel. Solche Planungen sind freilich nur bei einer stärkeren Konzentration der Wasserversorgungsverbände zu realisieren.

Wegen des Einflusses der Bodennutzung auf Wasserkreislauf und -qualität wird auf die vorhergehenden Abschnitte verwiesen. Hier sei nur die kritische Frage gestellt, ob die umfangreichen Planungen von Beregnungsanlagen in der nördlichen Vorderpfalz und im hessischen Ried (nach dem wasserwirtschaftlichen Rahmenplan WESCHNITZ sollen 50 % der LN in der Ebene beregnet werden) wasserwirtschaftlich auch im Jahr 2000 vertretbar sind (ganz abgesehen von der zu erwartenden Überproduktion an Gemüse usw.).

Die Realisierung der zweiten Möglichkeit einer künftig zusätzlichen Wasserentnahme, eine stärkere Nutzung von Uferfiltrat, ist freilich von der Entwicklung der Wasserqualität der Fließgewässer abhängig. Bei den Hauptlieferanten Rhein und Neckar ist man dabei sehr vom Oberlieger abhängig. Wie viele Dinge hier noch offen sind, sieht man beispielhaft an der umstrittenen Entwicklungsmöglichkeit des mittleren Neckarraumes und dem (gescheiterten?) Versuch, Bodenseewasser auch zur Niedrigwasseraufhöhung des Neckars zuzuführen. Die Situation am Rhein ist unterhalb von Ludwigshafen mindestens linksrheinisch besser geworden, als kürzlich die größte Kläranlage Europas, nämlich diejenige der BASF, die gleichzeitig die Städte Ludwigshafen und Frankenthal entsorgt, in Betrieb genommen wurde. Aber auch die Seitenbäche des Rheins sind teilweise noch stark verschmutzt, so haben z. B. die linksrheinischen Zuflüsse Speyerbach, Isenach und Eckbach auf gut $^2/_3$ ihrer Strecke noch den Verschmutzungsgrad 4 (= sehr stark).

Je sauberer die Oberflächengewässer mit zunehmendem Bau von Kläranlagen werden, um so wertvoller wird die von SCHÄFER (14) vorgeschlagene Wiederherstellung eines Altrheinverbundsystems sein, aus dem dann regeneriertes Oberflächenwasser gewonnen werden könnte. Im übrigen könnte dort, wie eigene Versuche des Verfassers am Oberrhein zwischen Breisach und Kehl zeigten, durch bewegliche Staueinrichtungen das zum Rhein hin fließende Grundwasser besser gestützt werden, um so die biologisch interessanten Auewälder besser gedeihen zu lassen.

Mit fortschreitender Reinhaltung der Fließgewässer ist auch an eine verstärkte künstliche Versickerung bereits auf der Niederterrasse zu denken, indem dort die rheinwärts fließenden und mit Dämmen versehenen Bäche zumindest in den Waldgebieten wieder Ausuferungsmöglichkeiten erhalten. So hat der Hardtbach in der Schwetzinger Hardt in seinen Dämmen Auslaß-Schlitze bekommen, die bei mittlerem Hochwasser die Fluten in den Wald entlassen, wo sie — eine millimeterstarke Schwemmlehm-Schicht hinterlassend — ins Grundwasser versickern. Diese Maßnahme ist vor Jahrzehnten nur gemacht worden, um innerhalb des Waldgebiets nicht ebenfalls im Zuge des Gewässerausbaues den Querschnitt erweitern zu müssen und somit den Neubau einer Straßenbrücke sparen zu können. Man muß sich heute fragen, ob nicht zur Grundwasseranreicherung in ähnlicher Weise — evtl. unter Schaffung bestimmter Polder — an allen durch Waldflächen verlaufenden Bächen der Rheinebene so verfahren werden sollte, anstatt das Hochwasser in kanalisierten Vorflutern aus der Region eilen zu lassen. Allerdings wäre dann eine Bestockungsänderung in Richtung zu überflutungsresistenten Laubhölzern manchmal unausweichlich.

Schließlich ist zu erwähnen, daß HORST größere nutzbare Wasserreserven vor allem in den Bachtälern des Pfälzer Waldes vermutet, da dort durch den hohen Bewaldungsgrad und die günstigen Bodenverhältnisse ein Großteil der Niederschläge einsickere (nämlich mehr als im etwas niederschlagsreicheren Odenwaldgebiet).

Ein besonderes landespflegerisches Problem stellt im Modellgebiet (wie übrigens im ganzen Bundesgebiet) der *Flußbau* dar. Obwohl es in allen 3 Ländern fortschrittliche Erlasse gibt, wonach im Zuge des Hochwasserschutzes oder der Flurbereinigung nur noch in den dringendsten Fällen Bachläufe verändert werden sollen, und obwohl notwendige Eingriffe nur unter strenger Beachtung landespflegerischer und Fischereibelange durchgeführt werden sollen, sind Bachbegradigungen und die Beseitigung jeglichen Bewuchses noch heute an der Tagesordnung. So heißt es auch in der Broschüre „Umweltschutz in Rheinland-Pfalz" (27) immer noch „Die Ausbaumaßnahmen an den Gewässern 2. Ordnung (z. B. Isenach, Eckbach) werden planmäßig fortgesetzt". Dabei wäre es viel billiger und ökologisch richtiger, nur den vorhandenen Gehölzwuchs (der oft wegen des heute fehlenden Interesses der Angrenzer nicht mehr genutzt wird) zu pflegen, stellenweise auch zu ergänzen. Die Talauen sollten außerdem nicht auch noch melioriert und in Maisfelder usw. verwandelt, sondern als natürliche Überflutungsräume erhalten werden (was wiederum das Grundwasser anreichert). Jedenfalls sind die Fließgewässer in der intensiv genutzten Rheinebene neben den Restwäldern die einzigen pulsierenden Adern der Landschaft, die es zu erhalten und wieder zu sanieren gilt. Wie bei notwendigen Gewässerausbauten landschaftsgerecht vorgegangen werden kann, hat MESSNER an der Odenwälder Elz gezeigt. Wie viele Gewässerstrecken andererseits noch nackt und tot daliegen, geht aus einer Erhebung der Landschaftsschäden durch die Forstdirektion Karlsruhe hervor: Danach waren z. B. im Jahr 1972 allein im Bereich der Forstämter Wiesloch und Schwetzingen rd. 40 km ohne jeden Bewuchs und weitere 6 km sehr lückig.

Eine ordnungsgemäße *Abfallbeseitigung* hängt eng mit der Verpflichtung zum Gewässerschutz zusammen. Mit der in allen 3 Ländern des Modellgebiets angelaufenen Einführung zentraler Deponien für Hausmüll sind die Probleme freilich noch nicht gelöst. So hat die Forstdirektion Nordbaden bei einer Landschaftsplanung in den ehemaligen Stadt- und Landkreisen Heidelberg und Mannheim festgestellt, daß von 76 Müllplätzen im Jahr 1972 ein Großteil noch nicht rekultiviert war, von 43 Autofriedhöfen war nur einer landespflegerisch tragbar. Interessante Ergebnisse brachte die 1971 erfolgte Kartierung der Landschaftsschäden durch die hessische Forsteinrichtungsanstalt für den Landkreis Bergstraße: Unter 43 Müllplätzen waren 3 mit 17 ha Größe überörtlich wichtig, die übrigen waren durchschnittlich 0,8 ha groß. 18 lagen im Wald und 25 außerhalb. Rekultiviert waren erst 9 Plätze mit zusammen 3 ha. Als spätere Nutzung waren für 11 Plätze „Erholung" vorgesehen und für 22 forstliche Nutzung. Übrigens zeigt sich seit der Einführung einiger weniger Deponien, daß vermehrt Schutt und Unrat in der freien Landschaft abgelagert wird, um die länger gewordenen Anfahrten zum Müllplatz zu sparen.

Sicherlich ist seit den rechtsrheinischen Erhebungen 1971/72 ein weiterer Teil der Müllplätze rekultiviert worden. Aber auch bei den noch vorhandenen „Übergangskippen" und neuen zentralen Deponien sollte man nicht versäumen, alsbald eine Teilkultivierung der fertig geschütteten Teilflächen vorzunehmen.

Mit 2 Müllkompostwerken in Heidelberg und Wiesloch (ein drittes liegt im benachbarten Landau) ist das Modellgebiet besonders fortschrittlich im Hinblick auf ein „Recycling" der Abfälle. Vorteilhaft ist dabei die einwohnergleiche Mitverwertung des Klärschlammes, dessen hygienisch einwandfreie Beseitigung beim Bau der Kläranlagen vielerorts nicht sorgfältig vorausgeplant war. Eine reine Klärschlammausbringung auf Waldflächen mit wichtigen Wasserschutz- und Erholungsfunktionen ist jedenfalls abzulehnen. Die forstliche Verwendung von ausgereiften, also landschaftlich tragbaren Müllklärschlamm-Komposten dürfte allerdings wirtschaftlich wenig sinnvoll sein. Besonders große

Bedeutung liegt aber im Erosionsschutz steiler Weinberglagen und in der organischen Verbesserung intensiver Ackerkulturen, sofern der Anteil chemischer Schadstoffe im Kompost nicht zu hoch ist.

4. Abbau von Steinen und Erden

Die in der Rheinebene verbreiteten *Sand- und Kiesgruben* beeinflussen das ökologische Potential in verschiedener Hinsicht: Neben der Offenlegung und damit zunehmenden Gefährdung des Grundwassers können wertvollste Auestandorte und Biotope für dauernd verlorengehen und außerdem zwischenzeitlich langanhaltende Staub- und Lärmbelästigungen entstehen, zumal die Abbauflächen trotz größerer Tiefen (oft über 20 m) auch immer größere Flächen einnehmen, damit sich die Investitionen einschließlich oft angeschlossener Verarbeitungswerke (Betonteile, Bitumenmischanlagen) besser lohnen. Dem stehen der Gewinn von Erholungsflächen und — besonders auf der wasserärmeren Niederterrasse — auch manche biologischen Vorteile gegenüber. In jedem Einzelfall gilt es mehr als in der Vergangenheit unter raumordnerischen und landespflegerischen Aspekten abzuwägen, ob die Interessen der Allgemeinheit eine Ausbaggerung und insbesondere die Naßbaggerung zulassen. Eine Denkschrift des Regierungspräsidiums Karlsruhe vom Jahre 1968 hat auf diese Problematik der Standortwahl besonders hingewiesen. Unerläßlich ist freilich außerdem die Rekultivierung der Abbaugebiete und dies möglichst nach einem überörtlichen Gesamkonzept wie es z. B. von NICK (12) für Erholungszwecke im „Grünen Süden" zwischen Speyer und Ludwigshafen vorgeschlagen wurde. Es muß betont werden, daß bereits bei der Genehmigung Vorstellungen über die späteren Nutzungsabsichten (Vogelreservate, Wandergebiet, Sportfischerei, Badezonen oder Bootsbetrieb) bestehen müssen, da während des Abbaues schon eine entsprechende Abraumverwendung, Böschungsgestaltung und Uferlinienführung erfolgen muß. Etwaige Auflagen sind außerdem strenger als bisher zu kontrollieren (deshalb nur abschnittsweise Freigabe des Abbaues).

Bei den für einen Landschaftsrahmenplan „Zentrales Oberrheingebiet" im Jahre 1972 durchgeführten Untersuchungen der Forstdirektion Karlsruhe hat sich gezeigt, daß im badischen Teil des Modellgebiets von Philippsburg bis Mannheim 42 Sand-, Kies- oder Tongruben mit einer Gesamtfläche von 310 ha noch in Betrieb sind; dagegen sind 37 Anlagen mit einer Fläche von rund 170 ha stillgelegt, wobei erst 30 % davon rekultiviert waren. Welch großen Umfang die dauernde Landnutzungsänderung durch Kiesgruben einnehmen kann, geht z. B. daraus hervor, daß dadurch bis zum Jahr 1971 13 % der Auewaldflächen des Forstbezirks Schwetzingen verlorengingen. Zu Recht wurde von der Naturschutzbehörde und der Forstverwaltung dagegen angegangen, daß sogar das biologisch höchst wertvolle Naturschutzgebiet „Ketscher Insel" zugunsten eines Regattasees ausgekiest werden sollte. Im übrigen sind durch Sandabbau (oder Planierung) auf der Niederterrasse fast alle Dünen verschwunden; der Rest dieser oft biologisch interessanten Gebilde ist dringend zu schützen.

Die im Land Hessen durch die Forstverwaltung unternommenen Kartierungen der Landschaftsschäden haben im Landkreis Bergstraße 38 Sand- und Kiesgruben mit einer Fläche von 250 ha festgestellt (und zwar 22 Gruben mit 140 ha durch Naßbaggerung). Von diesen Abbaustätten sind 18 mit 58 ha Fläche außer Betrieb, und hiervon wiederum wurden erst 5 Gruben mit 17 ha Fläche rekultiviert. Aber auch von den im Betrieb stehenden Unternehmen wurde bereits bei 5 mit der landschaftlichen Eingliederung auf 87 ha begonnen. Nach dem Abbau ist bei den Trockenbaggerungen in 8 Fällen bisher eine Nutzung vorgesehen, nämlich 4mal für Erholung und Sport (89 ha) und 4mal für eine Wiederbewaldung (15 ha). Bei den Naßbaggerungen plant man in 14 Fällen Erholung und Sport (117 ha).

Über den Abbau von Sand und Kies im gesamten linksrheinischen Teil des Modellgebiets wurden keine Erhebungen bekannt, aus Karte 6 der Arbeit SICKENBERG (20) ist aber die Verbreitung der Gruben ersichtlich. Im übrigen sei hier noch auf HÜNERFAUTH (7) verwiesen, wonach 400 ha = 2 % des Niederungsgebiets abgekiest sind oder in Nutzung stehen und weitere 2 % von den dortigen Betrieben bereits zuerworben wurden (Stand 1965).

Der Betrieb von *Steinbrüchen* führt in den Randgebirgen des Rhein-Neckargebiets ebenfalls zu Landschaftsschäden; von örtlichen Staub- und Lärmemissionen abgesehen sind sie aber, wie bei den Porphyrbrüchen bei Dossenheim-Weinheim besonders auffällt, primär optischer Art. Durch Auflagen hinsichtlich der Abbaurichtung, Abstufung der Wände, gezielter Abraumlagerung und Rekultivierung kann meist für Abhilfe gesorgt werden.

Nach den o. g. Schadenskartierungen befinden sich im Landkreis Bergstraße 10 Steinbrüche (40 ha) in Betrieb und 30 Anlagen (35 ha) außer Betrieb. Erst 7 Anlagen mit 17 ha Fläche sind landschaftlich eingegliedert. Bei immerhin 13 Flächen (12 ha) ist eine spätere Nutzung für Erholung und Sport vorgesehen, 16 Brüche (31 ha) sollen forstlich wieder genutzt werden. Im baden-württembergischen Teil sind 6 Steinbrüche im Betrieb (2 Kalksteine für Zementwerk Leimen mit 113 ha, 4 Schottersteine mit 26 ha), 46 Anlagen (6 Kalk-, 28 Sand- und 12 Schottersteine mit zusammen 100 ha) sind außer Betrieb, wobei aber erst $1/3$ der abgebauten Fläche rekultiviert ist.

Sonstige Einzelheiten über die Lagerstätten im Modellgebiet, auch im linksrheinischen Bereich, enthält der Beitrag von SICKENBERG (6). Er weist auch zu Recht darauf hin, daß durch den Abbau oft interessante Biotope meist xerothermer Art, aber auch mit Teichbildungen in Restlöchern entstanden und zum Teil bislang unbekannte Farben in die Landschaft kamen. Auf diese Gesichtspunkte sollte bei Rekultivierungsmaßnahmen geachtet werden; die früher oft übliche „Plombierung mit Müll" führte oft zum „Nekrolog eines Steinbruches" (O. LINCK) und verschüttete gänzlich auch geologisch interessante Fundstellen. Wie die o. g. Größenangaben sowohl bei Kiesgruben als auch bei Steinbrüchen zeigen, nehmen die durchschnittlichen Abbauausmaße heute zu (auf Kosten der Anzahl, also durch eine auch landespflegerisch zu begrüßende Konzentration), die Aufstellung jeweils sachgemäßer Rekultivierungspläne wird dadurch aber immer wichtiger.

5. Verkehrswesen und Leitungsbau

Der *Straßenbau* hat in vielen deutschen Landschaften, so auch im Modellgebiet, zu besonders starken und nachhaltigen Eingriffen geführt. Oft sah man nur Vorteile für die Beförderung von Menschen (z. B. der Pendler) und für die Erschließung eines Raumes (z. B. für die Erholung), mit — sicherlich richtigen — Vorstellungen über ideale Kurvenradien und maximale Steigungsprozente hat man geradezu diktatorisch die Trassierungen durchgesetzt; das sonst bei öffentlichen Planungen geltende Abwägungsgebot schien bei den Straßenbauverwaltungen nicht zu bestehen. Die Auswirkungen auf die Gesundheit der Menschen in Siedlungs- und Erholungsgebieten durch Lärm und Luftverschmutzungen (Abgase mit Bleiausstoß, Reifen- und Asphaltabrieb), die Gefährdung von Wasserschutz und -schongebieten, die Erschwerung der Landnutzung (mit langanhaltenden Randschäden in Wäldern) und die Zerstückelung wertvollster Landschaftsteile (Einschränkung der Begehbarkeit von Erholungsgebieten, erhöhte Gefahren für die Fauna) wurden leider kaum bedacht (ganz abgesehen vom direkten Landverbrauch). Durch scheinbare Fortschritte, z. B. den Bau von Umgehungsstraßen, wurden oft genug die Probleme nur aus den Siedlungsgebieten in die Naherholungsbereiche verlagert, wenn man z. B. in stadtnahe Erholungswälder ging, weil Grundstücksverhandlungen dort rascher zu einem Ende geführt werden konnten als bei Alternativ-Umgehungen durch parzelliertes, landwirtschaftlich genutztes Gelände. Trotz des wachgewordenen Umweltbewußtseins und trotz der Klage Nr. 1 auf diesem Sektor, nämlich der Lärmbelästigung der Bevölkerung, plant man im Modellgebiet immer noch die Nord-Süd-Autobahn (östlich der alten Autobahn Frankfurt-Heidelberg) mitten durch das Naherholungsgebiet von Darmstadt und längs durch den Naturpark Odenwald-Bergstraße; oder auf der Pfälzer Seite ein Autobahn-Kreuz, welches den — Seltenheitswert habenden —Restwald westlich von Germersheim in 4 Teile zerlegt.

Ein Bild über die bereits heute bestehende Zerstückelung und Immissionsbelastung durch die im Modellgebiet vorhandenen Straßen gibt deren mittlere Dichte. So liegt die Straßenlänge in km/qkm insgesamt (öffentlich und privat, Stand 1961, Quelle: Kreismappe, Institut für Raumforschung, Bad Godesberg) in den — ehemaligen — Landkreisen des Modellgebiets zwischen 1.01 (Landkreis Neustadt) und 1.86 (Landkreis Mannheim). Unterstellt man — was glücklicherweise nicht der Fall ist — eine gleichmäßige Verteilung der Straßen im Landkreis Mannheim und eine durchschnittliche Immissionsbelastung von beiderseits je 200 m (bei Bundesstraßen und Autobahnen ist dieser Störbereich weit größer), so hätte das zur Folge, daß die Menschen auf 75 % der Landkreisfläche unter Lärm zu leiden hätten.

Allein die mittlere Dichte der Landes- und Bundesstraßen betrug 1972 nach SCHÄCHTERLE (13) im Modellgebiet 5,7 m/ha (nämlich Autobahnen 0,06 km/qkm, Bundesstraßen 0,19 km/qkm und Landesstraßen 0,32 km/qkm); sie soll bis zum Jahr 1990 auf 7,6 m/ha (+ 33 %) steigen, wodurch sogar eine Flächenbeanspruchung um weitere 51 % bestehen würde. In der genannten Untersuchung ist auf damit entstehende landespflegerische Probleme oder gar Vorschläge zur Verbesserung der Umweltverträglichkeit im Verkehrswesen leider nicht eingegangen worden. Allerdings wurden einige Fragen des Wochenendverkehrs dort behandelt, der ja manchmal stärkere Verkehrsspitzen als der werktägliche Verkehr zur Folge haben kann. Gerade in diesem Bereich wird die Bevölkerung weniger auf das eigene Auto verzichten als im Pendlerverkehr (wo der Individualverkehr immer noch durch steuerliche Absetzbarkeit begünstigt wird). Trotzdem wird die Auffassung vertreten, daß die Erreichbarkeit der Wochenenderholungsgebiete, die gleichzeitig der längeren Ferienerholung dienen, nicht durch Straßenbauten übermäßig erleichtert werden sollte, weil damit zunehmend Belastungen des Ferienurlaubers entstehen. Es ist überdies fraglich, ob mit weiteren Energieverteuerungen (bei stagnierenden Durchschnittseinkommen) der erholungsuchenden Bevölkerung nicht besser gedient ist, wenn man dem Schutz und der Entwicklung siedlungsnaher (auch täglich leicht erreichbarer) Erholungsgebiete mehr Aufmerksamkeit schenkt (s. dazu auch 1).

Es muß immer wieder betont werden, daß rein optische Störungen des Landschaftsbildes durch den Straßenbau nicht im Vordergrund der Kritik stehen. Durch entsprechende „Einbindung in die Landschaft", d. h. gezielte Bepflanzungsmaßnahmen, kann aber auch in dieser Hinsicht im Modellgebiet noch manches verbessert werden. So ergaben die Erhebungen der Forstdirektion Karlsruhe, daß (Stand 1972) im baden-württembergischen Teil des Modellgebiets noch über 57 km Straßen ohne jede Bepflanzung waren (25,9 km Autobahnen, 6,4 km Bundesstraßen, 25,4 km Landes- und Kreisstraßen).

Die wichtigsten Umweltbelastungen durch Straßen können aber nur durch folgende Maßnahmen wirksam reduziert werden: Einschränkung geplanter Neubauten zugunsten des Ausbaus vorhandener Straßen, verstärkte Bündelung, Beachtung ökologischer Belange bei Neutrassierungen (auch bei Umgehungen), Bau in Tieflage oder Halb-Tieflage (mit Lärmschutzwällen). In diesem Zusammenhang muß es als bemerkenswert fortschrittlich angesehen werden, daß in den Ergänzungen zum Raumordnungsplan Rhein-Neckar (26) dem Schienenschnellverkehr eindeutig Vorrang eingeräumt wird und einige Straßenplanungen „zielwidrig" genannt werden bzw. ganz entfallen sollen. Nicht einleuchtend ist allerdings, daß der Bau einer Autobahn Speyer-Neustadt durch den Pfälzer Wald nach Kaiserslautern und die Fortführung einer Autobahn Mannheim-Weinheim nach Osten noch zu „prüfen" wären, auch das Festhalten an einem eigenen Flughafen Rhein-Neckar wird landespflegerisch für untragbar gehalten.

Die *Leitungen* für Wasser, Öl, Gas und Elektrizität stellen vor allem im Kern des Modellgebiets eine weitere landschaftliche Belastung dar; sie wirken sich besonders dort landschaftsverunstaltend aus, wo bei einer Häufung von Freileitungen eine totale „Verdrahtung" des Luftraumes entstand. Ansonsten werden landespflegerische Belange im Vergleich zu den Straßen relativ wenig berührt, wenn man von örtlichen Lärmemissionen bei Umspannstationen, gelegentlichen Vernässungserscheinungen oder Kaltluftbildungen bei Rohrleitungen und Vogelunfällen an Hochspannungsleitungen absieht. Hinzu kommen allerdings Zuwachsschäden (besonders Randschäden im Wald) und Erschwerungen des Maschineneinsatzes bei der Landnutzung, zumal im allgemeinen folgende Schutzzonenbreiten zu beachten sind: Wasser 8 m, Gas und Öl 10 m, Elektrizität 20 KV 15 m, 110 KV 60 m und 220/380 KV 80 m. Welche Ausmaße im übrigen auch die Leitungsstrecken einnehmen können, zeigt SPITZER (21) in einem Beispielsgebiet zwischen Ludwigshafen - Bad-Dürkheim und Schifferstadt: 60 km Gas, 22 km Öl, 43 km Wasser, 86 km Strom 20 KV und 64 km weitere Stromleitungen, so daß allein diese Leitungsarten (also ohne Abwasser, Telefon usw.) 13,7 m/ha einnehmen (und die zugehörigen Schutzzonen 3,1 % der Fläche des 200 qkm großen Gebiets).

Auch hier sollte künftig das Bündelungsprinzip (gemeinsame Masten) gefördert, ein noch größerer Teil der Stromleitungen auch verkabelt werden. Rohrleitungen (mindestens solche örtlicher Rangordnung) sollten mehr als bisher anderen vorhandenen Trassen (Wege, Freileitungen) folgen, selbst wenn eine solche umfassende Bündelung gewisse Umwege erforderlich macht.

III. Landschaftspolitische Schwerpunkte zur Sicherung der natürlichen Lebensgrundlagen

1. Vorbemerkungen

Es kann nicht Aufgabe dieses Beitrages sein, einen umfassenden Katalog der Vermeidungsstrategien oder Sanierungsmaßnahmen zusammenzustellen. Dies wäre schon im Hinblick auf die Aussparung wichtiger Teilgebiete (z. B. Luftreinhaltung, Grünordnung) bei der vorhergegangenen Raumanalyse gar nicht möglich, würde aber auch als „Umweltprogramm" für das Modellgebiet den vorgegebenen zeitlichen und finanziellen Rahmen hier sprengen. Jedoch soll — ergänzend zu den im vorherigen Abschnitt gemachten Einzelvorschlägen — zum Schluß noch auf 3 Bereiche eingegangen werden, deren stärkere Beachtung bei der Vorbeugung bzw. Lösung von landespflegerischen Problemen dem Verfasser besonders wichtig erscheinen.

2. Vorbeugende Flächenschutzmaßnahmen

Schon aus der Bevölkerungsdichte des Modellgebiets (im Bereich des Raumordnungsverbands Rhein-Neckar, der fast dieselbe Fläche einnimmt, waren es 1973 linksrheinisch 491 EW/qkm, rechtsrheinisch 558 EW/qkm; in den 7 kreisfreien Städten allein waren es sogar über 1360 EW/qkm) kann ein starker Druck auf den Raum abgeleitet werden, der sich in einer immer häufiger werdenden Mehrfachnutzung bestimmter Landflächen für die verschiedensten menschlichen Bedürfnisse äußert. Diese Fragen der Mehrfachnutzung sind vor allem in der Forstwirtschaft nicht neu; denn bereits in der vom Forstpolitiker V. DIETERICH in den 30er Jahren entwickelten „Forstlichen Funktionenlehre" wurde gefordert, daß bei der Waldwirtschaft auf die vielseitigen Sozialnutzen (im Angelsächsischen entstand damals der Begriff „multiple use") Rücksicht zu nehmen und eine „Funktionenharmonie" herzustellen sei. Je intensiver heute die Landnutzung wird (bis hin zur Bebauung mit Straßen und Gebäuden), desto schwieriger ist es, die größer gewordenen Zielkonflikte zu lösen und zu einem Interessenausgleich zu kommen.

Damit ist es aber auch besonders wichtig geworden, durch die Kartierung und Festsetzung bestimmter Schutzgebiete spezielle Vorrangfunktionen zu demonstrieren, die bei anderen Nutzungen respektiert werden müssen (oder andere Nutzungen sogar völlig ausschließen). Auf die wichtigsten Schutz- und Vorrangflächen landespflegerischer Art wird nachfolgend eingegangen, wobei die Situation im Kern des Modellgebiets, der Rheinebene, intensiver dargestellt wird als in den weniger belasteten Randbereichen. Als Kartenunterlagen dienen die Erhebungen des Raumordnungsverbands (26).

a) Wasserschutz- und Schongebiete*)

Die Vorranggebiete für die Wassergewinnung sind im ganzen Modellgebiet verteilt, die Hauptwassernutzung erfolgt aber eindeutig in der rechtsrheinischen Rheinebene. Dies hängt sicherlich nicht nur vom größeren Bedarf, sondern auch vom höheren Angebot ab; denn östlich des Rheins fallen mehr Niederschläge, der Anteil von Schotterböden (mit größerer Sickerrate) ist höher, und die Bewaldung ist ebenfalls dichter. Überhaupt liegen in den Waldgebieten eindeutig die meisten Wasserwerke, was sicherlich auf den dortigen Qualitätsschutz zurückzuführen ist. Eine Planimetrierung der vom Raumordnungsverband zusammengestellten Vorranggebiete ergab für die Rheinebene folgendes: Wasserschutzgebiete (incl. Zone III) linksrheinisch 73 qkm, rechts 134 qkm, zusammen gut 10 % der Gesamtfläche. Schongebiete (also wasserwirtschaftlich schutzbedürftige Grundwasserzufluß- und Neubildungsgebiete) links 105 qkm, rechts 326 qkm, zusammen also rd. 22 % der Rheinebene. Das bedeutet, daß zur Sicherung der lebenswichtigen Wasserversorgung ein Drittel der gesamten Rheinebene Tabuflächen für bauliche Entwicklungen, aber auch Problemflächen aus der Sicht einer intensiven landwirtschaftlichen Nutzung darstellen. (Linksrheinisch sind es nur knapp zwei Zehntel, rechtsrheinisch aber 45 %).

Einen Sonderfall stellen die Hochwasserschutzbereiche in den regelmäßig überfluteten Rheinauen dar sowie in den Schutzräumen von Rückhaltebecken (z. B. im Weschnitzgebiet).

b) Natur- und Landschaftsschutz, Naturparke

Nach Angaben des Raumordnungsverbands bestehen im Modellgebiet 15 Naturschutzgebiete mit zusammen rund 1200 ha Fläche. Das sind nicht einmal 0,4 % des Planungsraumes und somit weniger als der Bundesdurchschnitt. Diese Naturschutzgebiete liegen meist in den Rheinauen, die bekanntesten und größten sind Lampertheimer Altrhein (Hessen), Ketscher Insel (Baden-Württemberg) und Flotzgrün (Rheinland-Pfalz). Die Landschaftsschutzgebiete sind dagegen im Planungsraum mit 52 % weit überdurchschnittlich vertreten, was vor allem auf die großen Naturparke Pfälzer Wald und Odenwald-Berg-

---

Zur nebenstehenden Abbildung:
Landespflegerische Vorrangflächen (regionale Grünzüge) im Kern des Modellgebietes.

*) Vgl. nebenstehende Abbildung.

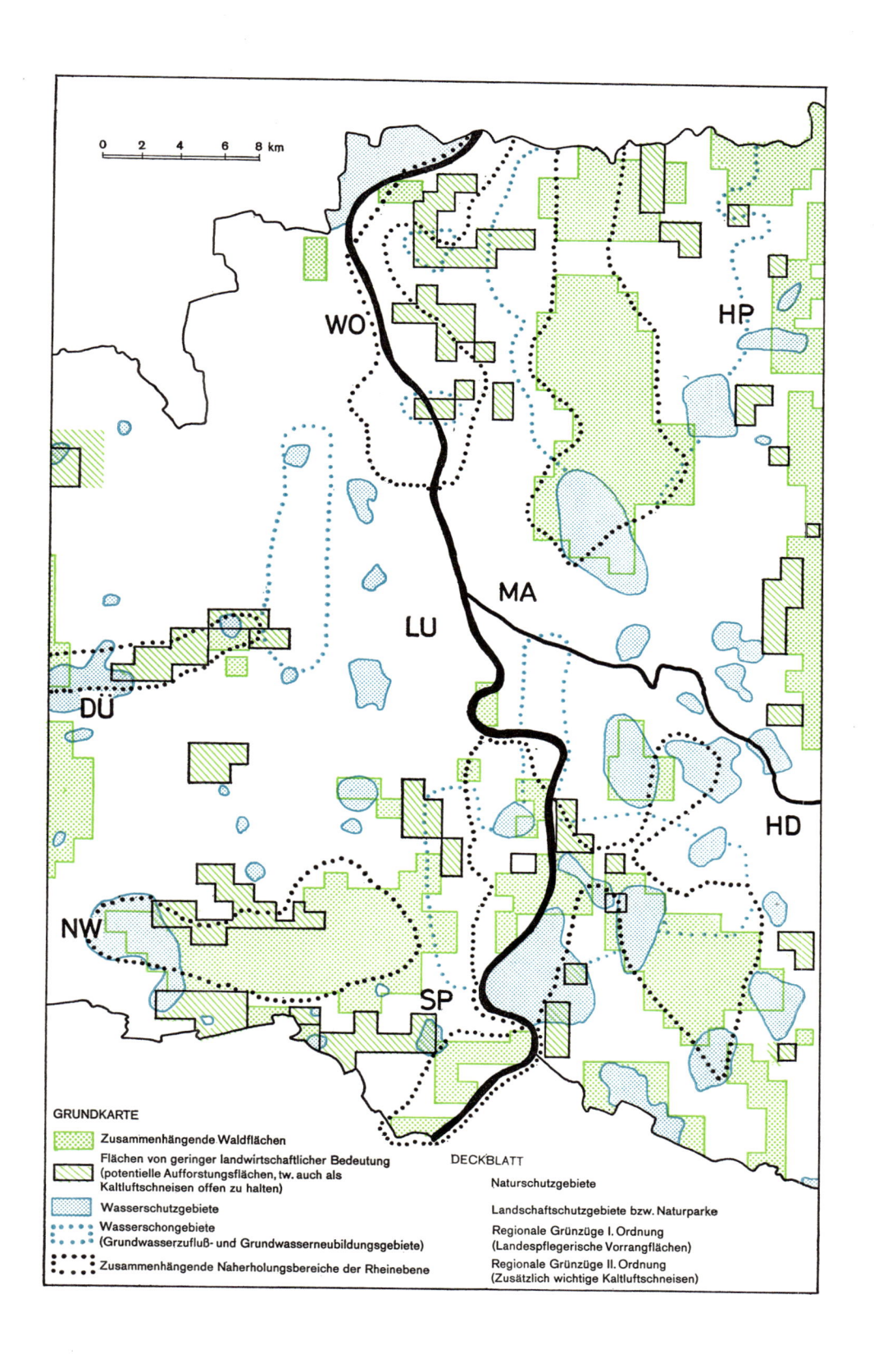

GRUNDKARTE

- Zusammenhängende Waldflächen
- Flächen von geringer landwirtschaftlicher Bedeutung (potentielle Aufforstungsflächen, tw. auch als Kaltluftschneisen offen zu halten)
- Wasserschutzgebiete
- Wasserschongebiete (Grundwasserzufluß- und Grundwasserneubildungsgebiete)
- Zusammenhängende Naherholungsbereiche der Rheinebene

DECKBLATT

- Naturschutzgebiete
- Landschaftsschutzgebiete bzw. Naturparke
- Regionale Grünzüge I. Ordnung (Landespflegerische Vorrangflächen)
- Regionale Grünzüge II. Ordnung (Zusätzlich wichtige Kaltluftschneisen)

straße sowie auf ein großes Schutzgebiet im badischen Odenwald (bis zur Linie Kronau-Eichtersheim im Süden) zurückzuführen ist. In der Rheinebene selbst stehen allerdings nur etwa 30 % unter Schutz, wobei es sich — von einem größeren Schutzbereich um Worms abgesehen — überwiegend um Flächen in den Rheinauen und den Wäldern der Niederterrasse handelt. Von einer einseitigen länderweisen Verteilung kann nicht gesprochen werden. Landespflegerisch und auch landesplanerisch von Bedeutung ist der Hauptschutzzweck, wonach der Naturhaushalt in den Landschaftsschutzgebieten nicht geschädigt und der Naturgenuß nicht beeinträchtigt werden darf.

Die *Naturparke* sind primär großräumige Erholungsgebiete, aber auch sie haben wichtige Funktionen als ökologische Ausgleichsräume. Aufgrund eines Gutachtens des Verfassers (zusammen mit SCHWARZ)*) über die Ausscheidung von Naturparken in Baden-Württemberg ist vorgesehen, demnächst auch den badischen Teil des Odenwaldes formell zum Naturpark zu erklären.

c) Naherholungsgebiete

Neben den (von den Siedlungsschwerpunkten etwas entfernteren) Naturparken wurden vom Raumordnungsverband auch in der Rheinebene gelegene (und praktisch täglich und am Feierabend erreichbare) „Zusammenhängende Naherholungsbereiche" kartenmäßig dargestellt. Wie früher erwähnt, hat deren Schutz und Ausstattung künftig ganz besondere Bedeutung für die Volksgesundheit. Es handelt sich dabei um 190 qkm linksrheinische und 260 qkm rechtsrheinische Flächen (zusammen also fast ein Viertel der Gesamtfläche), die verständlicherweise überwiegend in den Waldgebieten, vereinzelt auch in waldfreien Auebereichen (z. B. bei Worms) liegen. Auch mit Landschaftsschutzgebieten sind sie somit oft identisch.

d) Klimaschutzbereiche

Es sind darunter in erster Linie die Kaltluftentstehungs-, abfluß- und -ausbreitungsgebiete zu verstehen, wie sie sich auch bei nächtlichen Infrarot-Luftaufnahmen abzeichnen. 1973 durchgeführte Beflegungen und Auswertungen des Geographischen Instituts der Universität Heidelberg haben gezeigt, daß vor allem in waldarmen Höhen der Randgebiete starke nächtliche Kaltluftmassen gebildet werden und in den Tälern abfließen zur Rheinebene. Die dadurch entstehende Abkühlung der Verdichtungsgebiete darf keinesfalls durch falsche Bebauung verhindert werden. Daß größere Waldgebiete nachts relative Wärmeinseln darstellen, darf nicht zu falschen Schlüssen (z. B. Rodungsverlangen) führen; denn tagsüber bleiben diese am kühlsten und sorgen (während der Arbeitszeit) durch Zirkulationsbildung für eine Verringerung der Höchsttemperaturen und zusätzliche aktive Ausfilterung von Schmutzstoffen. Eine genaue Planimetrierung der in der Rheinebene festgestellten Kaltluftströme und -ausbreitungsgebiete wurde nicht vorgenommen, sie dürften schätzungsweise 30 % der Gesamtfläche einnehmen. Zusammen mit den als Naherholungsräume ausgeschiedenen (ebenfalls bioklimatisch wichtigen) Wäldern sind rund 50 % der Rheinebene klimatische Schutzbereiche.

e) Waldflächen und deren Funktionen

Der in der Rheinebene übriggebliebene Wald (linksrheinisch nur etwa 13 %, rechtsrheinisch noch 27 % der Gesamtfläche) hat naturgemäß besonders viele gemeinnützige landespflegerische Aufgaben zu erfüllen: Praktisch alle Forstflächen dienen gleichzeitig als Landschaftsschutz-, Klimaschutz- und Naherholungsgebiet, ein Großteil davon ist auch Wasserschutz- und Schongebiet. Der Wald stellt durch seine hochwachsende und tiefwurzelnde Dauerbestockung, die naturnahe, großflächige und langfristige Bewirtschaftsweise und — besonders im Modellgebiet — durch den hohen Besitzanteil der öffentlichen

---

*) Veröffentlichung in Landschaft und Stadt, H. 1 u. 2, 1976, Stuttgart.

Hand die „größte, wertvollste und billigste Sozialeinrichtung" dar (Waldforum 68, Hessische Landesforstverwaltung). Eine Mehrfachnutzung des Landes ist bei keiner anderen Bodennutzungsart in gleicher Weise und bei denselben relativ niedrigen Mindererträgen oder Mehraufwendungen nötig. Trotzdem hat der Deutsche Forstwirtschaftsrat die Spitzenbelastungen von Forstbetrieben in Verdichtungsgebieten als Folge der gesellschaftlichen Infrastrukturleistungen auf 600 DM/Jahr/ha geschätzt (weitere Einzelheiten betr. Schätzung des Erholungsnutzens und der Holzerzeugungs- und Sozialkosten s. ZUNDEL, 22).

Um die Funktionen der Wälder bei der Raumordnung und der internen forstlichen Planung besser beachten zu können, hat der Verfasser im Auftrag der Landesforstverwaltung Baden-Württemberg 1963/64 die sog. Waldfunktionskartierung entwickelt. Dabei werden die Waldflächen aller Besitzarten auf etwaige überdurchschnittlich wichtige gesellschaftliche Aufgaben überprüft und dieselben auf Karten 1 : 25 000 oder 1 : 50 000 festgehalten. In Hessen ging man gleich einen Schritt weiter und erfaßte — in Zusammenarbeit mit anderen Fachbehörden — durch die Forsteinrichtungsanstalt in Gießen auch alle schützenswerte Gebiete außerhalb des Waldes. So entstand bis zum Frühjahr 1972 auf 48 Blättern die sog. Flächenschutzkarte, die auch der Regional- und Ortsplanung sowie nicht-forstlichen Fachbehörden wertvolle Dienste leistet. Die Kartierung in Rheinland-Pfalz bleibt (wie in Baden-Württemberg) auf Waldflächen beschränkt und ist noch nicht völlig abgeschlossen.

Die Kartierungen erfassen neben den o. g. Schutzkategorien auch Versuchsflächen, Bann- und Schonwald, Boden-, Straßen- und Immissionsschutzwald, Wild- und Vogelschutzgebiete, naturkundliche und kulturelle Objekte, in Hessen außerdem freizuhaltende Flächen und landwirtschaftliche Vorranggebiete. Bewährt hat sich eine strenge Trennung von rechtlich gesicherten und sonstigen Schutzgebieten. Aus Raumgründen muß auf eine Wiedergabe entsprechender Kartenausschnitte verzichtet werden.

f) Landwirtschaftliche Vorranggebiete, Grenzertrags- und Mindestflurareale

Eine Wertigkeitskartierung der landwirtschaftlichen Nutzflächen nach den natürlichen und agrarstrukturellen Verhältnissen ist vor allem von Bedeutung zur Verwirklichung allgemeinraumordnungs- oder agrarpolitischer Zielsetzungen (z. B. zur Erhaltung guter Böden gem. Bundesraumordnungsgesetz). Aus landespflegerischer Sicht sind die wirtschaftlich wertvollsten Flächen (incl. Sondergebiete) wegen ihrer Belastung des Naturhaushalts „negative Vorrangflächen", die für Wasser- und Landschaftsschutz sowie Erholung wenig bringen oder gar störend sind. Umgekehrt sind die wirtschaftlichen „Problemgebiete" oft gerade landespflegerische Vorrangflächen, die es wegen der Erhaltung hoher Vielfältigkeitswerte für Mensch und Tier oder für den Kaltluftabfluß zu erhalten gilt, sofern eine Aufforstung nicht noch höheren gesamtvolkswirtschaftlichen Nutzen verspricht (Holzerzeugung, Erosions- und Wasserschutz usw.).

Eine Flächenschätzung der vom Raumordnungsverband kartographisch zusammengestellten wirtschaftlich besten Flächen demonstriert nochmals den überdurchschnittlich hohen Anteil in der Rheinebene: Danach gibt es linksrheinisch 365 qkm, rechts 90 qkm Sondergebiete. Nimmt man die sonstigen besten Flächen dazu, ergeben sich zusammen nochmals 450 qkm; das sind linksrheinisch zusammen 55 %/o und rechtsrheinisch 37 %/o der Gesamtfläche. Demgegenüber nehmen geringer wertige landwirtschaftliche Nutzflächen (selbst unter Hinzunahme evtl. künftiger Grenzertragsstandorte) linksrheinisch nur 7 %/o, rechtsrheinisch 5 %/o der Gesamtfläche ein (Schwerpunkte liegen östlich von Bad Dürkheim und Neustadt, im Raum Schifferstadt - Schwetzingen und nördlich von Lampertheim). Bei genauerer Betrachtung zeigt sich, daß diese Flächen überwiegend im Nahbereich der verbliebenen Waldflächen und oft auch in Wasserschutz- und Schongebieten liegen. Ein endgültiges Ausscheiden aus der landwirtschaftlichen Nutzung (und überwiegende Aufforstung) könnte daher zu einer raumordnerisch begrüßenswerten Arrondierung der landespflegerischen Schutz- und Vorrangflächen und Verbesserung von deren Mehrzweckleistung führen.

Die Problemflächen im Hinterland des Modellgebietes liegen größtenteils im Odenwald. Im baden-württembergischen Teil ist im Zuge eines Odenwaldprogramms die Ausscheidung eines sog. Mindestflurareals vorgesehen, wie sich dies schon im Zuge des Alb- und des Schwarzwaldprogramms bewährt hat. Dabei werden gemeinsam von der Landwirtschafts-, Forst- und Naturschutzverwaltung mit den betreffenden Gemeinden „Agrar- und Landschaftsentwicklungspläne" aufgestellt, die vor allem die Freihalte- und Aufforstungsflächen festlegen (zu möglichen Kriterien siehe ZUNDEL, 24).

g) *Planerische Konsequenzen: Zusammenfassung der Schutzbereiche zu Regionalen Grünzügen*

Obwohl in den vorhergehenden Abschnitten nicht alle raumordnerisch wichtigen Schutzgebiete erfaßt sind (es fehlen z. B. militärische Schutzbereiche), wurden die landespflegerisch relevanten Hauptareale für den Kern des Modellgebiets ausreichend beschrieben. Vergleicht man nun die geographische Verteilung der einzelnen Schutzgebiete, so stellt man in vielen Fällen, wie oben schon angedeutet, örtliche Deckungsgleichheiten fest (s. Abbildung). Diese Funktionshäufungen müßten bei intensiver Landnutzung automatisch zu größeren Zielkonflikten führen. Wenn solche Probleme im Modellgebiet relativ wenig bislang auftauchten, ist dies — neben der früher erwähnten Pufferwirkung des Hinterlandes — wohl hauptsächlich dem Umstand zu verdanken, daß durch die standörtliche Asymmetrie im bevölkerungsreichen rechtsrheinischen Gebiet der Rheinebene mehr Wald als Hauptträger der übrigen wesentlichen Schutzfunktionen erhalten blieb. (Nebenbei: Die ärmeren Standorte dürften auch der Hauptgrund einer — notgedrungen — früheren Industrialisierung und damit der dichten Besiedlung sein.) Freilich gibt es auch dort Zielkonflikte zwischen der Produktion von Holz, Wasser, Wild, Frischluft, Erholungsmöglichkeiten usw., sie können aber von Fall zu Fall unter Beachtung der jeweiligen Rangordnungen ohne größere Komplikationen gelöst werden. Entscheidend ist, daß die wichtigsten Schutzbereiche zu „Regionalen Grünzügen" zusammengefaßt werden, in welchen eine völlig andere Flächennutzung, z. B. Siedlung und Verkehr, weitgehend ausscheidet.

Die Frage, ob die vorhandenen Schutzgebietssysteme in der Rheinebene zur Sicherung der natürlichen Lebensgrundlagen ausreichen, ist nicht einfach zu beurteilen, zumal über die Belastbarkeit (carrying capacity) bestimmter Landschaften zu wenig wissenschaftlich fundiertes Material vorliegt. In der rechtsrheinischen Rheinebene sollten zur Verbesserung des Biotopschutzes und der Erhaltung interessanter Relikte vor allem noch weitere Naturschutzgebiete*) ausgewiesen werden (etwa 2 % der Gesamtfläche sollte sich unsere Gesellschaft leisten können), im übrigen kommt es vor allem auf einen besseren Rechtsschutz der Wasserschongebiete an. Am besten geschieht dies wohl durch die verbindliche Ausweisung der Regionalen Grünzüge, die nach dem Entwurf des Raumordnungs-Verbands etwa 55 % der Gesamtfläche einnehmen würden. Allerdings sind diese potentiellen Was-

---

*) Vorschläge enthält die Arbeit von SOHNSDORF u. a.: Ermittlung und Unterstützung der schutzwürdigen und naturnahen Bereiche entlang des Rheins. Schriftenreihe für Naturschutz und Landschaftspflege, H. 11, 1975, BVNL Bonn.

serschutzgebiete nicht durchweg innerhalb der Regionalen Grünzüge gelegen, die offensichtlich sehr stark an die Kaltluftströmungsgebiete angelehnt sind. Es empfehlen sich hier noch gewisse Korrekturen zugunsten der Wasserschongebiete, im übrigen wird eine Einteilung der recht umfangreichen Grünzüge in 2 Stufen zu erwägen sein: nämlich solche 1. Grades mit den Flächen der Wasserwirtschaft, des Landschaftsschutzes, den Waldflächen, den Naherholungsgebieten und einem damit zusammenhängenden Teil des Klimaschutzes. Hier sollten neue Siedlungsvorhaben und Straßenbauten möglichst unterbleiben. In den regionalen Grünzügen 2. Grades, welche die übrigen Klimaschutzbereiche (vor allem aber landwirtschaftliches Intensivgelände) umfassen, könnten manche technischen Maßnahmen noch tragbar sein*).

Auf der westlichen Rheinseite sind die vorhandenen Schutzgebiete zur Sicherung der landespflegerischen Aufgaben sehr knapp und deshalb möglichst zu erweitern. Die vom Raumordnungsverband vorgesehenen Regionalen Grünzüge sind zwar kleinflächiger (zumal die nord-südlich verlaufenden Kaltluftrinnen dort relativ selten sind), sie nehmen aber immerhin fast 45 % der Fläche ein. Um deren polyfunktionale Leistungen zu verbessern, sind alle früher erwähnten Möglichkeiten zur Extensivierung der Landnutzung zu fördern. Eine staatlich forcierte Intensivierung z. B. durch Beregnungsinstallationen würde innerhalb dieser Grünzüge nicht gutgeheißen, obwohl dadurch die reine Grünoptik und der Abfluß von Kaltluft nicht leiden.

3. Erfassung und Beseitigung von Landschaftsschäden

Mit der Ausscheidung von Schutzgebieten und der Anordnung bestimmter Beschränkungen ist es freilich nicht getan; denn von allen Fachbereichen müssen im gesamten Modellgebiet alle Anstrengungen unternommen werden, um bei der land- und forstwirtschaftlichen Bodennutzung oder bei irgendwelchen Eingriffen in die Landschaft Schäden an Wasser und Boden, Klima, Flora und Fauna sowie im Landschaftsbild und letztlich an der menschlichen Gesundheit zu vermeiden.

Leider sind in der Vergangenheit manche Störungen sogar durch einseitige öffentliche Planungen hervorgerufen worden (s. Abschnitt II), wobei der Druck von Interessengruppen oder Kommunalpolitikern keineswegs die oft allzu großzügige Ausgabe öffentlicher Mittel gerechtfertigt hätte. Nachdem die Phase des scheinbar unbegrenzten Wachstums vorüber ist, besteht heilsame Gelegenheit zur Neuorientierung: Da Vorbeugen besser ist als Heilen, müssen Landschaftsschäden künftig weitgehend vermieden werden, vorhandene Wunden sind zu sanieren.

Um diese Ziele zu erreichen, ist neben einer noch präziseren Formulierung des „Rechts der Landschaft" vor allem eine intensivere *Kontrolle* notwendig. Dies gilt z. B. für die Teilbereiche Luft und Wasser, ganz besonders auch für die gesamte Landschaftsüberwachung in der freien Natur. Da die Ausstattung der Naturschutzbehörden mit eigenem Personal zu teuer ist, haben die Länder Hessen und Baden-Württemberg dem sowieso vorhandenen Netz des Forstdienstes diese Aufgaben übertragen (nach dem Neuen Naturschutzgesetz von Baden-Württemberg wurde auch die — selten vorhandene — Feldpolizei damit betraut). Selbstverständlich ist die Mithilfe ehrenamtlicher Wächter der privaten Umweltschutzorganisationen erwünscht, wobei freilich die nötigen Rechtskenntnisse Voraussetzung sind.

---

*) Nach Abschluß dieser Arbeit wurde bekannt, daß inzwischen auch beim Raumordnungsverband eine Differenzierung der Grünzüge für zweckmäßig gehalten wird (s. dazu „Hauptelemente regionaler Planung", Vorentwurf Nov. 1975).

Um landschaftliche Beeinträchtigungen beseitigen zu können, ist zunächst ihre gründliche (und regelmäßig zu wiederholende) *Schadenserfassung* notwendig. Auch hierbei bietet sich das Netz der überall — mit Ausnahme des nordwestlichen Teils im Modellgebiet — vorhandenen Forstbediensteten an. Eine solche Erhebung konnte z. B. innerhalb weniger Wochen im Jahr 1971 in ganz Hessen durchgeführt werden. 1972 geschah Ähnliches im Zuge einer Landschaftsrahmenplanung der Forstdirektion Karlsruhe für den baden-württembergischen Teil des Modellgebiets*). Welch umfangreiche Bepflanzungsmaßnahmen außer den schon früher genannten Beispielen allein im nordbadischen Teil des Modellgebiets erforderlich sind, zeigen folgende Zahlen: An 77 Stellen (Bitumenmischanlagen, Industriegebiete, Wasserbehälter, Kläranlagen, Kasernen usw.) sind 49 200 m zu bepflanzen, an 67 Gehöftaussiedlungen weitere 23 700 m. (Die Gesamterhebung aller Schäden in Baden-Württemberg erfolgte 1974 durch eine weniger schlagkräftige Verzettelung auf verschiedene Fachbehörden.)

Ein weiterer Schritt zur sachgemäßen und sparsamen Beseitigung der erfaßten Schäden besteht in den beiden rechtsrheinischen Ländern darin, daß die Forstverwaltung mit ihren Fachkräften und Geräten auch bei der Beseitigung der landschaftlichen Störungen (sowie beim Bau von Erholungseinrichtungen) gegenüber Gemeinden und anderen Fachbehörden zur Amtshilfe verpflichtet ist. Es ist unverständlich, daß man in Rheinland-Pfalz nicht auch stärker die Forstverwaltung zur Landschaftsüberwachung sowie Erfassung und Heilung von Landschaftsschäden zuzieht.

4. Ökologisch orientierte Fach-, Orts- und Regionalplanung

Entscheidend wichtig zur Verbesserung der landschaftlichen Situation und natürlichen Leistungsfähigkeit ist eine gleichwertige Beachtung ökologischer Belange bei allen körperschaftlichen und staatlichen Planungen. Der Boden darf nicht einfach als landwirtschaftliches Produktionssubstrat, der Bach nur als Vorfluter, die Straße als reine Erschließungs-Trasse und der Wald als leicht greifbare Flächenreserve betrachtet werden. Bei Fachplanungen müssen Kosten-Nutzen- oder Nutzwertanalysen auch die schwieriger quantifizierbaren ökologischen Gesichtspunkte einbeziehen, vor Eingriffen in die Landschaft müssen die gesamtvolkswirtschaftlichen sozialen Kosten und sozialen Nutzen veranschlagt werden.

Eine Intensivierung der Naturschutzarbeit ist nur möglich, wenn die Bezirksstellen für Naturschutz und Landschaftspflege mit ausreichend hauptamtlichem Fachpersonal (mindestens wie im badischen Teil des Modellgebiets) besetzt werden. Da auf Kreisebene hauptamtliche Naturschutzbeauftragte und entsprechende Hilfskräfte auch künftig fehlen werden, sollte die Arbeit der Kreisnaturschutzbeiräte aktiviert und in verstärktem Maße die Amtshilfe der vorhandenen Forstorganisationen genutzt werden.

Die Regionalplanung ist als zusammenfassende übergeordnete Planung das bedeutendste Instrument für eine koordinierte Sicherung der natürlichen Lebensgrundlagen. Von besonderer Bedeutung ist dabei die Bindungswirkung der Raumordnungspläne gegenüber der Bauleitplanung. Ob diese Einflußnahme durch besondere Landschaftsrahmenpläne oder durch entsprechend präzise ökologische Ausführungen im Regionalplan selbst erfolgen wird, scheint von sekundärer Bedeutung. Dasselbe gilt für die Planungen auf Gemeindeebene, obwohl der Verfasser besonders gefertigten Landschafts- und Grünordnungsplänen den Vorzug gibt.

---

*) An dieser Stelle wird der Hess. Forsteinrichtungsanstalt in Gießen u. der Forstdirektion Karlsruhe für die Überlassung des umfangreichen Zahlenmaterials gedankt.

Freilich muß die Regionalplanung selbst einen Umdenkungsprozeß durchmachen und von der früher oft einseitigen Konzentration auf Siedlungs- und Verkehrsfragen wegkommen. Oft hatte man z. B. den Eindruck, daß die Verkehrsplanung die Raumordnung bestimmt, statt sich umgekehrt den vielseitigen Gemeininteressen einer umfassenden Raumkonzeption einzuordnen. Trotz gewachsener Erkenntnisse kommt es auch heute immer wieder vor, daß man allzu Widersprüchliches auf derselben Fläche plant. Ein Beispiel dafür enthält ausgerechnet die Broschüre „Umweltschutz in Rheinland-Pfalz", die im Abschnitt „Raumordnung und Landesplanung" einen Kartenausschnitt wiedergibt, der im Wald zwischen Germersheim und Landau die Planung einer Nord-Süd- und Ost-West-Autobahn zeigt, wobei im Westteil (bei Landau) sogar Wasserschutz- und Naherholungsräume durchschnitten werden. Dagegen sind die Ergänzungen zum Raumordnungsplan des Raumordnungsverbands Rhein-Neckar als ernster Versuch der Einbeziehung landespflegerischer Fragestellungen zu begrüßen.

IV. Zusammenfassung

Die Sicherung der natürlichen Lebensgrundlagen Wasser und Boden, Klima und Luftreinheit, Flora und Fauna ist im Modellgebiet Rhein-Neckar und insbesondere in dessen bevölkerungsreichem Kern zu einem ernsten Problem geworden. Vor allem seit Ende des Zweiten Weltkrieges erfolgte eine krasse Veränderung der Landnutzung mit nachteiligen Folgen für den Naturhaushalt, wobei die Ansprüche der Bevölkerung an den Raum immer mehr dessen natürliche Leistungsfähigkeit beanspruchten

Aus der Fülle der so entstandenen Probleme wurden im mittleren Teil dieses Beitrages die Einflüsse der wichtigsten, in der freien Landschaft tätigen Fachbereiche eingehend behandelt, wobei Querverweise auf bereits erschienene Beiträge über die Ansprüche der modernen Gesellschaft an den Raum unumgänglich waren. Bei der Betrachtung der Landwirtschaft, Waldwirtschaft, Wasserwirtschaft und Abfallbeseitigung, des Abbaus von Steinen und Erden und des Straßen- und Leitungsbaues ging es hier darum, die in den entsprechenden Einzeldarstellungen angeschnittenen Probleme landespflegerischer Art zu vertiefen und in ihrer Gesamtwirkung auf die natürlichen Lebensgrundlagen zusammenfassend zu interpretieren. Dabei wurden auch einzelne Anregungen gegeben, wie bei der wachsenden Mehrfachnutzung des Landes mögliche Zielkonflikte verhindert oder verringert werden können.

Im dritten Abschnitt sind einige wichtige Gruppen von Vermeidungs- bzw. Sanierungsstrategien behandelt worden, wobei die Darstellung der Schutz- und Vorrangflächen im Kern des Modellgebiets im Vordergrund stand. Schließlich wird von einer Erfassung und Sanierung der Landschaftsschäden, der mehr ökologisch ausgerichteten Fach-, Orts- und Regionalplanung und einer stärkeren Einflußnahme der letztgenannten eine Verbesserung der landespflegerischen Situation erwartet.

Literaturhinweise

1. AMMANN, F.: Das räumliche Erholungspotential im Modellgebiet. Veröffentlichungen der Akademie für Raumforschung und Landesplanung, Forschungs- u. Sitzungsberichte, Bd. 90, Raum und Natur 6, Hannover 1974.
2. BALKE, K. J.: Die Ansprüche der modernen Industriegesellschaft an den Raum, dargestellt am Beispiel der Energieversorgung im Modellgebiet Rhein-Neckar. Veröffentlichungen der Akademie für Raumforschung und Landesplanung, Forschung- u. Sitzungsberichte, Bd. 90, Raum und Natur 6, Hannover 1974.
3. GESSNER, H. J.: Wasserversorgung und Umweltschutz in der chemischen Industrie — dargestellt am Beispiel der BASF Ludwigshafen am Rhein. Veröffentlichungen der Akademie für Raumforschung und Landesplanung, Forschungs- u. Sitzungsberichte, Bd. 79, Raum und Natur 3, Hannover 1973.
4. HARTH, H.: Der Einfluß von Land- und Forstwirtschaft auf den Grundwasserchemismus. Deutsche Gewässerkundl. Mitt. Sonderheft 1969, S. 58—62, Koblenz 1969.
5. HORST, H.: Hydrographie des Modellgebiets. Veröffentlichungen der Akademie für Raumforschung und Landesplanung, Forschungs- u. Sitzungsberichte, Bd. 81, Raum und Natur 5, Hannover 1974.
6. HORST, H.: Zur Wasserwirtschaft des Modellgebiets. Veröffentlichungen der Akademie für Raumforschung und Landesplanung, Forschungs- u. Sitzungsberichte, Bd. 81, Raum und Natur 5, Hannover 1974.
7. HÜNERFAUTH, D.: Welche Forderungen ergeben sich aus den wasserwirtschaftlichen und landeskulturellen Wirkungen der Kiesausbeute in der pfälzischen Rheinniederung, namentlich innerhalb und außerhalb der Hauptrheindämme? Referendararbeit, Wasserwirtschaftsamt Neustadt, 1966.
8. KIEMSTEDT, H.: Bewertung der natürlichen Landschaftselemente für Freizeit und Erholung im Modellgebiet. Veröffentlichungen der Akademie für Raumforschung und Landesplanung, Forschungs- u. Sitzungsberichte, Bd. 74, Raum und Natur 2, Hannover 1972.
9. LOEST, P.: Zur Entwicklung der Kulturlandschaft Rhein-Neckar 1850/1961 — Rückblick und Ausblick aufgrund einer Karten-Studie. Veröffentlichungen der Akademie für Raumforschung und Landesplanung, Forschungs- und Sitzungsberichte, Bd. 24, Raum und Natur 2, Hannover 1972.
10. MATTHES, G.: Das Grundwasser in der östlichen Vorderpfalz zwischen Worms und Speyer. Mit. Pollikia, Pfälzer Ver. Naturk. u. Naturschutz, III. Bd. 5 1958.
11. NEUWIRTH, R.: Die Aerosolverhältnisse im Modellraum. Veröffentlichungen der Akademie für Raumforschung und Landesplanung, Forschungs- u. Sitzungsberichte, Bd. XXXIII, Raum und Natur 1, Hannover 1967.
12. NICK, K. J.: Landschaftsplan für das Erholungsgebiet in den Rheinauen zwischen Mannheim-Ludwigshafen und Speyer. Veröffentlichungen der Akademie für Raumforschung und Landesplanung, Forschungs- u. Sitzungsberichte, Bd. 74, Raum und Natur 2, Hannover 1972.
13. SCHAECHTERLE, K. H.: Die Verkehrsverhältnisse im Modellgebiet Rhein-Neckar. Veröffentlichungen der Akademie für Raumforschung und Landesplanung, Forschungs- und Sitzungsberichte, Bd. 90, Raum und Natur 6, Hannover 1974.
14. SCHÄFER, W.: Altrhein-Verbund am nördlichen Oberrhein, Courier Forschungsinstitut Senkenberg, H. 7 Frankfurt 1973.
15. SCHIRMER, H.: Die Niederschlagsstruktur des Modellgebiets. Veröffentlichungen der Akademie für Raumforschung und Landesplanung, Forschungs- und Sitzungsberichte, Bd. XXXIII, Raum und Natur 1, Hannover 1967.
16. SCHÖNHALS, E.: Die Böden des Rhein-Neckar-Gebiets, ihre Veränderung durch Eingriffe des Menschen und ihre Erhaltung und Verbesserung. Veröffentlichungen der Akademie für Raumforschung und Landesplanung, Forschungs- und Sitzungsberichte, Bd. 81, Raum und Natur 5, Hannover 1974.
17. SCHNELLE, F.: Zum Klima des Modellgebiets. Veröffentlichungen der Akademie für Raumforschung und Landesplanung, Forschungs- u. Sitzungsberichte, Bd. XXXIII, Raum und Natur 1, Hannover 1967.

18. SCHULTZE, H. J.: Die geographische Struktur des Modellgebiets in den Rhein-Neckarlanden. Veröffentlichungen der Akademie für Raumforschung und Landesplanung, Forschungs- und Sitzungsberichte, Bd. XXXIII, Hannover 1967.
19. SCHULZ, H. D.: Einfluß der Düngung auf das Grundwasser. Umschau, H. 14, S. 442—443, Frankfurt/M. 1973.
20. SICKENBERG, O.: Die Lagerstätten der mineralischen Rohstoffe im Modellgebiet. Veröffentlichungen der Akademie für Raumforschung u. Landesplanung, Forschungs- u. Sitzungsberichte, Bd. 81, Raum und Natur 5, Hannover 1974.
21. SPITZER, H.: Die Ansprüche der modernen Industriegesellschaft an den Raum, dargestellt an Beispielen der Landwirtschaft im Modellgebiet Rhein-Neckar. Veröffentlichungen der Akademie für Raumforschung und Landesplanung, Forschungs- u. Sitzungsberichte, Bd. 90, Raum und Natur 6, Hannover 1974.
22. ZUNDEL, R.: Die Ansprüche der modernen Industriegesellschaft an den Wald im Modellgebiet Rhein-Neckar. Veröffentlichungen der Akademie für Raumforschung und Landesplanung, Forschungs- und Sitzungsberichte, Bd. 24, Raum und Natur 2, Hannover 1972.
23. ZUNDEL, R.: Wald — Mensch — Umwelt. Mitt. d. Forstl. Versuchs- u. Forschungsanstalt Baden-Württemberg, Heft 52, Freiburg 1973.
24. ZUNDEL, R.: Zur methodischen Erfassung und Behandlung landwirtschaftlicher Grenzertragsböden. Allgemeine Forstzeitschrift H. 21/1975 (BLV).
25. ZUNDEL, R.: Verteilung, Aufgaben und Probleme des stadtnahen Waldes in unserer Zeit. In: Städtisches Grün in Geschichte und Gegenwart, Forschungs- und Sitzungsberichte der Akademie für Raumforschung und Landesplanung, Band 101, Hannover 1975.
26. Raumordnungsverband Rhein-Neckar: Raumordnungsplan, Entwurf zum ersten Planungsfall Teil 3 — Ergänzungen — 1974.
27. Umweltschutz in Rheinland-Pfalz. Ministerium für Landwirtschaft, Weinbau und Umweltschutz. Mainz 1975.

Forschungs- und Sitzungsberichte
der Akademie für Raumforschung und Landesplanung

Band 81: Raum und Natur 5

Die Ansprüche der modernen Industriegesellschaft an den Raum

(5. Teil)

Aus dem Inhalt:

		Seite
Horst Falke, Mainz	Zur Geologie des Modellgebietes	1
Otto Sickenberg, Hannover	Die Lagerstätten der mineralischen Rohstoffe im Modellgebiet	21
Helmut Jäger, Würzburg	Die Industrie der „Steine und Erden" und ihr Zusammenhang mit Siedlungen, Bevölkerung und Wirtschaft (1850—1914)	55
Hans Horst, Koblenz	Hydrographie des Modellgebietes	67
Hans Horst, Koblenz	Zur Wasserwirtschaft des Modellgebietes	97
Ernst Schönhals, Gießen	Die Böden des Rhein-Neckar-Gebiets, ihre Veränderung durch Eingriffe des Menschen und ihre Erhaltung und Verbesserung	127

Der gesamte Band umfaßt 185 Seiten; Format DIN B 5; 1974; 36,— DM

Auslieferung

HERMANN SCHROEDEL VERLAG KG · HANNOVER

Forschungs- und Sitzungsberichte
der Akademie für Raumforschung und Landesplanung

Band 96: Raum und Natur 6

Die Ansprüche der modernen Industriegesellschaft an den Raum

(6. Teil)

Aus dem Inhalt:

		Seite
Hartwig Spitzer, Gießen	Die Ansprüche der modernen Industriegesellschaft an den Raum, dargestellt an Beispielen der Landwirtschaft im Modellgebiet Rhein-Neckar	1
Karlheinz Schaechterle, München	Die Verkehrsverhältnisse im Modellgebiet Rhein-Neckar	55
Klaus-Jürgen Balke, Bonn	Die Ansprüche der modernen Industriegesellschaft an den Raum, dargestellt am Beispiel der Energieversorgung im Modellgebiet Rhein-Neckar	111
Frank Ammann, Heidelberg	Das räumliche Erholungspotential im Modellgebiet	141

Der gesamte Band umfaßt 173 Seiten; Format DIN B 5; 1974; 38,— DM

Auslieferung
HERMANN SCHROEDEL VERLAG KG · HANNOVER